MOMENT OF GLORY

荣耀时刻

王琳 李凤仪 陈秋颖 编著

中信出版集团 | 北京

图书在版编目（CIP）数据

荣耀时刻：用“话”图纸轻松搞定18分钟演讲 / 王琳，李凤仪，陈秋颖编著 . -- 北京：中信出版社，2016.7（2025.11重印）
（华商基业版权课程同名系列图书）
ISBN 978-7-5086-6398-2

Ⅰ . ①荣… Ⅱ . ①王… ②李… ③陈… Ⅲ . ①演讲－语言艺术 Ⅳ . ① H019

中国版本图书馆 CIP 数据核字 (2016) 第 148188 号

荣耀时刻：用“话”图纸轻松搞定 18 分钟演讲

编著：　王琳　李凤仪　陈秋颖
出版发行：　中信出版集团股份有限公司
（北京市朝阳区东三环北路 27 号嘉铭中心　邮编　100020）
承印者：　北京通州皇家印刷厂

开本：787mm×1092mm　1/16　印张：18.25　字数：240 千字
版次：2016 年 7 月第 1 版　印次：2025 年 11 月第 16 次印刷
书号：ISBN 978-7-5086-6398-2
定价：50.00 元

服务热线：400-600-8099
投稿邮箱：author@citicpub.com

序

因为志毅老师的推荐，我得以优先阅读此书，虽然作为一个从教30年的教师，演讲是一个基本职业要求，但是阅读此书，还是给我很多启发。

演讲的确是人人都能做的事情，但不 定是人人都可以做好的事情，所以需要训练与学习，本书正是从这个视角给大家以帮助。能够在众人面前清晰地表达自己的观点并得到认同绝非易事，紧张也是在所难免的。如果我们仔细观察自己，就会发现，在一个熟悉的环境，面对熟悉的人，你的沟通并没有那么困难。其实，人的自信源于熟悉与掌控，所以，如果想获得好的演讲效果，就需要反复训练。

赞同本书的核心观点：演讲在本质上是一个说服的过程，旨在让听众愿意坐下来听你讲，让听众不愿中途离场，让听众明白你到底在说什么，让听众认同并接受你的观点。演讲需要被听众注意、理解、记住并认同。演讲要有富于洞见的观点，清晰又严密的逻辑结构，以及易懂且有感染力的语言。优秀的演讲要与观众互动，让语言尽量具象化，内容要清晰，要努力去打动甚至震撼听众，在有效的时间内让每一句话都发挥作用。除了这些技巧，我觉得更本质的是演讲者应该站在听众的角度。

通过这本书的详细解说和分析，反复举例和对比，演讲作为一个人的能力被平民化，就像马拉松被大众化一样。马拉松可以简单地认为是跑步，但其实里面囊括了许多对身体和运动体系的科学理解。它被大众化后，越来越多本来不怎么运动的人也开始科学锻炼。而演讲，通过这本书的阐释，也变得不那么难以掌握了。

阅读本书，会让读者首先明白的就是，努力是不可避免的成功之道；其次，重点是要把演讲讲活。整本书充满了故事和例子，列举的方法很多，概括的内容很多，这或许是三位作者在整理多年来培训和研究的收获，也因此此书让人非常信服。其条理性让读者能够把情感的感染力，用逻辑性的解剖和分析来转化。反复训练就像是催化的过程，加上时间就会看到成果。我本身也有不少演讲的经历，有紧张的情况，也有不紧张的，有成功的，也有不太理想的效果。本以为演讲是天生的能力，但这本书让我相信，原来每个人都在同一起跑线上，这是一个开始。接下来在这个丰富的方法库里，你一定能找到自己的着重点，并赋予个人独特的色彩，加以努力训练，终得成果。

不过，我认为我们与优秀的演讲者之间，也并非只是一页纸的距离。优秀的演讲者有热情，有坚定的信念，有异于他人的个性，更有魅力，以及给听者以心灵共鸣的能力。这是一个巨大的挑战，所以，更需要大家好好地训练自己，加深对听众的理解，拥有更明确的价值判断，以及真正用心去传递能量。

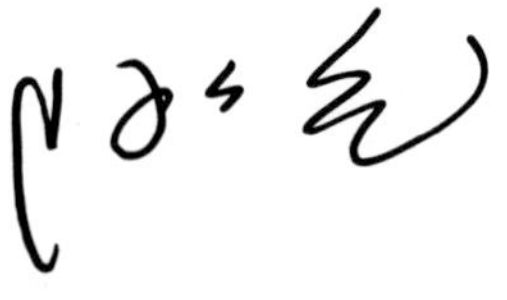

北京大学国家发展研究院教授

华南理工大学工商管理学院教授

2016年6月于广州

前言

“极简方能不被超越。”微信之父张小龙在谈到他的产品观时如是说。

而我理解这个道理，用了近20年的时间。在刚刚开始从事培训的那段时间里，我总是努力在有限的时间内尽量“塞”给学员更多的知识，好像只有这样才对得起学员付出的时间。实际上，过多的信息不但会分散学员的注意力，并且会使学员在应用所学时因困扰于过多的选择而无所适从。有时候，讲师教得越多，学员掌握得越少。

但是目前的演讲培训仍然普遍存在这个问题。正如一句改编自电影《后会有期》里的流行语：参加过很多培训，依然做不好一次演讲。

为了帮助一群创业者提高演讲技巧，一位做投资的朋友先后请了几位著名的培训师给大家做培训。然而，在经过几个月的培训之后，发现效果并不明显。最后找到我，希望我能帮忙改善效果。

我仔细地研究了培训课件并现场体验了培训的过程，发现培训效果不佳的原因并不意外——培训师教得太多了。更严重的问题是，培训师讲了太多的道理，却对学员必须掌握的技能一掠而过。课程中反复讲到马云怎样演讲，乔布斯怎样演讲，甚至美国总统怎样演讲，但就是不讲学员应该如何演讲。

对此，我的调整方法很简单，就是做减法，只教学员必须注意的事项以及必须掌握的技能。在课程中，我明确地告诉学员应该怎样选择主题、怎样开场、怎样展开内容，以及怎样有力地收尾。还有，在临场呈现时如何克服紧张、控制身体和声音并学会与听众互动。结果，培训的效果得到极大的提升，每个学员都能自信地做好自己的演讲，听众的热烈反应和现场的精彩程度一度让演讲的学员自己都激动地流下眼泪。

做好一场演讲，真的很简单。

我们多数情况下面对的演讲场景本来就很简单，如参加竞选或辩论赛，以及面对同事做工作总结报告或者给投资人讲解自己的商业计划。

对大多数人来说，掌握基本的技巧就足以应对一生中主要的演讲任务，而这些要点往往用一页纸就能够概括清楚。在我的课程中，我经常只用一个画在挂纸板上的表格来完成教学，所以后来就将这个表格称为“话”图纸。

李凤仪和陈秋颖两位优秀的培训师同样认同“少即是多”的培训理念。在接触了“话”图纸之后，她们依自己所长帮助我完善了这个课程，并把它从投资路演领域推广到企业的日常演讲中，如工作报告、销售提案，并辅导了很多演讲者在行业会议上做分享。

感谢中信出版社的王宏静老师邀请我们将这门课程的内容形成本书，终于能让更多的没有机会来到课堂的朋友有机会了解“话”图纸，并使用极简的方法来提高自己的演讲技能。

王琳

2016 年 6 月

目录〔CONTENTS〕

引言
你与优秀的演讲者之间不过一页纸的距离

最初给人做演讲辅导，完全出于偶然。事实上，当时一见到要辅导的对象，我就觉得很诧异。

他是一位明星创业企业的CEO（首席执行官），清华大学本科毕业，哈佛大学MBA（工商管理硕士），当时正带领企业走在赴纽约证券交易所上市的路上。

由于多年给这家企业提供培训服务，我们成了好朋友。在我的印象中，他是极为聪明、思维缜密而又有洞察力的领导者，特别是对未来的前瞻视野让人心生敬意。每次与他探讨行业未来发展的时候，他总是信心满满、从容不迫、滔滔不绝，而那次见面他却很焦虑，甚至有些局促。

正如作家柳青所说"人生的道路虽然漫长，但紧要处常常只有几步"，他当时就遇到了这样的关键"一步"，要面对众多投资人和媒体做路演（roadshow）。

"我在台下和人交流一点儿问题都没有，比如开会"，他很坦诚地说，"但是，只要一上台，我就头脑一片混乱，不知道该说什么……"

几年来，我为上百人做过一对一的演讲辅导，更通过训练营的形式培训过几千人，其中有企业家、高级管理人员，也有一般员工，甚至还有幼儿园园长。他们都或多或少地遇到过同样的问题，就是台上和台下的表现判若两人。确实，当众表达是很多人期待而又畏惧的场景。

一、演讲是惊恐时分还是荣耀时刻

领导者的社会影响力在很大程度上来自公众演讲，俞敏洪的“在绝望中寻找希望，人生终将辉煌”影响了一代人，马云的“Small Business，Big Dream（小生意，大梦想）”激发了企业家的创业激情，董明珠的“对自己狠一点”奠定了她业内“大姐大”的江湖地位，而“在风口上猪都会飞”和“专注、极致、口碑、快”让雷军成为创业教主。

总有某些演讲会是人们一生中的关键时刻，当一位创业者面对投资人介绍自己的商业计划时，当一位企业领袖在行业论坛上阐释自己对未来的看法时，当一位管理者在公司的年会上做工作报告时，当一位销售人员向客户呈现自己的设计方案时，短短30分钟的演讲可能就是地狱和天堂的分界线。面对台下一双双充满期待、挑剔和评判的目光，对当时的演讲者来说，可能是一次稍纵即逝的机会，也可能是一场难以脱离的噩梦。

说公众演讲是社交环境中最严肃、最专业的环节并不为过。成功的企业家们也通常凭借一次或者多次的成功演讲提升人格魅力，为自己的企业聚集人气和口碑，如广为流传而成为经典的乔布斯在斯坦福大学的演讲《我生活中的三个故事》即成功做到了这一点；相反，演讲中若稍有差池就有可能给企业带来公共危机，让个人声名狼藉，甚至身败名裂。而在我们的语言中也对口碑的传播时间和空间都有正反两方面的描述，“流芳千古”对应了“遗臭万年”，“好事不出门”对应了“坏事传千里”。

紧张通常是在所难免的。在我辅导过的演讲者中，有很多人是所在行业的精英，对某个主题有深刻的见解和丰富的经验，但是在公众演讲中的表现往往不尽如人意。更有甚者会出现脸色发白、手心出汗、声音颤抖、语无伦次等极端的负面表现，演讲成为他们的梦魇。

2015年年底，经朋友介绍，我认识了一位从事人力资源工作的美女高管。她那时刚刚从传统行业跳槽到互联网行业，因为跨年，要在公司的年末大会上做总结报告。说是总结报告，其实也是要让在这一段时间空降到公司的十几位高管一比高低。这让她非常焦虑，以致无法正常地思考和表达。

我们相约在一家咖啡厅见面。她身段苗条，衣着打扮优雅知性，让人印象深刻的是一双一笑就弯弯的眼睛，但是她的神情中透露出明显的焦躁不安。谈话也是从她熟悉的人力资源这一年的工作开始的，不能说一年中成绩辉煌，但也绝对是硕果累累，而一谈到年会上的演讲，她就不自然了。

“这个部分我可以不讲吗……”

“这个数据不展示也行吧……”

“老板愿意听这些吗……”

“我想那天我要是生病起不来多好呢……”

这种种逃避，都是由临场紧张造成的。陌生的处境总是让人不安，我们每个普通人一生中都很少有机会面对千百人做公众演讲，即使是站在同事面前正式做报告的场景都屈指可数。“不习惯”“不自在”“不舒服”等是演讲者表述频率非常高的3个词语。其实，演讲的处境，准确地讲是演讲的环境，由两部分组成，即内部环境和外部环境。内部环境是指演讲者自己，外部环境就是由听众及相关场地所形成的场景。关于演讲内容与环境的矩阵如图0–1所示：

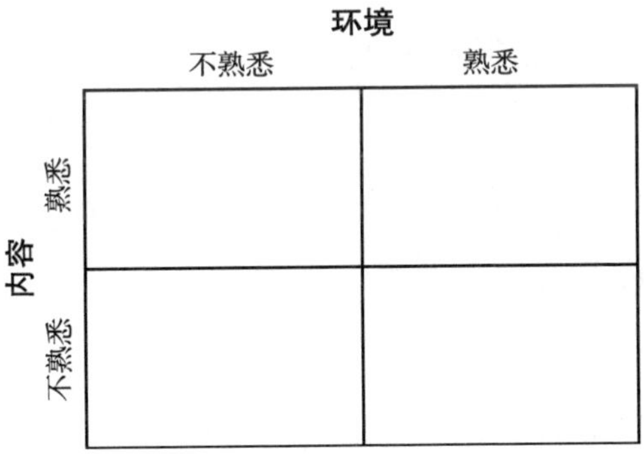

图0–1　内容—环境矩阵

人们平时沟通和表达的场景是在环境与内容都比较熟悉的舒适区。如果因适应新的环境而过分修饰演讲内容，包装演讲语言，就会进入难度最大也就是紧张程度最高的内容和环境都不熟悉的区域，当然就会使演讲者的紧张程度最高。

在现实中，有人台上台下表现的差异之大，会让你觉得根本不是同一个人。这是因为其过分关注了演讲场景下的自己不熟悉的外部环境，而忽略了自己最擅长的内容。

几个月前，我的一位朋友准备投资幼儿园，因为他对这家幼儿园的林园长很有信心。“把孩子和钱交给她一定是此生最正确的选择！”我的朋友不仅送自己的孩子进了这家幼儿园，还开始积极筹划进一步的投资。

根据需要，资方和幼儿园一起做了一次面对家长和记者们的见面会，林园长负责介绍办园的先进理念和成功经验，这无疑是林园长最擅长的领域。我有幸参与了这次见面会之前的彩排，不由暗自惊讶：“眼前局促、呆板的林园长就是朋友所描述的睿智、亲和、充满活力和爱心的林园长吗？”

原来，为了在这次见面会上表现得更好，幼儿园专门邀请了专业策划人员为林园长写了稿子。这样就把林园长推到了最难的内容和环境都不熟悉的区域中。

在帮助众多演讲者做准备的过程中，我慢慢发现，对演讲者最重要的帮助往往不是教会他们多么高明的演讲技巧。相反，协助他们进入自己熟悉的区域，恰当地立自信，表现出正常的自己，才是有效的方法。

如果你了解影片《国王的演讲》(*The King's Speech*)，可能知道这部优秀的影片在2011年第83届奥斯卡上获得12项提名，并最终拿到最佳影片、最佳导演、最佳男主角、最佳原创剧本4项大奖。这是一部讲述英国国王乔治六世生平的传记电影。乔治六世性格内向，天生口吃。在艰苦的训练之后，他发表了那次著名的圣诞讲话，极大地鼓舞了当时处于战争时期的英国军民。

当我们看到那些演讲者在舞台上光芒万丈、自信飞扬的形象时，当我们听到他们或激昂或深情的声音时，可能会误以为他们天生就是演讲家，站在台上就万众瞩目。然而，其实每个人都经历过从惊恐时分到荣耀时刻的蜕变过程。

在演讲方面，我们大多数人要比乔治六世幸运，因为至少我们并不是天生口吃。

二、为什么你的演讲不精彩

米开朗琪罗花了近4年时间雕刻出举世闻名的大卫像，当朋友称赞他时，他只是轻描淡写地说："大卫原本就被禁锢在这块大理石中，我只是将他释放出来而已。"

我一直认为每个人都有属于他自己的精彩的演讲内容，只是被困住了。这使他表达出来的内容与原本内心所想相比，显得凌乱、肤浅又苍白。对演讲的恐惧就是束缚演讲者的枷锁，而我们的任务就是帮助演讲者把枷锁打开，释放出他真正的荣耀与光芒。

但随着辅导的人越来越多，我不得不无奈地承认，并不是每块石头都能释放出大卫。有的演讲者似乎从来就不会把故事讲精彩，相比于那些"天生"的段子手，他们在这方面的能力好像从未启蒙。

有一次，我被要求帮助一个12人的技术团队，辅导从一开始就让我产生深深的无力感。这是一家基于大数据业务的技术服务公司，专门为电商提供优化方案。通过分析电商过往的交易记录，帮助电商识别是什么促进了交易及什么样的动作是无效的。由于众多中小电商并不理解他们的方案，所以公司专门组织了一个技术团队来为客户进行讲解，他们的工作就是经常在会场面对众多由业务人员请来的客户发表演讲。据项目负责人介绍，演讲效果简直惨不忍睹。

我原以为一定是由紧张造成的，但是在参加了几次推介会后发现，他们看上去一点儿都不紧张，实际上他们对别人怎么看待毫不介意。他们沉浸在自己的世界里自说自话，对听众漠不关心。演讲现场通常是喧闹而且混乱的，一部分人在聊天，而另一部分人在玩手机……

我知道是演讲者出了问题，他们无法获得听众的注意力。这不是因为紧张，也不是因为缺乏专业知识，而是因为他们根本不知道怎么组织内容并准确地表达出来。

为了教会他们如何讲得精彩，我开始了新的探索之旅。我希望能够清楚好演讲和坏演讲的区别究竟在哪些方面。

大多数演讲在本质上是一个说服的过程。研究发现，能够被听众注意、理解、记住并认同的演讲通常至少具备以下三个特征之一，而失败的演讲往往一个都不具备。

这三个特征分别是包含洞见的观点，清晰又严密的逻辑结构，以及易懂且有感染力的语言。我把它们简称为：思想、结构、修辞。

首先是思想，即演讲的主题以及演讲过程中演讲者所表达的观点和主张。历史上众多著名的演讲或文章之所以能够历久弥新，多是因为其所包含的思想、信念和主张。

造成今日之老大中国者，则中国老朽之冤业也；制出将来之少年中国者，则中国少年之责任也……使举国之少年而果为少年也，则吾中国为未来之国，其进步未可量也；使举国之少年而亦为老大也，则吾中国为过去之国，其澌亡可翘足而待也。故今日之责任，不在他人，而全在我少年。少年智则国智，少年富则国富，少年强则国强，少年独立则国独立，少年自由则国自由，少年进步则国进步，少年胜于欧洲则国胜于欧洲，少年雄于地球则国雄于地球。

这段文字选自梁启超的名篇《少年中国说》，语言华美，但真正打动当时听众并反复被后人提及的原因，正是由于他所提出的主张，所透露出来的对弃旧图新的强烈呼吁和对未来中国的拳拳热望。

又如孟子的这段摘自《生于忧患，死于安乐》的文字：

> 故天将降大任于斯人也，必先苦其心志，劳其筋骨，饿其体肤，空乏其身，行拂乱其所为，所以动心忍性，曾益其所不能……然后知生于忧患，而死于安乐也。

它之所以能常常用来激励身处逆境中的人，是因为文中所含的思想，那种能使人在困顿无助时看到光亮的精神力量。

思想的光芒照亮了人类前行的道路。在演讲中，是演讲者的思想和主张在震撼人心、启迪听众。相反，空洞无物的演讲让人不知所云、心生厌烦，再华丽的辞藻也留不住听众的心。

其次是结构，演讲者的表述必须有清晰的逻辑并符合听众头脑中自然的结构。人们在不断的预判中接收信息，“听”是有结构的。例如，当我们听到“春、夏、秋”时，会自然地预判接下来会听到“冬”；当听到“过去、现在”之后，我们期待听到的是“未来”。

如果演讲是将听众由共识的起点带向终点的一段旅程，那么结构就是指引听众前行的路线图。通常，一次演讲的时间都比较短，所以应尽量选择清晰简练的结构。

当平行列举时可以选择并列结构，当层次分明时应尽量使用变焦结构，当需要说明先后顺序时可采纳时间结构，当内容有递进关系时就要选用层进结构，而当调和冲突时通常用折中结构最有效。一场演讲可能会用到不同的结构，但是主线应确保始终沿一个逻辑展开，以避免观众陷入迷途。

既然演讲是一个说服的过程，那么一个优秀的演讲者就应学会按说服的逻辑来组织内容。如在《大学》中，我们就能看到清晰的说服逻辑和顺序。

古之欲明明德于天下者，先治其国，欲治其国者，先齐其家；欲齐其家者，先修其身；欲修其身者，先正其心；欲正其心者，先诚其意；欲诚其意者，先致其知，致知在格物。物格而后知至，知至而后意诚，意诚而后心正，心正而后身修，身修而后家齐，家齐而后国治，国治而后天下平。

最后是修辞，这里借用“修辞”一词来说明演讲中的表达方式，而非指严格意义上的修辞学。很多人觉得演讲者通常都是舌灿莲花、口若悬河的。其实一场优秀的演讲不仅仅包括华丽的辞藻，对于听众来说，演讲应该是一次身心愉悦的体验。在这个过程中，演讲者应尽量调动听众的多方面感觉，包括听觉、视觉、味觉、嗅觉、触觉等，而且听众与演讲者、环境及其他听众的互动也是体验的一部分。

文字或者语言所表达的信息在被听众接收后，通常会转换为情节或画面。为了便于听众形成这种转换，优秀的演讲者会让语言尽量具象化，有时候会是细节描述，有时候可以借助隐喻。

我们来看一个例子。在《从百草园到三味书屋》中，鲁迅通过丰富的修辞手法，充分地调动了读者的五感。

不必说碧绿的菜畦，光滑的石井栏，高大的皂荚树，紫红的桑葚；也不必说鸣蝉在树叶里长吟，肥胖的黄蜂伏在菜花上，轻捷的叫天子（云雀）忽然从草间直窜向云霄里去了。单是周围的短短的泥墙根一带，就有无限趣味。油蛉在这里低唱，蟋蟀们在这里弹琴。翻开断砖来，有时会遇见蜈蚣；还有斑蝥，倘若用手指按住它的脊梁，便会啪的一声，从后窍喷出一阵烟雾。

而老舍在《骆驼祥子》中对“热”的描写，也通过多角度的渲染给读者以非常具象化的体验：

街上的柳树像病了似的，叶子挂着层灰土在枝上打着卷；枝条一动也懒得动，无精打采地低垂着。马路上一个水点也没有，干巴巴地发着白光。便道上尘土飞起多高，跟天上的灰气连接起来，结成一片毒恶的灰沙阵，烫着行人的脸。处处干燥，处处烫手，处处憋闷，整个老城像烧透了的砖窑，使人喘不过气来。狗趴在地上吐出红舌头，骡马的鼻孔张得特别大，小贩们不敢吆喝，柏油路晒化了，甚至于铺户门前的铜牌好像也要晒化。

训练有素的演讲者都会努力运用类似的方法以增强表达的冲击力，如麦克阿瑟的《责任、荣誉、国家》：

当我听到合唱队唱的这些歌曲，我记忆的目光看到第一次世界大战中步履蹒跚的小分队，从湿淋淋的黄昏到细雨蒙蒙的黎明，在透湿的背包的重负下疲惫不堪地行军，沉重的脚踝深深地踏在炮弹轰震过的泥泞路上，与敌人进行你死我活的战斗。他们嘴唇发青，浑身污泥，在风雨中颤抖着，从家里被赶到敌人面前，许多人还被赶到上帝的审判席上。我不了解他们是否生得高贵，可我知道他们死得光荣。他们从不犹豫，毫无怨恨，满怀信心，嘴边叨念着继续战斗，直到看到胜利的希望才合上双眼。这一切都是为了它们：责任—荣誉—国家。

资料来源：360doc个人图书馆（www.360doc.com）

总之，一场动人的演讲通常在思想、结构和修辞上有可取之处，如果你的演讲不精彩，就需要在这三个方面进行提高。

三、优秀演讲的三个原则

2014年年初，一位做投资的朋友来找我帮忙。在投资的过程中，有一个环节叫路演，实际上就是推介会。例如，你有个想法，想创业，但钱又不够，怎么办呢？这时候，你可以参加投资公司组织的路演，面对众多投资人和基金经理把项目讲清楚，这样感兴趣的人就会给你投资。此时，创业者演讲的水平会对能否融资成功有很大的影响。

因为我的朋友一边做投资，一边也帮助创业者融资，所以他就把要融资的创业者组织起来，请老师来教他们演讲。先后请了几位老师之后发现，演讲者的水平并没有得到显著提高。

为此，这位朋友找到我，希望我能帮忙弄清楚培训效果不好的原因。我把老师们的课件都拿过来进行了一下分析，同时也旁听了几次课。我发现，这根本就是不可能完成的任务。

为什么呢？

大家想一下，一说到演讲，我们脑子里会想到什么样的场景呢？我想多数人会想到的是柴静、罗振宇那种在一个大舞台上演讲，或者是像马云、俞敏洪一样在一个大型会议上演讲。当时教演讲的老师也是这样想的。

而我的朋友组织的那些创业者在演讲时面对的场景是什么样的呢？他们只是有时候借助PPT（演示文稿），有时候借助Flip-chart（挂纸板），有时候什么都不用，在一个房间里面对几十位甚至几位投资人演讲，更像是在会议上发言。

所以当时的情况是，这些创业者学了很多演讲技巧，却依然做不好一次演讲。

在明白这个困境之后，朋友试探地对我说："要不你来吧！"

我以前的工作大都是针对不同的个人进行辅导，接了这个任务后，我终于可以系统地研究一下演讲这门艺术。我希望能找到究竟是什么使一场演讲成为成功的演讲，从而探索出一套系统的、阶梯式的方法，能够帮助演讲者从"小白"走向优秀。

我阅读了市面上能找到的所有关于演讲的书籍，并且延伸阅读了相关的心理学、沟通学、表演学的书籍和文献，终于对演讲有了比较系统的认知。特别是在研读舞台剧和电影剧本的时候，我了解到电影的三幕式结构：建置、对抗、结局。这使我产生据此解构过去著名演讲的想法。正是这一尝试和探索，终于使我明白一场优秀演讲所应具备的结构、逻辑及节奏，并据此重新提炼和建构了一个简单且通用的演讲结构，我称之为MOG（Moment Of Glory，荣耀时刻）。

我使用MOG的结构来分析各种精彩的演讲，演讲者中既有政治领袖、商业精英、宗教人士、社团负责人，也有众多在职场打拼的普通人。互联网使我可以不错过任何一次精彩的演讲，从而积累了各个领域、各种主题的演讲素材。

我在这项工作上投入了大概18个月的时间，最终开发了一套系统的演讲训练课程。先是在朋友的基金公司内部试用，没想到效果好得出奇。很多创业者在自己得到提高之后，发现他们的高管团队在工作中也需要能够当众讲话，于是就邀请我们到企业内去讲授。后来，我们把它放在了清华大学总裁班的领导力项目里，也成为最受欢迎的课程之一。

在开发和讲授演讲课程的过程中，我们发现，演讲虽然有各种场景、各种主题、各种风格，但优秀的演讲有一个共性，就是它们都符合这样三个原则：清晰、有力、高效。

清晰是一个演讲所要遵循的第一个原则，演讲本质上还是观点、信息和情感的传递，以期影响听众的观点或行为，所以演讲内容能够被听众理解和认同是基本的要求。在商务演讲专家芭芭拉·明托著名的《金字塔原理》中，她指出演讲分为三个层级：想听、听懂和接受。想听是听懂的前提，听懂是接受的必要条件，所以如果演讲的最终目的是被听众接受，那么清晰易懂就是一个基本的原则。清晰原则具体体现为观点清晰和逻辑清晰。

所谓观点清晰，可以以复述、转述和记忆为测量标准。几年前，我曾为诺基亚西门子通信公司的营销团队做过演讲培训。现场一位学员请我评价一下他的演讲是否算得上清晰。我让他把刚刚演讲中希望听众记住的要点写在一张纸上，让作为听众的其他学员把他们听到的要点也写在一张纸上，最后请大家把自己写的那张纸同时举起来。结果，演讲的学员写了七点，而其他学员最多的也只写了五点。因此，我在做辅导的时候经常要求学员，在做演讲准备时必须确定，假如演讲结束后听众只能记住一点，最希望他们记住什么。除此之外，还应该想一想，如果听众离开演讲现场回到公司里，他的领导问他今天听了什么演讲，他能转述出哪些内容。更进一步的要求是，一个观点清晰的演讲，即使时间过去多年以后，听众仍应能够记得当时的观点。

而逻辑清晰是演讲内容能被听众理解和接受的保证。演讲就是讲者和听者之间的交流，随着演讲的进行，听众会带着自己的预判参与其中。听众总是根据演讲者已经说的话来推测演讲者接下来会说什么，以及演讲者会得出什么结论，这种现象通常被称为听者的逻辑。一个演讲要想始终赢得听众的注意力，内容的安排就必须遵从这个逻辑。

优秀演讲的第二个原则是有力，也就是要努力去打动甚至震撼听众。有力原则通常体现在修饰和修辞上。

演讲从主题到关键语句都需要精心修饰，如“相信‘相信’的力量”“Never Say Never（永远不要说不行）”这样的主题，就比“怀疑会导致失败”“别总说不行”这样的主题有力量。而“你心比天高，命比纸薄”与“有一种落差是，你配不上自己的野心，也辜负了所受的苦难”这样的语句相比，在力度上要弱很多。

另一种增强表达力度的办法是使用修辞手法。在本书“掷地有声”部分会对演讲中所用到的修辞手法进行专门讲解。使用“一刹那就相当于1/75秒”“潜水病就好像你摇晃一瓶可乐，没等气泡沉下来就打开”这样的比喻手法能让听众有更具体、更熟悉的感受，而使用排比句通常也能增强气势。

优秀演讲的第三个原则是高效，受听众注意力维持时间的限制，演讲用时一般不能过长，所以，一场优秀演讲的每句话都要发挥作用。废话连篇的演讲会浪费听众的时间，甚至让听众觉得受到侮辱。

我在《结构性思维》[①]中曾提到过四个标准“结论先行、上下对应、分类清楚、排序逻辑”，本质上就是要去掉冗余信息，做到简单高效。

TED（指technology，entertainment，design的缩写，即技术、娱乐、设计，该演讲在国际上有很大影响）的演讲者都被限制在18分钟之内结束演讲，不论你谈论的是上下数千年的漫长历史，还是纵横无边的茫茫宇宙，其本意正是为了保证高效。在演讲中，真正是浓缩即精华，Less is More（少即是多）。

四、人人都能成为优秀演讲者

演讲是一种普遍的、自然的说话方式，不是少数人才会使用的特异功能。演讲是人类的一种交流形式，和面对面沟通、会议研讨、商务谈判等有着一样的目的和情感，都是为了在不同的个人和群体之间进行信息交换、情感互动，以确保相互理解，沟通畅达。有很多学员一开始会质疑：“演讲能力是天生的

① 王琳，朱文浩．结构性思维：让思考和表达像搭积木一样有序省力［M］．北京：中信出版集团，2016.

吧？后天的训练有用吗？”辅导和教学的实践使我相信：人人都能成为优秀的演讲者！

2016年的1月26日，微信朋友圈被“东北女孩儿怒斥票贩子”的视频刷屏了。视频中，一位白衣女生在数十人的围观下，义愤填膺，声情并茂，有理有据地控诉“老百姓看病、挂号怎么这么难！”

抛开社会问题不谈，我们看到一名普普通通的东北女孩儿在众目睽睽之下，没有任何提前准备，没有任何手稿，没有借助任何设备和道具，就让一场即兴演讲不仅在当时的现场获得极大的同情和支持，而且在网络上迅速传播，也最终得到了相关的协助。分析这一演讲能够成功的原因，可以归结为“理直气壮”。所谓“理直”就是清晰的观点和确凿的证据，而“气壮”就是充分的自信和不吐不快的表达情绪，在理直气壮的支撑下，声音洪亮，肢体语言逐渐丰富，这些条件浑然一体就能呈现一次精彩震撼的演讲。

也就是只要能够创造出这样的情境，人人都可以做一次精彩的演讲。

并不是只有某种风格的人适合演讲，就像歌手一样，有人擅长激情歌舞，也有人习惯浅唱低吟。演讲者的风格往往与个性和先天禀赋有关。俞敏洪的激情、马云的“疯狂”、白岩松的幽默、柴静的思辨都可以深深打动我们。

但是，人人都能讲得精彩并不等于次次都能讲得精彩。在主题和内容缺乏准备或者场景陌生的情况下，多数人的演讲不仅不会让我们觉得精彩，而只会让我们感到他们的语无伦次和手足无措。有一次，我在中国绩效改进年会的现场，就见到一位著名的演讲者出现了类似的问题。他的主题演讲部分非常精彩，结束时全场观众都起立鼓掌。看到观众的热烈反应，主持人就好心地请他就行业的未来前景再说几句。没想到，这几句话却给他带来了比前面一个小时演讲更大的压力，观众们都看出了他的紧张和不安——他说话不再自信有力，而且一直在用纸巾擦脸上的汗水。

为了能够应对现场可能遇到的各种意外情况，持续的、有针对性的训练是演讲者确保演讲状态稳定的唯一办法。

大家一定还都记得“飞人刘翔”和他所创造的“刘翔时代”。刘翔是中国田径史上，也是亚洲田径史上第一个集奥运会冠军、室内室外世锦赛冠军、国际田联大奖赛总决赛冠军、世界纪录保持者多项荣誉于一身的运动员。从2000年至2012年，刘翔参加了超过48场世界级重要田径赛，获得过36次冠军，1次跑平世界纪录，1次打破世界纪录，5次打破亚洲纪录，3次打破亚运会纪录。那个时代，非他莫属。

我们都看到了刘翔的辉煌成绩，但实际上，刘翔在成长的道路上曾经有一座看似不可逾越的高峰，那就是约翰逊。

刘翔在自传中写道：“2002年，我参加了在希腊雅典举行的国际室内田径锦标赛。那是我第一次和约翰逊肩并肩地站在跑道上，是我和他第一次同场竞技。但真的是很遗憾，那次比赛，我在跨越第二个栏的时候，摔倒了，根本没有完成比赛，我所能看到的，只是约翰逊的背影。”①

2003年，刘翔和约翰逊在大大小小的比赛中比了近10次，却无一胜绩。

转机始于“刘翔科研课题组”的成立，也就是后来赫赫有名的“翔之队”，它专门负责刘翔的训练、比赛和生活。“翔之队”中成立最早的科研攻关组用先进的设备、精准翔实的数据，及时确保刘翔训练计划设计的有效性和科学性。而“翔之队”记录统计分析的对象不仅仅是刘翔本人，还包括刘翔的对手、目标和榜样约翰逊。

功夫不负有心人，终于在2004年的雅典奥运会上，刘翔身披国旗，一跃跳上冠军领奖台——这已经成为中国体育史上的经典时刻，那句充满豪气的

① 刘翔．我是刘翔［M］．上海：上海三联书店，2004.

“中国有我，亚洲有我”，让无数国人兴奋激动到彻夜难眠。

“翔之队”的训练方法不是特例，不是偶然，而是技能学习的基本途径。所有技能的习得都有其共同之处，正如现代著名体验式学习大师大卫·库伯（David Kolb）所提出的体验式学习模型，如图0–2所示。

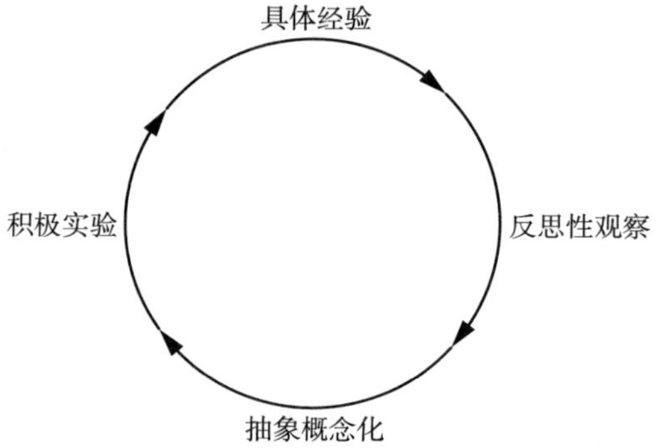

图0–2 体验式学习模型

资料来源：［美］大卫·库伯.体验学习：让体验成为学习和发展的源泉［M］.王灿明，朱水萍，译.上海：华东师范大学出版社，2008

1. 具体经验

这是学习的起始阶段。学习者在真实情境中活动，获得各种知识，产生相应的感悟，行为受到情境的影响并反过来对情境产生影响。

2. 反思性观察

在这一阶段，学习者回顾、描述自己的体验活动，对自己的体验进行分析、反思，明确自己在体验过程中学到了什么、发现了什么问题、情境对自己产生了哪些影响等，从而形成新的见解。

3. 抽象概念化

在这一阶段，学习者的主要任务是基于对自己经历的回顾和反思，试图把感性认识上升到理性认识，建构一种理论或者模型，对自己发现的某些现象和问题进行因果解释。

4. 积极实验

在这一阶段，学习者的主要任务是在新的情境中对自己的理论假设进行检验，从而判断其合理性、可靠性。如果自己的理论假设得以验证，学习过程就可能暂时告一段落。此时学习者倾向于把自己的理论发现迁移到其他情境中进行应用；但是在通常情况下，一次检验过程是难以完成理论验证任务的，这样就需要进入下一个学习循环。

演讲者提升自己技能的方法也同样需要遵循这样的学习模型，但是在多年的辅导和培训的过程中，我发现从个人经验出发，通过反思来自我改善的速度通常很慢，而且多数演讲者并不具备主动反思的能力。经过不断尝试，我们终于开发了一套基于其他优秀演讲者经验的学习模型，并因此既提高了效率又保证了效果。

这个学习和训练模型更加简单实用，它遵循向优秀演讲者学习演讲的理念，共包括四个渐进的阶段，我们称之为MOG四步骤训练模型，如图0–3所示。

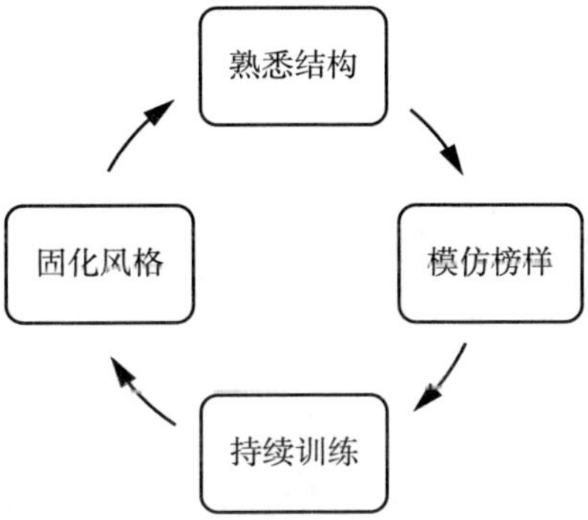

图0–3　MOG四步骤训练模型

1. 熟悉结构

从大量优秀演讲样本中，提炼出优秀演讲的通用结构类型，使演讲学习者能够基于前人的经验，快速学会组织一篇演讲稿的基本方法，解决从不知道到知道、从不会讲到会讲的入门问题。这一步主要针对演讲的内容而言，正所谓“巧妇难为无米之炊”，有一份经得起推敲的演讲材料是成功演讲的基础。

2. 模仿榜样

分析自己的演讲风格，确认自己认同喜欢的精彩演讲片段和人物，然后最大限度地进行模仿能够快速提高演讲能力。实践证明，从演讲内容的开场、展开和收尾，到呈现方面的身体语言、面部表情、语音语调，准备大量的分类素材进行模仿训练，是最有效的提升途径之一。模仿是人类学习的最自然的方式，从儿时的牙牙学语到长大后学唱歌、学绘画等，都会使用这种方法。这种模仿在神经语言程序学（Neuro-Linguistic Programming，NLP）中称为“仿效”，它也是NLP中的精髓。“仿效”除了可以“快速模仿成功”“复制成功”，也能“快速改变自己”。例如，美国总统克林顿曾一度把肯尼迪当成模仿的榜样，并最终取得成功。

3. 持续训练

所谓“台上一分钟，台下十年功”，成功的秘诀“无它，唯手熟尔”。2016年4月14日，科比——这位5个NBA（美国职业篮球联赛）总冠军戒指的拥有者，正式告别赛场。他是湖人王朝的缔造者，联盟第一人。熟悉科比的人，也必然熟悉科比的“洛杉矶早晨4点”的故事，而科比想要告诉大家的就是他的成功源于“训练+勤奋训练”。

2016年3月，我和滴滴出行的一个优秀团队一起见证了训练的重要性。受培训总监李牧的邀请，我专门对企业级客户部的管理团队进行了演讲训练。当时由于业务发展迅猛，这个团队承担了大量的对外宣讲活动。高强度的训练不仅使学员的演讲技能得到快速提高，而且“连气质都变了”（学员语）。每个人都能在训练中体会到进步，只有经过持续的训练才会形成肌肉记忆，并最终固化为自己的习惯和风格。

4. 固化风格

学习模式的最终目的是为了打破模式，形成自己的风格。有意识地进行自我反省，体察什么是自己擅长的、舒服的、喜欢的，才能最终形成自己的风格和标签。一个优秀的演讲者并不需要以完美为标准，但肯定会因独特的魅力而引人关注。

通过使用MOG四步骤训练模型，我们可以让各种不同背景、不同天赋的人两天改头换面，30天脱胎换骨，成为优秀的演讲者，缔造自己的荣耀时刻。

五、你与优秀演讲者之间只有一页纸的距离

从最初偶然间走上演讲辅导和训练这条路，一直在跌跌撞撞地探索着，在教学相长中砥砺前行，今天终于帮助了千百人实现从容演讲的梦想，并形成了一套较为系统有效的方法。

大道至简。

MOG演讲训练，因为它本身的简单有效而深受学员们欢迎，又因为它的开放性使素材能够不断更新、永无穷尽，为学员们始终保持兴趣、持续进步提供源源不断的养分。MOG演讲俱乐部更为学员们搭建了一个交流的平台，让大家在不断的相互鼓励中体味一次次成功的喜悦或流泪的心痛，无论哪一种都是成长的印记。

我们最初称MOG为“一页纸演讲”，因为我们发现一篇优秀的演讲准备稿（含演讲内容、提示要点和呈现方法）用一页纸就能表达清楚，我们称之为“话”图纸（如图0–4所示）。在开始训练时，我们就是用这页纸来做准备，这个传统被保留了下来。

像电影剧本的三幕式结构一样，一篇演讲通常可以分为三个部分：开场、展开、收尾。虽然演讲的场合多种多样，演讲主题和目的也不胜枚举，但是依演讲的时间顺序，却可以把演讲看作一个固定的结构，准备其中的内容更像做一道道填空题。在整个MOG训练中并不追求方法的多样化，而是努力贯彻最常用、效果最好的方法。在现实生活中，有的著名演讲者可能一生也只会用到一种方法，正所谓“一招鲜，吃遍天”。

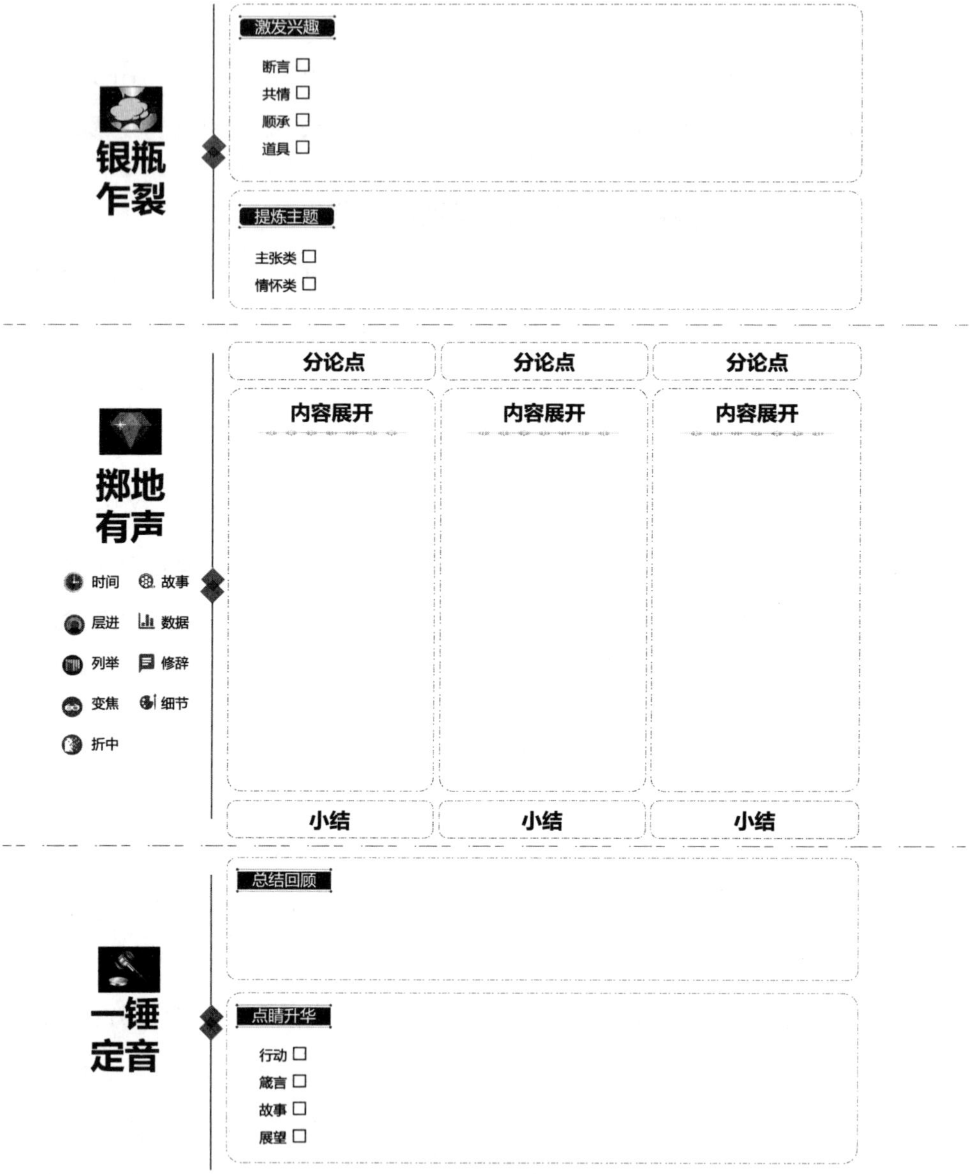

图0–4 “话”图纸

首先是开场部分，这部分要迅速抓住听众的注意力，我们称为“银瓶乍裂”。这部分包括两个任务：激发兴趣和提炼主题。

读者在书中会看到我们推荐的四种激发兴趣的方法：断言、共情、顺承和道具。实际上，这些方法我们本就在演讲中不自觉地使用着。例如，有人演讲开场可能会说“公司目前的出路只有一条（断言）”“我和大家一样厌恶虚伪的人（共情）”“刚刚领导说……（顺承）”，或者把报告突然摔在讲台上（道具）。不管你会不会这些方法，训练的目的正是在于使你能有意识地选择一种方法来开场，而且有足够的冲击力。

提炼主题部分要能正确地区分“主张类主题”和“情怀类主题”，主张类主题是为了表达观点和立场，希望影响听众的行动；而情怀类主题是为了表达情绪、抒发情感，希望能感染听众并引发共鸣和认同。当设立了演讲的范围和主题类别后，我们还需要对主题进行凝练，以为演讲起一个响亮易记的题目。

其次是展开部分，需要把握节奏，掷地有声。为了支持主题，这部分通常要分三个分论点来展开，而每个分论点之间一定要有清晰的结构或逻辑关系，书中推荐了最常用的五种：时间、列举、层进、变焦、折中。在练习时，可以选一个主题分别用五种结构来尝试并体会它们之间的区别，这样到了真正应用之时，才能有选择恰当结构的能力。

当清楚分论点之间的结构后，分论点的内容也需要尽量多样化和生动形象，书中给出了四种方法：故事、数据、细节和修辞。主要目的是让论证更有说服力，表达更有感染力。

分论点内也是有结构的，可以分为提出分论点、内容展开和小结，通常称为“开门、展开、关门”，常见的错误是演讲者忘了“关门”。

最后是收尾部分，希望能够收得有力，一锤定音。收尾有两项任务：总结回顾和点睛升华。

总结回顾要简短，主要回应开场部分的“提炼主题”，通常使用书中提到的“如果……那么……”句式，如“演讲者如果能够使用MOG的一页纸结构准备内容，主动模仿优秀演讲者的演讲片段，并且坚持30天持续地进行训练，那么他就会成为舞台上那个优秀的演讲者”。

点睛升华是为了给听众一个明确的结尾提示，同时加深印象甚至对听众的行动产生影响。常用的方法有故事、箴言、展望和行动。草率的结尾会削弱演讲的力量，所以需要特别慎重。有时候，人们记住一场演讲就是因为记住了其最后点睛升华的一段话或一个故事。

演讲是最让人恐惧的事情，却也是人人都能做好的事情。理解演讲的结构，学会呈现的技巧，你会发现演讲其实挺简单。实际上，你与优秀演讲者之间，只不过是一页纸的距离。

第一章
克服紧张：从容迈出第一步

第一节　什么是演讲紧张

说到演讲，就不能不说一下它的“孪生兄弟”——紧张。每个人都有过演讲时紧张的经历，而且越是重大的场合，越是重要的演讲，就越紧张。这个问题不仅会出现在你和我的身上，那些政治精英、商界翘楚，或是影视明星、娱乐大咖也无一例外。20世纪80年代，美国曾进行过这样一次有趣的试验，其题目是：“你最害怕的是什么？”统计出来的结果竟然是“死亡”屈居第二，而“当众演讲”却名列榜首。可见，演讲在大多数人的心目中，真的是一件非常可怕的事。①

这里所说的演讲紧张，也称为演讲焦虑。美国加州大学齐柯分校教授史蒂文·布莱登曾为它下过定义，“公众演讲焦虑（public-speaking anxiety）又称当众演讲恐惧（fear of speaking in public）、公众演讲恐惧（fear of public speaking）、他人面前演讲恐惧（fear of speaking in front of others），是在特定情境下表现出来的焦虑，是个体在预期经历真实或想象的公众场合演讲活动的过

① 演讲时的紧张心理表现原因及克服方法［DB/OL］. http://www.diyifanwen.com/yanjianggao/kefujinzhang/1242518154034254_2.htm.

程中，所引起或体验的一系列身心不适的感觉或行为表现”[①]。

例如，有的人平时沟通没有任何问题，一旦面对很多人，尤其是在演讲时，原来计划说五点内容，最后就说了一点，能讲30分钟的只讲了10分钟。还有的人会严重到腿软、手出汗、声音变得又尖又细，并不断颤抖、嘴唇发干。

一、关于演讲紧张的共识

在探讨如何克服演讲紧张之前，我们必须对演讲紧张达成三个共识。

（一）演讲紧张是十分普遍的现象

美国著名作家马克·吐温曾经写道：“世上有两种演讲者：紧张的和故作镇定的。”

紧张不是因为我们能力不足或者性格内向，不是因为我们不如别人。再优秀的人，也有紧张到说不出话的时候。我的一个好朋友是咨询公司的老总，思路清晰，经历丰富，平时跟我们说话都是侃侃而谈，但是在录节目时第一句话就过不了，无论如何都说不下去。

而你看到的精彩的演讲，其实演讲者当时可能也很紧张，可能比你还紧张，只不过你没有看出来罢了。我大学毕业的第一份工作是给一位台湾女老板做助理，这位老板非常健谈，当然上台演讲也落落大方。因工作需要，她经常受邀参加一些大型会议并发言，与会人员中经常有很多部委领导以及商界精英。她每次演讲效果都不错，总能迎来热烈的掌声，大家都说她演讲状态好，亲切自然。但是她每次下台来都会跟我说，她紧张得不行了，我一看她手心，都是汗。

---

① ［美］史蒂文·布莱登，迈克尔·斯各特．演讲的艺术与科学［M］．顾肃，谢友倩，宣莹，译．北京：中国人民大学出版社，2006.

还有一些人，虽然在演讲的时候觉得自己没有紧张，但是一看回放或者一听录音，才发现原来自己当时那么紧张。我自己就是这样的人。在写这本书的时候，也正好是《结构性思维》系列微课录制的时候。录制之前，这门课我已经给客户讲过许多遍了，而且为了这次30分钟的微课录制，我还特意做了充分的准备，修订了课件，重新丰富了适合网络学习的案例。在录制的时候我也没有觉得自己紧张，还讲了笑话跟同学们热场，但是后来看录制成品的时候才发现，自己当时还是很紧张的，有很多没有必要的小动作。由此可见，"久经沙场"的老师也会不由自主地紧张。

（二）任何人都可以在一定程度上克服演讲紧张

演讲紧张不是洪水猛兽，并非无可救药，只要方法得当，就可以像那些侃侃而谈的人们一样克服紧张，在其他人面前自如地表达自己的观点。N·佩塞施基安认为"十分有助于成功克服紧张状态的则是我们的感觉，即在困难的场合拥有各种控制局面和施加影响的可能"[①]。他还提到了一个研究成果来证明这一观点。调查的对象是置身于嘈杂的工作环境的工人：机器的轰鸣声、街上交通工具的噪声、周围有人用外语聊天。一组工人可以通过摁一个电钮关上噪声，另一组工人则没有这种可能。第一组工人的效率无例外地高于第二组，而令人惊讶的是没有一个工人摁过那个电钮。显然知道电钮的存在就足够了。这个研究成果表明，很多时候面对问题，是相信自己能够解决还是认为自己无能为力，解决的结果会大相径庭。坚信有方法，并且知道方法在哪里，对于克服紧张而言十分重要。

---

① ［德］N·佩塞施基安．种子与大树——克服紧张状态的积极方法与途径［M］．薛思亮，译．北京：社会科学文献出版社，2000.

（三）演讲紧张并非一无是处

紧张可以提高演讲者对即将到来的演讲的警觉，督促演讲者进行充分的准备，从这个角度来说，紧张也是积极有益的。另一方面，过度紧张会导致演讲者不能正常发挥自己的水平，甚至忘记将要演讲的内容，从这个角度来说，过度紧张肯定会对演讲效果产生消极的影响，应该加以适当控制。同样的情况经常出现在竞技体育里面，运动员到大赛的时候都会追求比赛状态，就是紧张兴奋的感觉，以期待发挥出比平时训练更好的水平，但是如果运动员过分紧张，反而会发挥失常。

二、演讲紧张的表现

一般说来，演讲紧张的表现主要有呼吸急促、语速加快、声音变高变尖、大脑短路（忘词）、大量出汗、肌肉僵硬等。

（一）忘词是普遍表现

有一位培训界的前辈，曾经在北京大学进行一次演讲时，上来就讲："人成功最重要的就是7件事，我把它们概括为7个字，第一个字'诚'，即诚信；第二个字'韧'……第四个，第四个字……"第四个字怎么也想不起来了，然后继续讲，直到第七个字都讲完了，他也没想起来第四个字是什么。

（二）有的人会做一些特定的动作

我的一位同学在紧张时的表现就是一边念发言稿，一边身体缓慢地转动，如刚发言的时候面向观众，一边念就一边向左慢慢转体，一会儿就已经和观众成90度角，然后她会一下子转回来再面向观众，然后继续新的一轮转体。另一位同学在发言紧张时会不停地搬动东西，上学时最经常搬的就是教室第一排同学的桌子，一个简短的发言结束之后，第一排的桌子已经被搬开很远了。

（三）演讲紧张的表现因人而异，各有“特色”

演讲紧张的表现因人而异，各有“特色”。“名人演讲紧张”的事例更是不胜枚举。例如，丘吉尔当年在演讲台上脸色发白、四肢颤抖，很快就被轰下台去，他曾说，每次演讲他都觉得胃里像放着一块冰；林肯在最初走上演讲台时恐惧得甚至连一句话都说不出来；美国的雄辩家查理斯初次登台时两个膝盖抖得不停地相碰；印度圣雄甘地在首次演讲时不敢正视听众；大科学家牛顿承认自己在演讲前抖动不已，大喊大叫；沈从文第一次走上讲台时，慕名而来听课的人很多，他竟紧张得不知说什么了，许久才慢慢平静下来，开始讲课，然而原本要讲授一个课时的内容，被他三下五除二地10分钟就说完了。[①]

三、演讲紧张的原因

无论演讲紧张的表现多么“与众不同”，紧张的来源或者原因其实都是一样的。

说到为什么会紧张，有些人可能会觉得自己不善于当众讲话，因为在私下聊天时并不紧张，很多人在场的时候却会非常紧张。前面引言中曾提到，2016年1月份，网上热传东北女孩控诉票贩子的视频，我一看很震惊啊，这个女孩没有接受过专业的训练，也没有纸稿，但她说得特别清楚，毫不紧张，情绪、语态、条理性、语速、手势等都对。农民工在讨薪时也是如此，都争着上去说，老板怎么黑心，欠了多少钱不给，当着那么多人的面也不紧张。为什么？有一个词说得特别好——“理直气壮”。

---

① 关于名人紧张的故事［DB/OL］. http://zhidao.baidu.com/link?url=ilopKteDRxfE_tNr7M0fJ0lf9m9El27ac5b_tBFKGQhPZHhnMPnzPhjnSTAsXCmXfgbMI9aAYNAdI1XuL_fAHq.

当你真的有东西要表达出来，你真的相信这个东西的时候，其实你是不紧张的。什么时候会紧张呢？第一，怕没得说，上台说什么呢；第二，虽然自己准备好了，但怕忘了，忘词怎么办呢；第三，怕被认为不够精彩。由此可以看出，紧张都是源自对自己信心不够或对当时场景的预判不足。

紧张（Streβ）一词是由加拿大籍的奥地利生物化学家汉斯·塞尔叶提出来的，它是指“费力、适应、紧张，也包括担心和忧愁”。医学界将“紧张”定义为“人的集体的一种特殊的综合征，也可以由各种非特殊刺激引起。紧张也可以理解为来自外界的、集体尚不能完全适应的影响”。[①]通常意义来说，紧张其实是人们对未来不确定性的一种担忧和焦虑。演讲时的紧张，就是人们对于演讲的过程和结果的不确定性的一种担忧和焦虑。举例来说，你即将在管理大会上就你的一个项目计划做出汇报，汇报前你十分紧张，为什么呢？你担心你的计划不能得到高级管理人员的支持和批准，并且担心你给他们留下坏的印象以至于影响到未来在公司的发展。有了这样的对结果的不确定性的担忧，于是你开始幻想各种场景，如CEO非常认真，提出了很多细节问题，但是糟糕的是你无法回答；或者CFO（首席财务官）很不支持这个计划，他当场挑战了你，甚至有点儿冷嘲热讽，你很尴尬；再或者与会的高管们听得心不在焉，没有人注意到这个提案以及它的作者——你。这些幻想让你更加紧张不安，让你无法专心准备接下来的汇报，反而一直就刚才这些场景反复琢磨，越琢磨，这些场景就越逼真，你开始呼吸急促、手心冒汗、无法思考，如果现在上台，恐怕就会非常紧张。

还记得那些在嘈杂环境中工作的工人吗？你现在亟须找到那个电钮，只

---

① ［德］N·佩塞施基安．种子与大树——克服紧张状态的积极方法与途径［M］．薛思亮，译．北京：社会科学文献出版社，2000.

消轻轻一按，问题就迎刃而解了，对吗？别着急，电钮就在下面，还不止一个。

四、克服紧张的方法

克服演讲紧张需要方法和技巧，但前提是你真的有东西要跟大家分享。只有这样你才可能不那么紧张。如果你自己都预判没什么可讲的了，也讲不好这个内容，那么你一定会紧张，因为你一直在思考要讲什么东西，即使你有再多的技巧也没有用武之地。如果你经常是已经做好了充足的准备，但还是会紧张，那么下面介绍的方法肯定会对你有所帮助。

既然紧张是人们对未来不确定性的一种担忧和焦虑，那么克服紧张就可以从3个维度入手：

1. 积极心理暗示，将担忧和焦虑转换为积极和自信。

2. 转移注意力，让自己短时间内不过分关注演讲或演讲的结果。

3. 不断练习，熟悉成功的自己，降低未来的不确定性。

当然，克服紧张的方法远不止这些，本书也不能穷尽所有方法。本书旨在根据作者在这一领域多年的研究、实践和积累，提供一些快速简单并且切实有效的方法，让大家可以顺利地克服演讲紧张，将演讲紧张所带来的负面影响降到最低，从而做出成功的演讲。

第二节　积极心理暗示

一、自我暗示与心理暗示

如果你在走上演讲台之前就已经出现焦虑，正如前面提到的例子一样，项目计划汇报还没有开始，你的脑海里就开始担忧各种可能出现的“后果”，这些担忧和焦虑让你越来越紧张。这时候，最有效的办法就是进行积极的自我暗示。自我暗示简单说就是自己告诉自己“你能行，你可以，你是最棒的”。这听上去也许有点儿阿Q，不过可别轻视这种“精神胜利法”，它是有相关心理学研究作为支撑的。

心理专家郝滨先生认为，心理暗示是指用含蓄、间接的方式，对别人的心理和行为产生影响，是人们日常生活中最常见的心理现象。[①]它是人或环境以非常自然的方式向人们发出信息，这些信息直接被人们的潜意识所接收，从而做出相应的反应的一种现象。自我暗示是心理暗示的一种，顾名思义，自我暗示发送信息给潜意识的主体就是被暗示的个体本身。

下面引用几个生动形象的小例子来说明一下心理暗示的效应。

晚饭进行到一半时，厨师突然冲进来，宣布他犯了一个致命的错误，把某种毒药当作佐料放进了食物之中！客人们马上感到剧痛难忍、恶心呕吐。持续了一段时间之后，厨师回来澄清说自己并没有犯什么可怕的错误，是自己搞错了。于是，奇迹再次发生，“病人”们很快就恢复了常态，刚刚的阵痛和呕吐统统消失了。

资料来源：[法]爱弥儿·柯尔. 心理暗示与自我暗示之柯尔效应[M]. 马晓佳，译. 北京：中国青年出版社，2011

某人出门旅行，途中投宿于一家旅馆。睡至半夜，哮喘的老毛病又发作了。他感到呼吸困难、胸部憋闷。黑暗中，他摸索了好一阵子，才找到窗户，可是窗户打不开。情急之下，他只得把窗子的玻璃击碎。顿时，一股凉爽的新鲜空气迎面扑来。他探身对着被击碎的窗口深深地吸了几口，哮喘明显地减

① 郝滨. 催眠与心理压力释放[M]. 合肥：安徽人民出版社，2009.

轻，于是回到床上安然入眠。次日清晨醒来后，他查看到底是哪一扇窗子被他打破。奇怪，所有的窗子均完好无损。被他打破的竟是墙上那幅挂画的玻璃。

资料来源：王平．心理暗示的“治病”与“致病”[J]．Sciences of Serong Physical，2004（8）

有一个死刑犯，当他被绑起来，蒙上眼睛后，有人在他的旁边对他说，你要接受的刑罚是缺血死亡，然后用叶子在他的手腕上轻轻划了一下，当然，这不可能造成任何伤口。这个犯人的手腕旁边，有一个容器向下“啪嗒、啪嗒”滴着水，一天后，这个犯人果然死掉了，解剖他的尸体，果然就是缺血而死，但事实上他并没有出过血。原因就是他经过了暗示后，以为自己的动脉已被割开，那水滴声就是自己血滴下的声音，在这样的自我暗示下，他竟然真的死了，并且表现出缺血的症状。

资料来源：百度百科（www.baike.baidu.com）

心理学家们征集了10位志愿者，请他们参加一个名为“疤痕实验”的心理研究活动。10名志愿者被分别安排在10个没有任何镜子的房间里，并被详细告知了此次研究的方法：他们将通过以假乱真的化装，变成一个面部有疤痕的丑陋的人，然后在指定的地方观察和感受不同的陌生人对自己产生怎样的反应。实际实验过程中，志愿者先是被画上了丑陋的疤痕，并且实验员让志愿者看到了自己脸上的“疤痕”，然后实验员以补妆为借口在志愿者不注意的情况下，悄悄地擦去了这些疤痕。然而实验结果表明，10位志愿者无一例外感觉到周围人的异样而鄙夷的目光。

资料来源：百度百科（www.baike.baidu.com）

通过这几个故事，我们可以认识到心理暗示所能够产生的巨大作用。心理暗示之所以有如此巨大的作用，是因为心理暗示可以直达我们的潜意识。潜意识的存在和它的威力，有时候是超乎人的想象的。例如，人在梦游或者醉酒的状态下做出的一些举动，都是潜意识的作用；影视剧中有一些桥段，男（女）主人公因为极度伤心或沉浸在往事中而无意识地在街头游走，不知不觉就会来到某个有着特殊意义的地方，这也反映了潜意识的作用。

二、潜意识的特点

潜意识有以下三个特点。

（一）能力巨大

世界潜能大师博恩·崔西曾经说过："潜意识的力量比意识大三万倍以上。"潜意识不仅控制着器官的运转，还控制着我们所有的行为，尤其是行为的每一个细节。①潜意识对我们行为的控制能力，远远超出了我们引以为傲的意志。心理学中有一种现象，叫作努力反向效应（the Law of Reversed Effort），简单说就是如果我们潜意识认定了什么事，我们主观意志上越是努力扭转，其结果不仅徒劳无功，而且会适得其反。许多人可能有过这样的经历，在骑自行车的时候，如果前方路面有一块大石头，你越想别撞上它，你的车把越左摇右晃，不偏不倚地正好撞上了。这正是努力反向效应。

（二）照单全收与单线程

潜意识对于所有的信息是不加辨别照单全收的。潜意识是个"直肠子"，直来直去，没有辨别能力。它不会选择，也不会偏心。你给它什么，它就接受什么，记住什么，同样也会输出什么。

---

① ［法］爱弥儿·柯尔．心理暗示与自我暗示之柯尔效应［M］．马晓佳，译．北京：中国青年出版社，2011.

与此同时，潜意识在同一时间只能主导一种感觉，它不会左摇右摆。也就是说，如果你给它蓝天白云，它就会“忘记”原来的阴雨绵绵；如果你给它积极正面的信息，它就会取代原来的消极负面的信息。因此，如果有意地进行设计与干预，你就可以主导潜意识里面储存的内容。简单地说，你想让它记住什么，就给它什么；你想让它忘记原来的内容，就不断地给它提供新的内容。

（三）需要重复

潜意识经常能够记住显意识忽略的细微信息，而且这些信息一旦被记住就会形成长久记忆。但是潜意识记住这些信息，需要不断重复地被输入与刺激。我们先来看这样一个案例。

有一位叫作休德的男士曾向我求助，他的事业和家庭双双出现了问题，而一切问题全都出在他那暴躁易怒的坏脾气上。他自己非常在意这件事情，也知道这样不好，可是如果别人就这一点批评他，他却暴跳如雷。他对我说，周围的人似乎都在和他作对，他只有这样才能保住尊严。

为了帮助他战胜消极自我暗示，我建议他开始积极的自我暗示。每天的早上、中午和晚上睡觉前对自己重复如下这段话：

从今天开始，我将增加我的幽默感。快乐、幸福和祥和将成为我生命中的常态，而我将变得越来越善解人意，讨人喜欢。我将成为人们生活中快乐和善意的中心，我美好的理念将给每个人都带去幸福。从今天开始，这种祥和、欢乐和美好的情绪将成为我的常态，我的内心对此永怀感激之情。

一个月之后，他的太太和同事都说他变了，变得更加随和，让人觉得容易相处起来。

资料来源：[美]约瑟夫·墨菲.潜意识的力量[M].吴忌寒，译.北京：中国城市出版社，2009

上面的做法之所以能够成功，关键是通过重复强化刺激，将想让潜意识“记住”的信息重复输入给它，直到不知不觉中，潜意识把这些信息牢牢地记了下来，并因此支配了休德的行为，甚至改变了休德的性格。

三、通过积极自我暗示克服演讲紧张

想让自我暗示帮助我们克服演讲紧张，就必须根据潜意识的特点而适当进行调整。

（一）用积极的自我暗示取代消极的自我暗示

既然潜意识的工作模式是单线程的，那么我们就可以用积极的自我暗示来代替以往的消极的自我暗示。如前面所说的在管理大会上进行项目汇报的例子，不要假想那么多可能出现的困难和窘况，多想一些积极正面的情况。例如，如果CEO问了很多问题，就说明他对这个项目非常感兴趣，有了他的支持，这个项目以后的推进就会如顺水行舟；CFO对谁的方案都是一个态度，提出具有挑战性的问题只是出于他职业的本能，并不是针对自己，并且这些问题确实可以帮助自己更好地完善方案。如果还能就这些问题想出预案，那么自己的介绍一定会锦上添花的。有了他们两位的支持，管理大会上的其他成员就更不在话下了。有了这样的设想和自我暗示，事情好像没有那么糟糕了，项目汇报不再是压力，而是一个展现自己的绝佳机会。

实际上，用积极自我暗示的方法克服紧张也是很多成功人士的不二法宝。培训界有个著名的前辈，有一次应邀在某知名学府的EMBA（高级管理人员工商管理硕士）结课典礼上讲话。讲话前，他习惯性调试好耳麦后就到后台休息了。结果在前一个演讲快要结束的时候，音响里突然传出一个男人的低吼：“×××，你不要怕；×××，你一定行；×××，你是最棒的！”结果现场的学员都大笑不止，原来是那位前辈调好耳麦后，忘记关掉了，于是他备场时的自我激励，就都被传出来了。

积极心理暗示除了对自己大吼“你是最棒的”，还有一种做法。有些人可能知道，很多运动员都有一些特殊的赛前习惯，比如一定要穿指定号码的球衣、带特定的配饰、做一些仪式性的动作等，因为他们相信这些物品或者习惯能够给他们带来好运。不要把这些举动轻率地归为“迷信”或者“怪癖”，其实这也是积极心理暗示的一种方法。如果你认为红色能给你带来好运，那么就可以在演讲前为自己准备一件红色的衣服或者一双红色的鞋；或者如果你觉得某件物品能给自己带来好运，那么在演讲的时候不妨带上它，这都属于积极的心理暗示。

（二）不断重复，才能假戏真做

积极自我暗示不是偶尔为之就能大放异彩的。由于潜意识需要重复刺激才能真正“接受”和“记住”，所以如果我们打算让积极的自我暗示发挥作用，就要不断地把这些也许有点“夸大不实”的信息、预测、暗示，输入我们的潜意识里。以前面提到的那位前辈为例，他那天的自我激励绝不是偶然为之，而是每次演讲前的必备戏码。

因此，要有意识地让自己积极看待演讲、积极看待演讲的结果，甚至积极看待演讲过程中可能出现的挑战——那些挑战确实会帮助你成长并完善你的方案。这种积极看待问题的方法和态度，需要不断的重复和培养才能慢慢形成习惯。如同潜意识的力量不可小觑一样，这种习惯一旦形成，肯定会使得你的演讲取得非常好的效果。

第三节　转移注意力，不过分关注

有句话叫“爱要八分满”，说的是在恋爱关系中，相互之间的爱十分太浓烈，五分太淡，八分刚刚好。这是因为男女任何一方或者双方，如果对对方的爱太满了，反而不利于婚恋关系的维持。爱得太满，其实就是一种过分的关注。过分地关注对方，不仅容易给对方带来压迫感，更容易忽略自我的感受甚至丧失自尊。一旦婚恋关系中出现这种过分的关注，结局往往不尽如人意，并且过分关注对方的一方，也容易受到伤害。最重要的是，不爱自己何以为人所爱。

其实“爱要八分满”中的“爱”不仅仅是指爱情中的爱，还包括亲情中的爱。记得曾经咨询一位儿童教育专家关于孩子的教育问题，那位专家的回复至今令我印象深刻，并且在生活中不断反思自己。她说：“你家孩子的问题，其实不是孩子的问题，而是家庭的问题，是这个家庭给孩子的关注太多了，或者说过分的关注和干预给孩子带来了很多困扰，让他失去了自由成长的空间。一个明显的问题，比如到了晚餐时间开饭了，妈妈叫一遍，爸爸叫一遍，姥姥叫一遍，姥爷叫一遍，小姨还要叫一遍……”说到这里，你大概已经可以想象出我家的情况，以及专家所说的过分关注是什么意思了。父母对孩子的过分关注，不仅对孩子的成长不利，其实对父母自己又何尝有利呢？现代社会提倡父母不应该只是为孩子而活，而应该首先自己活得精彩，给孩子做一个好榜样。

这里再说一个亲身经历。大概十多年前在一家外企上班的时候，单身的我下了班也很少有社交活动，所以基本上就是天天在公司加班，总是晚上九十点钟才从高高的写字楼里面踱步出来。这对我的身心都产生了负面的影响。其一，长时间的加班使我患上了严重的颈椎病，有一段时间晚上睡觉的时候，整个右手和手臂都是冰凉并且失去知觉的。其二，由于我的生活中只有工作一件事，对工作的过分关注使我也过分计较工作中的得失。工作中很小的事情就能左右我的心情，并且我经常将坏心情带回家影响到家人。这些负面影响，究其根本正是那时候的我对工作过分关注所导致的。事情的转机发生在结婚之后，婚后我像所有现代职业女性一样，不仅要照常上班，更要照顾好家庭，下班后回家做饭就是照顾好家庭的第一步。于是，我不得不在上班时间更加专注以提高效率，尽量保证准时下班，下班后直奔菜市场，然后买菜做饭一气呵成。更加忙碌的生活反而让我的身体和心情都得到了改善。我的颈椎病不治而愈，对于工作中的种种波折，我也更能释然了。工作不再是我的全部，我不过分关注它，也就不会被它牵着鼻子走了。

现在你只要仔细琢磨一下就不难发现，我们所说的演讲前的紧张、担忧和焦虑，是不是因为我们过分关注演讲了呢？或者换一个问题，在不同规模和等级的演讲中，你的紧张程度是不是会不一样呢？正是因为你的关注程度不同，你的紧张程度才会不同。

那么要想克服演讲紧张，就需要让自己不过分关注演讲和演讲的结果，不要过分执着于演讲的得失，当然这就需要一些转移注意力的方法。转移注意力的方法可以分为心理层面上和身体层面上的两种方法。

在心理层面上，大家可以参考前面一节的心理暗示的方法，如可以不断地告诉自己这个演讲虽然重要，但也只是工作的一部分，是整个生活的一小部分等。以前有个朋友有句口头禅我很喜欢，“没事，再怎么也死不了人”。话虽然直白，但其实也是积极心理学的一种朴素的应用。

在身体层面上，大家都知道，可能也用过的方法是深呼吸，不过效果不好，那是因为这里说的深呼吸是腹式呼吸，如果没有经过特殊训练就很难做到。白天我们都是用胸腔呼吸，只有到晚上睡熟了才能做到腹式呼吸。其实，除了深呼吸之外，还有其他方法，它们都是作者自己身体力行后所总结的克服演讲紧张的好办法。

一、登台前紧张：绷紧四肢，快速放松

这种方法也被称为肌肉反馈法，基本原理是通过肌肉放松，反馈放松信号到大脑，然后大脑控制的紧张情绪就能得到缓解。[①]具体做法是绷紧四肢（如图1–1所示），屏住呼吸，5秒释放，重复3次。这样你能够感觉到全身的肌肉得到非常好的放松，这种感觉有点儿类似早晨起来用力伸了一个大大的懒腰。放松的肌肉通过身体本身的生物反馈，将这种感觉传递给大脑，从而缓解紧张情绪。

图1–1　绷紧四肢，快速放松

有很多演讲者上台前会有一些“小动作”，如紧握双拳再放松，或者双手在胸前对握，然后双臂向中间用力再放松（我自己有时也会用这种方法），其实原理都是一样的，就是通过放松肌肉的方法，来缓解紧张情绪。

在以上提到的各种方法中，之所以推荐紧绷四肢而不仅仅是紧握双拳的方法，是因为我们的经验证明，紧绷四肢可以让全身大部分的肌肉得到放松，这种放松的感觉越强烈，生物反馈的效果越明显，也就是反馈给大脑的信号越强，对于演讲紧张的缓解效果就越好。

二、持续紧张：找到着力点

除了登上演讲台之前或者刚刚上台那一刻会紧张外，很多演讲者在演讲的整个过程中都会紧张，甚至在演讲完成之后还会持续一段时间。对于这种情

① 怎样消除紧张情绪［DB/OL］. http://jingyan.baidu.com/article/9158e000821ef4a25412282c.html.

况，建议演讲者带个小道具上台，为自己找到一个着力点。

我们可能或多或少都有类似的经历。如果空手上台，紧张的时候就会手足无措，不知道把手放在哪里，然后就会更紧张。这种经验和感觉其实是人的一种本能反应。但是如果这时手里握着东西，就可以像抓到救命稻草一样使紧张的情绪得到缓解。这种情况在我们还是孩子的时候表现得更明显。因为在10岁以前，我们都会将安全感建立在我们的保护者身上，保护者带给我们的安全可靠的感觉非常重要。记得我的孩子一两个月大的时候坐车，因为他需要坐在安全提篮里面，所以不得不离开我的怀抱，这让他很不安。每到这个时候，我只要给他一根手指，让他抓住，他就会安静地躺在里面，不再焦虑和哭闹。我小时候每天睡觉都要抱着妈妈的胳膊，这样就会很快入睡。随着我们慢慢长大，我们开始逐步由依赖转为独立，开始远离保护者，试着为自己建立安全感。在这个阶段，我们可以借助外在的人、事、物为自己带来安全感。有时候是一种精神上的依托，如伙伴关系；有时候是一种身体上的依赖，如演讲时手里抓住的“救命稻草”。

什么物品可以作为这样的小道具，在演讲台上又不会显得太突兀呢？以下物品都是不错的选择。

1. 翻页器

在当前的商务环境中，演讲大多数情况下都会用到PPT，那么这个时候带个翻页器上台是最顺理成章的。一方面它真的是你的工具，帮助你翻页还能保证你不被“绑在”电脑旁边；另一方面手里握住它，哪怕你由于紧张把它捏得“生疼”，我发誓它也不会吭一声，当然，掰断的情况除外。

2. 话筒

如果你的演讲场面很大，或者会议室很大，你就不得不用话筒，那么这时候你也正好有了一个很好的着力点。

3. 提示卡

如果上面两样东西你都用不到，如你要主持一个晚会，这里的设施非常棒，都是无线耳麦。别着急，你还可以给自己写一张小小的提示卡，其实提示卡上有没有内容并不重要，重要的是手里要拿个东西。

说到提示卡，也许有读者会说，这也太不专业了吧，好像证明了自己没有记住稿子一样。其实你拿提示卡只要不是一直照着稿子念，而只是在必要的情况下看一眼，如一些特定的比较长的专有名词，完全不会让人觉得你不专业，反而会让人觉得你十分认真，准备充分。电视台的主持人们，十有八九都是拿着提示卡主持节目的。

4. 其他物品

如果你没有翻页器，也用不上话筒，又不习惯拿提示卡，还有一样物品你可以拿，而且你一定无法拒绝。记得前面提到的我的那位台湾老板吗？她就有一个独门“秘籍”，即上台前在手里攥一块面巾纸。这是转移紧张的一个小道具（还不容易穿帮），等到演讲结束下来，你可能会发现那张面巾纸已经湿透了。

带什么道具作为着力点，其实全看个人的习惯和发挥。只要觉得合适、舒服、方便都可以。如果实在找不到任何东西，或者上台后发现准备的道具忘记拿了，别慌，还有你的另一只手。在不需要做手势的时候，两只手握在一起也是一种找到着力点缓解紧张的好方法。不过男士们如果没有带着道具上台，即使因没有着力点而手足无措，也绝不能把手插在裤子口袋里，这是现代商务演讲礼仪中的大忌。

第四节　不断练习，熟悉成功的自己

前面提到，紧张是对未来不确定性的一种担忧和焦虑，所以还有一种办法可以克服紧张，就是降低这种不确定性。那么如何降低呢？不断练习、充分准备就是我们的不二法门。

说到演讲练习，我们先看几个小故事。

美国第16任总统林肯，是闻名于世的大演讲家。他的成功就在于他从青少年时代就开始了对演讲口才的刻苦练习，并做到了多看、多听。他年轻时当过农民、伐木人、店员、邮电员，以及土地测量员等。为了成为一名律师，他常常徒步30英里，到一个法院去听律师们的辩护词，看他们如何辩论，如何做手势。他一边倾听那些政治家、演说家的声若洪钟、慷慨激昂的演说，一边模仿他们。他听了那些云游四方的福音传教士挥舞手臂，声震长空的布道，回来后也学他们的样子，对着树林和玉米地反复练习演讲。演讲的成功使林肯终于成为一名雄辩的律师并最终踏入政界。

资料来源：名人故事网（www.mrgushi.com）

我国著名的数学家华罗庚，不仅是一名超群的数学天才，而且也是一位不可多得的"辩才"。他从小就注意培养自己的口才，学习普通话，还背了唐诗四五百首，以此来锻炼自己的"口舌"。华罗庚先生在总结练"口才"的体会时说："勤能补拙是良训，一分辛苦一分才。"

资料来源：学习啦网（www.xuexila.com）

这两个小故事从一个侧面反映了，你眼中所谓天生的演说家，其实也是靠后天的刻苦练习和努力所培养出来的。本书前言中提到的电影《国王的演讲》讲述的就是一个口吃的国王，通过不断训练最终成功发表激动人心的演讲的故事。

演讲练习在现代商务环境中更加普遍，由于之前在企业内一直做培训管理方面的工作，我深知关于演讲的培训和训练绝不仅仅是普通员工的需求，很多高管都一直在不断地学习和练习。我曾服务的一家公司的一位高管，无论业务能力、领导力还是内部关系处理都得心应手，唯一的不足就是演讲总是反应平平没有震撼力。于是，虽然已经忙得不可开交，他仍为自己制订了一项学习和训练计划，每天早晨都会很早来到公司，用半个小时的时间专门练习演讲。半年后，我有机会再一次聆听这位高管振奋人心的演讲，不由得在心里感叹，每个人都不是随随便便成功的，付出终有回报。

一般情况下，说到练习，我们都知道那是提升技能的必经之路。乒乓球运动员可以经常打出精妙的扣杀，而业余打乒乓球的人却鲜有为之，根本原因就是练习的强度相差太多。

这里说的演讲练习，不仅能提高我们的演讲水平，切实保证演讲的成功，降低未来的不确定性，更重要的是它能够让你熟悉那个在镜子里侃侃而谈、落落大方的自己，让你更加坚信自己可以做到，自己是个优秀的演讲者。这时再辅以不断的积极的自我心理暗示，效果才能事半功倍。所以，不断练习和积极心理暗示，其实也是相辅相成的。

为了熟悉成功的自己，除了一般的演讲的技巧性训练以外，本书还建议你为自己准备以下两段内容，不断练习，形成一种本能。套用一句话就是"融化在血液里，形成一种能力"。也就是无论什么情况下，这两段内容好像是植入你身体里面的应用程序，只要一触发，马上就可以启动。电影《洗澡》里面有一个片段，有些痴傻的二儿子刘二明，只要有水淋在身上，就能用意大利语高唱出《我的太阳》。演唱《我的太阳》就是刘二明在澡堂内反复练习已经"融化在血液里"的一种能力，只要打开那个"开关"，就能尽情释放。

一、自我介绍

毋庸置疑，除了在全是熟人的场合下，我们都需要进行自我介绍。关于如何进行自我介绍在本书的第二章中会有详细的介绍与说明，在这里就不赘述了。只是提示一点，可以准备两个版本的自我介绍，一个在正式演讲时使用，一个在非正式的场合下使用。

就我个人而言，在正式演讲场合，我通常会强调我的职业经历，介绍我主要服务的两家公司，一家是IBM（国际商用机器公司），然后我会问大家，我换工作只换了一个字母，请猜猜下一家公司是什么，对的，下一家是BMW（宝马公司）。由此，我可能会就演讲的主题予以延伸，如果是职业规划，我会谈谈两家公司的企业文化和行业特点；如果是企业管理，我会谈谈两种不同的管理模式。在非正式演讲场合，我会或多或少谈谈我的家庭，我也问大家一个问题，虽然只是本科毕业，但我却是一位“博士后”，请猜猜是怎么回事。答案是因为我爱人是博士。

你也可以像我这样准备两段自我介绍，按照本书第二章提供的方法进行精心的设计，然后反复练习，直至成为一种习惯，做到能够脱口而出。

二、完整的小故事

讲故事在演讲中的作用非常大，不仅可以用在开场激发兴趣（请参考本书第三章），在内容展开时让你的演讲内容更加生动形象（请参考本书第四章），结尾时发人深省、引人深思、促进行动（请参考本书第五章）。具体如何构思一个故事，如何生动地讲故事，如何表现它，本书后面的章节中都会进行详细介绍，这里就不赘述了。

由于我已经从事培训工作很多年，许多演讲的场合都或多或少跟培训相关，所以我为自己准备了几个故事，其中一个是这样的。

米百表是一个日本典故，日语原意为一百袋米。在日本江户时代的戊辰战争中败北的长冈藩，百废待兴。长冈藩的一个支藩三根山藩送来一百袋大米作为慰问，但是当时的长冈藩大参事小林虎三郎并没有把这些米分给手下的武士，而是拿这些珍贵的大米作为建立国汉学校的启动资金。由此产生了所谓“米百表”的精神，也就是说，在最艰苦的时候，应立足于长远，忍一时之困难，将有限的资源用于最根本的事业。

资料来源：百度百科（www.baike.baidu.com）

在实际演讲中，这个故事我会讲得更加口语化。建议你看完本书后面的章节，也为自己准备几个这样的小故事，像上面的自我介绍一样烂熟于心。

有了以上这两个“撒手锏”，如果在演讲开始后很紧张，就可以迅速“调用”这样的自我介绍和小故事，这会让你看上去没那么紧张，而且会让你顺利进入状态。

综观以上三种克服紧张的方法，不难发现，其实就是要从心理上藐视演讲，不过分关注演讲的结果，相信自己；同时在具体执行上，做足功课、充分准备、不断练习，做到熟能生巧。如果把演讲比作一场战争，那么我们就要在战略上藐视，在战术上重视。

第二章
自我介绍：让听众欢迎、期待并记住

也许有的人一生都没有做过公众演讲，但他不可能没做过自我介绍。大多数人将自我介绍看作一种信息的传递方式，告诉别人自己叫什么、来自哪里、有哪些爱好等。但是，这样的自我介绍能否让他人记住呢？很多人也许会说，这并不是需要他们考虑的问题。但是，在演讲中，如果自我介绍无法令听众印象深刻、有所期待，就将是画蛇添足。所以，如何精心准备自我介绍，是我们打磨演讲内容的第一步。

第一节　自我介绍的两个部分

自古以来，自我介绍一直都是人际交流和公开演讲的重要组成部分。古代，自我介绍是体现身份和遵守礼节的重要途径；近代，自我介绍是凸显文化程度和社会地位的重要方式；而在现代，自我介绍是他人认识你、记住你、接受你的前提条件。

有人说，在进行销售时必须先成功地销售自己，才有可能把商品销售出去。事实上，演讲的过程也是在进行“销售”，只不过此时的“商品”是演讲者希望传达的观点而已。销售员很难让一个不接受他的人购买他销售的商品，同理，演讲者也无法让一个完全不接受甚至是根本不知道他是谁的人认同其观点。

一、自我介绍是成功演讲必不可少的环节

当下正处于高速发展的移动互联时代，人们可以通过各种各样的途径获取信息，那么为什么要耗费时间、精力去听你演讲呢？而且，你可能并不是名人或特别有影响力的人。因此，让听众清楚地知道“你是谁”非常有必要。事实上，在演讲中进行自我介绍的效果好坏，有可能直接关系到别人对你的第一印象以及对你演讲内容的接受程度，甚至可以成为一场演讲成功与否的关键因素。所以，一段精心准备的自我介绍，是让他人认识你、记住你、接受你的最佳方式，同时，也可以为他人认同、支持你的观点奠定重要基础。

（一）演讲过程中的四重挑战

演讲是一个人向众多听众传达观点的过程，它的本质是演讲者希望听众能够认同并接受他的观点。在此过程中，通常会存在四重挑战：

1. 听众兴趣的挑战：让听众愿意坐下来听你讲

回想一下，当刚听到一首歌的时候，最先吸引我们的是什么。相信很多人的回答会是“前奏”。再想一下，为什么超市面包烘焙区域排风效果相当差，整个区域都弥漫着烘焙面包的甜香。因为这样才能激发人们的食欲进而促进购买。事实上，当面临选择的时候，人们往往倾向于选择自己一开始就感兴趣的东西，在选择是否要听一场演讲的时候也是如此。

2. 演讲内容的挑战：让听众不愿中途离场

许多人可能有过这样的经历：买了票去看场电影，但在中途却因剧情实在太无聊而睡着了。电影如此，演讲亦然！演讲者很难保证听众中途不离开，即便可以保证其身体不离开，也一定无法保证他始终能把握演讲内容的主线。

3. 表达逻辑的挑战：让听众明白你到底在说什么

对于演讲者而言，比听众中途离场更痛苦的就是他们虽然一直在场，却在

演讲结束的时候抱怨："刚才那个人讲什么呢？完全不理解！"因此，并不是你认为你说清楚了，听众就一定会听明白。评判的标准永远都由听众在掌握。

4. 信任与认同的挑战：让听众认同并接受你的观点

让他人认同并接受你的观点是一件很有挑战也很有价值的事情。演讲无非为了传播某个观点或号召某些行动，其实都是在说服听众，有很多关于说服力的书籍和课程，常常强调说服的基础在于他人的信任，这很有道理。信任是认同的前提，而认同是接受的基础，但让他人信任，恐怕并不容易。

以上这四重挑战，每位演讲者都会遇到，其实本书的绝大部分内容正是为了帮助大家应对这些挑战。本章会详细讲述进行自我介绍的方法，这涉及第一重挑战和第四重挑战而展开的，简单来说，就是在演讲开场的时候，需要通过适当的方法让所讲的话题能够引起听众的兴趣，以及让所讲的内容取得听众的信任。至于如何应对第二重挑战和第三重挑战，也就是演讲内容和表达逻辑的挑战，我们会在后面的内容中详细探讨。

（二）听众需要演讲者的自我介绍

当你选择电影时，看还是不看实际上由两个因素决定：第一个就是该部影片的演员是不是你所关注的，第二个才是你对电影中的故事感不感兴趣。而在选择听演讲时，是否也存在类似的现象呢？我们每个人都有去听演讲、听报告的经历，特别是在上大学的时候。在大学校园里有很多这样的机会，那么同学们是怎么选择演讲的呢？

2015年，特斯拉汽车公司创始人埃隆·马斯克和脸书公司创始人马克·扎克伯格受邀至清华大学经济管理学院演讲，现场座无虚席。在演讲结束后，有人对大家"为什么来听这场演讲"做了调查，结果显示，大多数人都是因为他们两个人慕名而来。由此可见，在决定是否去听一场演讲时，演讲者本人所起的作用要大于其所演讲的内容，因此，演讲者需要通过自我介绍激发听众的兴趣。

（三）演讲目的达成需要自我介绍

首先需要探讨一下演讲到底有什么目的。既然演讲是一个人向众多听众传达自己观点的过程，那么演讲者一定希望这个观点是被认同的，当这个观点是一种号召时，就会希望其能够激发听众的行动。而听众是如何认同并接受一个观点的呢？这并不可能是一蹴而就的。正如前文所述，首先，这个人即演讲者应值得信任。其次，他的观点对听众是有价值的。听众必须知道演讲者是谁，才能去衡量他是否值得信任。

如今，19岁的美国学生杰克·安卓卡已扬名整个医学界，而在他15岁时，他曾向199名（网络数据）教授提出关于胰腺癌检测的研究设想，大部分教授对此没有回音，个别教授告知他研究繁忙，建议他先好好上学以后再说。终于有一位约翰·霍普金斯大学医学院的教授耐心看完并给了他机会。

资料来源：《新东方英语·中学版》2014年第9期

相信会有很多人质疑这个世界是否公平，但现实就是如此，当不知道你是谁时，大部分人不会去听你说话。虽然演讲在本质上是由人和主题决定的，但是就听众是否能听完并认同你的观点而言，演讲者，起着比主题更为重要的作用。

二、有价值的自我介绍包含两部分

众所周知，在一场商务演讲中，自我介绍的环节在整个演讲内容中绝不能超过一定的比例。如果自我介绍过长，便会产生很多弊端，如进入正题太慢会使听众失去兴趣，太多的经历叙述不免有自我吹嘘之嫌等。所以，进行自我介绍，或者说，给自己做一个精准的自我定位，并没有那么简单。如何能够明确地认识自己并进行一次精彩的自我介绍呢？恐怕还要先了解一下听众的需求。有些专门研究TED演讲的人发现：能够激发他人情感连接的演讲者和大家所关心领域的专业人士收到的掌声和赞誉最多。鉴于此，商务演讲中的自我介绍环节可以分为两个步骤：第一步，告诉大家你的名字，听众需要你的介绍以产生进一步认识你的兴趣；第二步，必须体现你的经历和背景，听众需要了解为什么你能进行这个主题的演讲。

（一）今天记住你是谁，才会有明天的可能

自我介绍，往往是现场破冰的第一步，也决定着演讲者给听众留下的第一印象。当然，不同的介绍风格可以展示演讲者不同的人格风范，或幽默风趣，或才思敏捷，同时，也可以营造不一样的氛围。事实上，仅仅通过自我介绍，就足以让听众为你和你的演讲贴上标签。简而言之，巧妙的自我介绍不但可以让听众记住你，还可以让听众记住怎样的你。

这很重要吗？当然，这不但是听众接受你观点的前提，更是其他机会的出发点。在某些情况下，演讲可能是一个重大的个人营销契机，许多人因为一次演讲而被大众牢牢记住，也有人因为他的演讲成就了一生中的荣耀时刻。众所周知，苹果公司的每一次产品发布会上都会有一场激动人心的演讲，在中国这一点被锤子手机的创始人罗永浩发挥得淋漓尽致，在互联网上搜索“罗永浩”这三个字，就可以发现他的产品和他的演讲同样火爆。而马云、俞敏洪更是如此，他们的演讲早已被年轻人奉为经典。

不得不说，在当今极具影响力的企业家中，擅长演讲的那些人总是更有魅力。在实际工作中，这样的例子也有不少。我的身边就有数位朋友有着这样的经历，因为某一次项目路演的成功，在公司开创了自己

的新天地；因为某一次年会上的汇报演讲很成功，来年在工作中从领导那里得到了更多的助力。所以，如果你真的重视演讲，那么一定要重视对名字的介绍，只有让别人记住你是谁，才能给自己的明天创造无限可能。

（二）说明你的背景，给别人信任你的理由

体现演讲者个人价值的自我介绍，必须包含两个部分：姓名和背景。让听众记住你的名字，可以解决其是否愿意坐下来听你讲的问题。而介绍你的背景，可以解决演讲者与听众之间信任、认同的问题，同样的话让不同的人说出来，听众的信任程度绝对是不一样的。在我身边就发生过这样一个故事：

几年前，有位非常有才学但为人一贯低调的经济学家，来到北京大学给近百位总裁做学术讲座。在开场的时候，他直接进入了当天的主题，并没有进行自我介绍，于是有些学员小声议论着："我们花了大价钱来听课，商学院给我们安排的是什么老师啊？！"中午下课后，一部分学员找到商学院的领导，要求更换老师，因为大家普遍认为这位老师讲得非常一般，商学院必须进行调整。商学院领导得到这个反馈后非常惊讶，因为这位老师无论是在学术上还是在与实践结合上都有着非常高的成就，如果他的课程都无法让这些学员满意，那也就没有哪位教授可以登上他们的讲台了。商学院领导正在犯愁呢，曾经和这位老师合作过的另外一名领导了解了这个情况后，让大家不要太担心，他表示下午开课的时候他会一起过去，并且完全可以解决这次突发事件。下午开课了，这位领导先来到台前，对大家说："同学们，过去你们都管我叫老师，从今天开始你们就可以管我叫同学了，为什么呢？偶然知道今天是 × 老师给大家上课，× 老师过去是格林斯潘的助理，是《证券

法》的起草人，在中国甚至整个亚洲如果 × 老师说自己是金融第二人没有人敢说第一，因为他的课太难排了，很难预约上，所以我无论怎么忙也要跟大家做一天同学，好好听听 × 老师的课。”说完后，这位领导请老师上台继续授课，出人意料的是，大家的听讲状态比上午上课的时候好了很多，并且当天的课程评分也非常高，大家普遍表示，确实学到了很多知识。

当你不介绍自己的时候，实际上别人很难信任你。生活中也是如此，当生病时，我们是希望一个专家还是希望一个实习医生为我们治疗呢？当想买辆车的时候，我们会参考谁的意见呢？当考虑从银行申请信用贷款，我们会向谁请教呢？假如，你已经选好请教对象，你为什么会选择他呢？你的标准是什么呢？一定是他具有相关的专业背景。

所以，在演讲中，如果你希望把观点成功传播出去并让听众认同和接受，一定要说明你的背景，这是在向别人提供信任你的理由。

第二节 名字需要被记住

“今天我听了一场演讲，内容不错！你有时间一定上网看看！”

“是吗？！那一定得看看，是谁的演讲呢？”

“啊？忘记叫什么了！”

通过以上对话，我们可以相信，这位演讲者观点的传播到此中断。只有用对方法，才能让别人记住你的名字，否则将重蹈上述对话中那位演讲者的覆辙。

一、名字对于中国人有着不一样的意义

在我的中学时代，学校聘请了一名英语外教，这位来自美国的老师让我们每位同学都给自己起一个英文名字。同学们搜集了大量资料，希望给自己起

一个有意义的名字，可是当问老师“米歇尔、克里斯、琳达、艾米”都是什么意思的时候，老师有些茫然，最后说了一句“这些名字都很好听”。寓意为何，是中国人起名时最重要的考虑因素，但有趣的是，西方人在起名时并不特别关注寓意，而主要考虑发音和家庭习惯，其中发音是最重要的。对于中国人而言，名字有着特定的意义。

（一）名字具有时代的特征

每一个汉字都有着独特的内涵，汉字组成的名字更是如此。“人过留名、雁过留声”，名字不光是伴随我们终生的符号，更是社会发展和时代变迁的最佳见证。通过名字，能猜出一个人大致的出生年代，对外国人而言，这简直是神话，但对于中国人来说，这并不神秘。尤其是近现代，名字的时代烙印极其明显。接下来所举的几个例子，在我们身边的长辈中或在电视上的年代剧中出现的频率很高：建华、志国、国强、思甜、抗美、援朝、胜利、志红、和平、红英、卫东、继红……相信读者们一定知晓这些名字的内涵，深知其中的时代意义。

更有甚者，中学历史考试中出过这样一道题：

有些人的名字往往与时代特征有一定的联系。下列名字与其出生时的时代特征不相符的是：（　　）

A. 生于1946年，取名叫建国　　B. 生于1951年，取名叫援朝

C. 生于1958年，取名叫跃进　　D. 生于1952年，取名叫卫国

正确答案是A，因为生于1946年不太可能叫建国，叫胜利的可能性倒是比较大。

资料来源：魔方格（m.mofangge.com）

可见，在中国根据时代特征起名字，已经是人所共知的一种规律了。如果你的名字具有某个时代的特点，在自我介绍时不妨加入其中。

我有一位朋友，叫志红，在一家集团公司负责整体的客户服务工作。有一次公司在北京召开各地分公司客户服务部门的年会，一些海外子公司的相关负责人也来参加了，在开场时大家分别起身做自我介绍，她的自我介绍很简单："大家好，我叫李志红，志在江山一片红，相信大家已经猜到我是哪个年代的人了。"这时，场内的中国人会心一笑，可那几位外国朋友却无从得知其他人缘何而笑。

（二）名字饱含长辈的期冀

很多家长在给孩子起名时都会融入其对孩子无限的期冀与祝福。众所周知，毛主席在给孩子们起名字时就是满怀期望的，如两个女儿的名字：李敏、李讷，就取自《论语·里仁》的"君子讷于言而敏于行"，它的意思作为君子，要做到话语谨慎，做事行动敏捷。

寻常人家在给孩子起名时，也会融入期待与祝愿。例如，我的女儿叫王润珩。润，雨水下流，润泽万物；珩，是古时君子佩戴的美玉，所以我对女儿的期望就是她能像君子一般，温润如玉。

我的一名学生叫牛正屹，当听到他的名字时，大家都会以为是"牛正义"。实则不然，他告诉我们，他的名字是很有讲究的：正，正直正义，屹，高山耸立，且"正屹"音同"正义"，寓意很好，并且"牛"是四画，"正"是五画，"屹"是六画，象征步步高升、事事顺利。

我的一位同学，现在是一名老师，叫郑李桃，在刚听到这个名字时我们都以为她的父亲姓郑，母亲姓李，所以她叫郑李桃。后来，才了解到她家三代从事教育工作，她的爷爷、姥姥、爸爸、妈妈、姑姑都是老师，所以家人也希望她能够走上讲台，将来桃李遍天下。如今，她家人的愿望真的实现了。

相信还有很多例子，在此不再列举。确实，名字就是父母给予孩子的第一份饱含爱意的礼物，在进行自我介绍的时候，和大家分享名字的寓意，也是一种传递爱的方式。

（三）名字可能是“纪念品”

除了时代特征及期望与祝福，名字的由来有时也会存在一定的机缘巧合，而这种名字在某种意义上可以说是纪念品。

我以前的一位同事，叫沈际南，是一位女士。有人觉得这个名字很男性化，也有人问她是不是济南人。后来，她给我们讲述了名字背后的故事，原来她是在国际护士节那天出生的，而国际护士节是为了纪念南丁格尔（世界上第一个真正的女护士，现代护理教育的奠基人）而设立的，并且沈际南的姥姥曾是一名战地护士，视南丁格尔为毕生的榜样，所以给她取名“际南”。

还有一位朋友，姓谷，又是谷雨那天出生的，所以就叫谷雨。另外，著名主持人陈鲁豫，因为爸爸是山东（鲁）人，妈妈是河南（豫）人，所以给她起名陈鲁豫。而著名演员成龙，原名陈港生，父母为纪念他们在香港平安产子，特意取名陈港生。

通过这些例子我们不难发现，正是某种巧合，才会让名字的由来变成一个又一个生动有趣的故事。在后面的章节中，我们会详细讲述如何让他人记住你的名字，其中将名字的故事讲给听众，就是一种非常巧妙又有效的方法。

二、用对方法，让别人记住你的名字

演讲者必须运用恰当的方法让听众轻松且牢固地记住他的名字，并引起大家进一步认识你、了解你的兴趣。

（一）解字，最简单的名字介绍法

一个汉字，可以分为不同的组成部分，而这些组成部分有时也是独立的汉字，所以在向别人介绍自己的名字时，解字就是能够引发对方思考的一种有趣的方式。

我在向别人介绍自己的时候就经常采用解字的方式。我叫王琳，小时候写这个名字有些吃力，字很容易写分开，即写成“王王木木”。大家随着数学知识的积累，还会叫我“王木乘二”“王木平方”，所以我从小到大的外号特别多，有叫王王的，有叫木木的，有叫乘二的，有叫平方的。久而久之，我在介绍自己的时候就会把名字拆成王王木木，简单又有趣。

其实，我的名字还有一种更巧妙的拆法，来自我父母起名时的意愿，家里一开始就准备要两个孩子，事先起好了名字，一个叫王琚，一个叫王琳。王琚是女孩的名字，解字的意思是“位居君王侧”。王琳是男孩的名字，解字的意思是“林中之王”，饱含了父母对儿子在事业上的期望。我的姐姐先出生拿走了女孩的名字，而我也就顺理成章地叫了王琳，虽然我是女孩。

我有一位女性朋友叫“张恕”，大家都很好奇，为什么用“宽恕”的“恕”字起名字。她告诉我们，把“恕”拆开来看，就明白她父母的苦心了，“恕”字一拆，为“如心”，果真巧妙。还有一位朋友，姓“李”叫“木子”，原因是，她的妈妈也姓李，她总不能叫“李李”，所以把李字一拆，叫李木子。

（二）故事，有故事的名字和人更易被记住

在前文曾提到，很多人名字的由来会伴随一个或有趣或感动的小故事。因此，有时即使是平淡无奇的名字，只要在进行自我介绍时将名字背后的故事分享给大家，也会让别人记住你的名字。

我有一位朋友叫徐红霞，她一直特别埋怨爸爸，因为他给自己起了个这么俗的名字。虽然名字很普通，但是她的自我介绍却总能给大家留下深刻印象：

大家好，我叫徐红霞，名字是爸爸起的，虽然是个很普通的名字，但我仍然很感激我爸爸。这个名字是怎么来的呢？是因为妈妈生我的当天，爸爸在去产房的路上路过了一个军营，听到军营里战士们正在唱：日落西山红霞飞，战士打靶把营归……索性就给我起了这个名字，爸爸对我说："你千万别嫌俗，你应该觉得幸运，没给你起名叫徐打靶！"

通过徐红霞的自我介绍，我们可以发现，故事和趣味是分不开的。不过，也有名字的故事，催人泪下。我有位同学名叫常忆秋，但奇怪的是，她的爸爸、妈妈都不姓常，在自我介绍的时候，她给大家讲述了名字背后的故事：

大家好，我的名字是常忆秋，但其实我应当随爸爸姓贾。大家可能会问爸爸为什么不让我姓贾，或者大家会以为我的妈妈姓常。其实都不是。我的名字源于我爸给过我妈的一句情话，爸爸想每一次叫我的名字，都能告诉妈妈，他想念她。我的妈妈在我还不到三个月的时候车祸去世了，她的名字里有个秋字，爸爸就叫我"忆秋"，但因为爸爸姓贾，他不想叫我"贾忆秋"，所以直接把我的姓也给改了。这么多年过去了，我并不会觉得伤感，反而觉得很幸福，因为有人说，这世界上最幸福的事情就是爸爸爱妈妈，而我的爸爸是这么爱我的妈妈，虽然她早就不在我们身边。

虽然是简短的自我介绍，但我们仍能感受到演讲者的些许性格特点，或幽默风趣，或开朗大方，或温婉娴静。更重要的是，通过述说名字背后的故事，可以激起听众继续听下去的兴趣，因为一个会讲故事的人，他的演讲总不会太无趣。

（三）联想，化平淡为不凡

但有时我们的名字并没有明显的特点，没有背后的故事可供分享，字呢，也不能拆，那该如何介绍才能让他人记住自己的名字呢？其实，可以充分发挥想象力，把名字和大家熟悉的事物、地名、人名关联上。这种方法，有时也能够化平淡为不凡。

有一位朋友叫刘玉良，他常常这样做自我介绍：

大家好，我的名字可能大家都不熟悉，但我哥哥的名字大家都知道，我哥哥叫刘国良（乒乓球国手），因为我没我哥哥爱说话，所以我妈把国字的口给我去掉了。所以大家一定会知道我叫什么了，我的名字叫刘玉良，如果你实在记不住我叫什么，记住我哥也行。

还有一位合伙人叫李广俊，他的自我介绍也很有特点，同样运用了联想的方法：

大家好，先不告诉大家我的名字，我想先考一考大家中学语文学得怎么样。秦时明月汉时关，万里长征人未还。但使龙城飞将在，不教胡马度阴山。这是唐代诗人王昌龄的《出塞》，相信大家都是背过的，那我想请教一下，这飞将到底是谁呢？哎，对了！就是李广，我也姓李，大家知道我叫什么名字了？李广？不对，因为我妈说我小时候长得挺好看的，所以希望我不但有勇有谋，外形将来也得过硬，所以我叫李广俊。

虽然，联想这种方法相比之前几种，人工雕琢的痕迹确实有些明显，但也不失为让听众迅速记住你名字的好方法。如果你认为，自己的名字一直是你进行自我介绍时的难题，永远缺少趣味，那就请务必尝试这种方法。因为本书已经不止一次地强调了：如果听众连你的名字都记不住，又谈何接受你的观点呢？

（四）幽默，有趣的方式更容易传播观点

著名文学家林语堂曾说："我很怀疑世人是否曾体验过幽默的重要性，或幽默对于改变我们整个文化生活的可能性——幽默在政治上，在学术上，在生活上的地位。它的机能与其说是物质上的，还不如说是化学上的。它改变了我们的思想和经验的根本组织。我们须默认它在民族生活上的重要性。"幽默的力量在演讲中同样重要。著名的演说家卡耐基说过："每一个听众听一场演讲就像小学生上课一样，他的注意力最长只能集中15分钟，所以每隔15分钟要让听众笑一下，用一个笑话跟大家互动，才能让别人更容易记住你的观点。"①

有位朋友叫王菡蕤（rui），她的名字对自己和他人都是一种考验，她的自我介绍就利用了这一点，并运用了幽默的技巧。

小时候写名字很费劲，人家都答到第二题了，我名字还没写完呢，后来长大了才明白父母的一片苦心，为什么呢？因为读书这么多年都没有老师提问过我。高二的时候，老师公布成绩："张三多少分，李四多少分……"念到我就跳过去了，到最后老师问没念到谁的名字，我举手，老师问："你叫什么名字？"我跑到台前在成绩单上指给老师说："我就叫这个名字……"

有一位培训师，叫朱音，她的自我介绍也采用了幽默的方式：

---

① ［美］戴尔·卡耐基．人性的弱点［M］．赵虚年，译．北京：中国妇女出版社，2006.

我叫朱音，音乐的音，这个名字曾经因为《大话西游》里的角色“紫霞仙子”而变得非常出名。不过那个美女叫朱茵，我以前也看过很多朋友不小心把我的名字写成“朱茵”，其实这样还好，毕竟人家又漂亮又有名气，但是有一次我看一位朋友写成了“朱菌”，细菌的菌，就有点上火了，所以请大家务必手下留情，不要让我变成微生物。

幽默，可以让你更有魅力，可以让他人更容易接受你，可以更加轻松地传播观点，可以有效地激发行动。幽默的力量，不可小觑。

第三节　介绍背景经历

上文已经提及，当听众准备听某人演讲的时候，他脑海里会产生两个问题：这个人是谁？我为什么要听他讲？大多数时候我们会知道“这个人是谁”，但很难清楚了解“为什么是他来就这个观点发表演讲”。鉴于此，演讲者在进行自我介绍时，不但要说明“你是谁”，还要兼顾说明“凭什么是你来分享这个观点”。

一、适宜的背景介绍，有助于观点的传播

演讲中对背景的介绍不同于其他场合的自我介绍，不但需要告诉别人你拥有哪些资历，你的资历和演讲的内容有何关联，而且需要通过背景介绍，向听众展示你的风格。所以，对于演讲者而言，背景介绍需要精雕细琢、深入思考。如果你希望背景介绍为你演讲的成功打下良好基础，那么你的介绍必须兼具独特性与相关性。

（一）演讲时的背景介绍，必须具有独特性

本章曾介绍过演讲中会面临四重挑战，第一重挑战和第二重挑战分别决

定着听众是否愿意听下去和是否愿意持续听下去，因此，听众的兴趣是演讲者在演讲全程都要牢牢抓住的一根线。如果听众在开始时都提不起兴趣，那演讲必将失败。要避免一个误区，即以为激发兴趣就是逗听众发笑。事实上，人们对于悲剧和喜剧的热爱不分伯仲，所以，在进行背景介绍时，不需要过分添加笑料以取悦听众，也不需要非得让自己拥有悲情元素。通过背景介绍展示出演讲者的独特性，才可以让演讲者更具人格魅力，同时使他的观点得到更好的传播。背景的独特性可以通过两方面来体现：一是独特的介绍形式，二是独特的经历。

如果你认为自己的经历不够独特，那么我们可以通过独特的介绍形式入手，先给大家举一个例子。一位盲人学校的老师参加某次全国先进教育者师德演讲比赛，以绝对优势斩获桂冠，她的背景介绍是这样的：

朋友曾经和我开玩笑，说我的手绝对不像老师的手，老师的工作和粉笔打交道，咱们老师都知道这个东西（手中拿出一根粉笔）说是对咱们呼吸道有非常大的伤害，但其实对咱们的手伤害更大，所以女老师的“第二张脸”恐怕不会太细腻，而我的手却完全没有这个问题。其实，这始终是我的一个遗憾，我在讲台上站了30年，一次粉笔都没用过，因为我的孩子们看不见……

如果你的经历本身就足够独特，在设计介绍的时候，只需要关注两点：一是你经历的独特性和演讲内容有无关联，不能为了独特而独特；二是你希望通过你独特的经历向大家展示怎样的你。

2003年，出访美国的温家宝总理在美国哈佛大学发表了题为“把目光投向中国”的演讲。温家宝总理是这样介绍自己的：

我出身在一个教师的家庭，我的童年是在战火中度过的。我没有在座的同学们那样一个美好的童年。在日本侵略者用刺刀把人们赶到广场的时候，我曾经依偎在妈妈身边。后来战火无情地烧掉了我的全家，以及我祖父在农村办的那所小学。我的工作大部分时间都是在中国最艰苦的地方度过的。因此，我对我的国家，对我的人民，了解得深，爱得深。

资料来源：温家宝总理在美国哈佛大学的演讲稿《把目光投向中国》

温家宝总理在简短的背景介绍中完全没有提及自己的从政之路和政治成就，可见温总理并不想从一个总理的角度去和大家交流。

（二）演讲时的背景介绍，必须具有相关性

在演讲前，即便你已经被听众所熟知，或者你确信你演讲的内容绝对能够吸引听众，你也应当和大家简单说明“为什么是你来做这个演讲”。因为听众需要了解“凭什么由你来做这个主题的演讲”。

如果你对你的经历足够自信，就你的演讲主题而言，你绝对是一个专家，那么你就可以平铺直叙地讲述你的经历。

李开复在北京大学进行演讲时，对自己的背景介绍明显侧重于教育经历，因为他的演讲主题是“科技人才和教育”，他的听众是北京大学的学子们。

各位同学，大家好，很高兴有机会又来到北大，每次来到北大都是很担心，又是很快乐，快乐的是有一批非常聪明的学生，担心的是又会有问题，把我考倒了。今天我讲的题目是“科技人才和教育”，就像石校长所说的，我在32年前，踏入了美国的国土，在美国一共住了30年，因为中间要扣掉在北京工作的时间。在美国30年我读过两所大学，从本科读到博士，在美国不同的大学做过兼职或任教，在美国三个成名的成功的公司工作，得到了一些启发，得到了一些感想，经常思考美国是怎么成功的，今天我想把这些思考来和大家

做一个介绍。当然，任何一个国家，都有它的好处，有它的坏处，有它做得成功的地方，有它做得失败的地方，今天在这儿我想如果要谈美国的失败，那么我肯定是个外行。

资料来源：优酷网（www.youku.com）

如果你过往的经历没有那么出众，怎么办呢？假设你要做一场关于阿米巴经营模式的演讲，而你从来都没有在采用这种管理模式的企业中工作过，那么这几乎是不可能完成的任务。讲什么才能让听众信服呢？当然不能从做过什么这个角度来进行背景介绍，而应从“虽然我没有在这种经营模式下工作过，但是我对稻盛和夫本人和他的阿米巴经营模式做过多少研究”的角度入手。

作家凌志军一天都没有在联想公司工作过，但是在无数本关于联想公司的书中，他写的《联想风云》是最被联想公司认可的。每次有人到联想公司参观，联想公司送的书都是这本《联想风云》。所以下面我们来看看，凌志军是如何进行背景介绍的：

联想邀请我参加了他们的一些内部会议，允许我不受约束地采访任何人。我和68个人谈了话，包括公司的开创者、老一代和新一代领导人、项目经理和技术人员、第一线的销售人员、流水线上的工人，也包括几位因为重大分歧离开联想公司，甚至与柳传志结怨甚深的人。公司还对我开放了全部档案。走进档案室的时候，我被面前的几十个大铁皮柜子惊呆了。在我接触的公司中，没有哪一家为自己保留了这么完整的历史原貌，包括公司20年来的会议记录、财务报表、业绩报告、主要领导人的讲话手稿和工作日记、往来信件、传真、政府批文、营销合同、荣誉证、检讨书、法律诉讼案卷、广告文本、图片和音像资料。在我打开这些铁柜之前的许多年里，还没有人如此系统和细致地研究这些尘封的隐秘。我的调查持续了6个月，留下了200多个小时的录音和600万字资料。与此同时，我还阅读了大量关于联想的公开出版物，所有这些都成为我了解这家公司的参照。

资料来源：凌志军. 联想风云［M］. 北京：中信出版社，2005

通过李开复和凌志军介绍其背景的例子，我们可以发现他们并没有过多介绍自己的头衔，也没有罗列自己的成就，仅仅是告诉大家他们在相关领域都做过哪些努力，拥有哪些实践。仅仅如此，就足以提升听众对其重视的程度，并促使听众认同和接受其观点。

二、锚定关键词，做有思想的背景介绍

如果在演讲中将背景介绍变成了工作履历的汇报，那还不如把时间省下来直接开始正式演讲。背景介绍绝不是演讲中的某一环节，它只是为了让你的演讲更具说服力、影响力。听众根本不关心你哪年至哪年做过什么，不在乎你头顶上有哪些光环，听众只关注将是一个怎样的人来做演讲。所以，一定要让你的背景介绍有思想内涵。

如何设计有思想内涵的背景介绍呢？在解决这个问题之前，需要思考两个问题：

1. 在这场演讲中，演讲者希望向听众展示怎样的自己？

2. 演讲的内容和演讲者的经历有怎样的联系？

（一）在锚定关键词的基础上设计背景介绍

所谓锚定关键词，即根据你的风格或与演讲内容的相关性提炼出3个以内的关键词，然后围绕这些关键词介绍你的经历。关键词为什么一定不能多于3个？后文中会详细介绍关于自我介绍所不能犯的错误，过于繁复就是其中的一

个，如果只是背景介绍的关键词就锚定了5个，你的演讲恐怕就成为剖析自我了，而听众又能记住几个呢？所以，如果演讲时间充裕，可以尝试锚定3个或2个关键词，但如果仅仅是10余分钟的发言，锚定1个关键词也未尝不可。每位演讲者都希望设计一段有思想、能辅助演讲目标达成的背景介绍，那么关键词该如何锚定呢？具体的操作方法，接下来会进行详细介绍。

（二）根据背景的独特性锚定关键词

一个有吸引力的人身上总会有着某种独特性；一件有吸引力的事物，也必然有着某种独特性。每个人的经历都同时存在共性和独特性，对于演讲者而言，能够激发听众兴趣的恐怕不会是共性经历。因此，要利用你经历的独特性来锚定关键词，当你锚定好关键词后，这一部分的内容设计就会像涂颜色一样简单，反正有个图形框在那儿，只要颜色不出框，效果一定不错。

郎咸平教授在上海财经大学进行演讲时，对自己的背景介绍就是根据独特性锚定了关键词，这个词是“巧合”：

当我在大学的时候，有一位教授讲了一句话，改变了我的一生。他的名字叫鲍伯尔，是很有名的一位教授，当时我写了封信给他，他给我回了封信，非常鼓励我。我以为他讲的是真的。他说“一个年轻人，有你如此的冲劲，将来一定能成为伟大的经济学家”，我信以为真。我就开始很努力地念经济学，然后出国念了博士，我的运气很好，托福考了550分，GRE（美国研究生入学考试）考了1 640分，总分是2 400分。我还有幸能进沃顿商学院。这些绝不是我的能力，只是我的运气比较不错。我回头看啊，他们为什么会要我，我百思不得其解，到最后我终于明白了，因为我申请的系错了，我申请的叫商业经济系，他们刚刚成立的系，没有人知道的，我也不知道我就糊里糊涂申请了，一共7个人申请他们就都收了，所以就把我也收了。我进去后，转到财务系，念了几年下来，我在美国开始教书，碰到了那位鲍伯尔教授，在纽约大学时他是我的同事，我那时已经在美国发了很多篇论文了，已经算是挺有名气的了。我拿他当时写给我的信给他看，问他记不记得写过的这封信啊。他说对不起啊，都是胡说八道的。不管怎么样，他这番话，让我成为今天的我。

资料来源：郎咸平教授在上海财经大学的演讲

郎咸平教授的这种关键词锚定属于隐性的锚定，还有一种是非常直白的锚定，同样能帮助我们进行很好的背景介绍。例如，本书的一位作者（李凤仪）在自我介绍中，对经历的阐述就是根据独特性非常直接地锚定了关键词：

和大家简单介绍一下我自己，李凤仪，凤仪是有凤来仪的意思，两种解释：一是吉时吉祥；二是凤凰来此栖息。为什么我家里给我起这个名字呢？其实我的出生是我家庭的一个补缺，在计划生育时代，我是不该被允许出生的，因为我有一个亲姐姐，比我大12岁，但很不幸她得了白血病，在最后的一年，她劝我爸妈再要一个孩子，能代替她陪伴他们，才有了我。所以，爸爸给我起名叫凤仪，希望我的到来，能让家里尽快从悲痛中复苏，永远平安祥和。

我一直以来在做什么呢，10年职场生涯，8年在做培训和培训相关工作，大家可能会认为我真是一个专注的人，但其实，我对我自己的定位是跨界：我坚信，我是职业讲师中最会养动物的，养动物的人中最会做菜的，做菜的人中最会给孩子讲故事的，会讲故事的人中最擅长唱歌的，唱歌的人中最热爱演讲的，今天呢，我是来给大家演讲的，如果你们认为我讲得还不错，下回我就会考虑给大家唱歌！要是不想听歌，请大家吃饭也行！

可以看出，其中介绍名字的部分运用了前面提到的故事法；背景介绍部分根据作者本人性格的独特性进行了关键词锚定，而这个词就是“跨界”。虽然只有一个关键词，但内容并不显得单调，反而让大家印象更深刻。

（三）根据背景介绍与演讲内容或听众的相关性锚定关键词

如果你的背景介绍既没有独特性，又与演讲内容没有关联，那还不如不讲。在自我介绍中，引用与演讲内容或现场听众有关的个人经历，有助于提升演讲的感染力和说服力，更是听众信任演讲者、认同演讲者观点的基础。如何根据与演讲的相关性锚定关键词呢？最好的方法是倒推，即根据演讲内容倒推关键词。例如，在一场关于互联网思维的演讲中，自我介绍的关键词就一定要与“互联网”相关。

著名学者陈淮先生是中国人民大学的博士生导师，国家级的特殊贡献专家，他是这样做自我介绍的：

先自报一下家门，免得同学们质疑，莫非是个人就敢给EMBA上课，就敢登上上海交通大学的讲堂？一方面，我是学马克思主义经济学的科班出身，政治经济学专业毕业。研究生读的是工业经济。本科、硕士、博士实实在在地读了十年，中间不掺水。另一方面，对外国的经济学我也并不陌生。美国、日本我都留过学，多少都有所了解。不管西洋的，东洋的，相应的理论也有一定的参悟。在我们国家过去一段的发展实践中，我在国务院发展研究中心工作，对我国实践发展的情况也有一点了解和体会，并会和大家一并交流。

在陈淮教授的自我介绍中，可以清晰地发现他的背景介绍完全与经济挂钩，并且也锚定了关键词。关键词有3个：科班出身、外部理论、内部实践。

我有一位朋友，曾经是多家知名企业的营销总监、事业合伙人，后来专注于培训，成为国内著名的市场营销讲师，有一次他受邀到某大学为市场营销专业的学生们做讲座，他的自我介绍中非常明显地应用了锚定关键词的方法：

小时候家里穷，10岁才上小学，所以我的经历就从10岁以后跟大家介绍了。我的经历很简单，主要围绕一件事：怎么能卖出去。卖东西的卖！10岁到30岁之间，我花了20年求学，在这20年中，我专注于研究如何能把自己卖出去，卖给谁呢？卖给老师，你们现在也叫卖萌。所以在老师心目中我始终是最优秀的学生，其实也是为了那点奖学金，不过我确实是市场营销专业硕士毕业的，有点底子，不光是卖萌。之后又卖了10年东西，东西不同，但我做的事情相通，就是市场营销，卖得还不错，所以现在可以卖这张脸了，业内的朋友们还能给几分薄面。最近5年我改卖观点了，用前几十年的营销经验把我课程中的营销知识营销给学员们，还好效果不错，今天也希望我的观点大卖！我今天演讲的主题是“营销学、营销人和营销工作”。

“卖萌、卖东西、卖观点”3个与主题息息相关的关键词锚定，既表达了他的学习与从业经历，也说明了他在市场营销领域的成就，仅仅这段自我介绍就引发了演讲现场的第一次高潮。

第四节　一定要避免的错误

如果你对你的自我介绍抱有“不求有功，但求无过”的心理，那这一节的内容，应该是你的必修课。因为只要规避以下问题，你的自我介绍就及格了。但是，作为作者，我仍然期待读者通过之前的阅读与训练都能拥有一段

100分的自我介绍，让自我介绍成为你演讲中的特别时刻。

一、有些自我介绍，是演讲的败笔

在演讲中，自我介绍环节往往“身负重任”，它可以帮助演讲者激发听众最初的兴趣，为听众认同你、信任你打下基础，体现个人风格与价值。但有些演讲者做的自我介绍不但不能起到上述作用，反而会造成不好的影响，如果是这样，就不如不做自我介绍。接下来，给大家介绍三种“不如不做”的自我介绍方式：

（一）反面比喻，让人记住反面的你

曾不止一次听到有些朋友在演讲中用反面比喻进行自我介绍，他们的初衷无非希望用反面比喻的趣味性和特殊性加深听众对自己的印象，但这样做往往事与愿违，虽然确实加深了听众对演讲者的印象，但这个印象却是反面的。

在一次演讲培训中，有一名学员叫朱明贤，他在做自我介绍的时候运用了解字法，但却是负面的解法：

大家好，我叫朱明贤，我的祖宗很有可能就是当初的大明皇帝，而且大家都知道明朝有个著名的奸臣叫魏忠贤，可能是我爸希望我记住那个坏蛋，就给我起名叫朱明贤，明朝有个魏忠贤，而我姓朱，我叫朱明贤！

此后，虽然“朱明贤”确实被大家记住了，但是大家所记住的并不是他课堂上的演讲和发言，而是“那个奸臣”。这就是个典型的用负面比喻介绍自己，最终留给别人负面印象的例子。

（二）负面联想，留下永恒的负面回忆

前文中提到过，联想是通用性非常强的名字介绍法，但如果你引发的联

想是负面的，你给他人留下的回忆肯定不会太美好。

2009年，我给一个高中生夏令营做演讲辅导，同学们在第一天开营的时候分别做自我介绍，有一位叫戴立的男生，他的自我介绍让我和在场的很多同学印象深刻，但恐怕不是什么美好的印象：

我叫戴立，你们最近都看《潜伏》了吗？就是孙红雷、姚晨演的那个，国民党军统局局长也叫戴笠！那个万恶的渣滓洞就是他创建的，但是他的笠带竹字头，所以你看那渣滓洞里面净是竹签子什么的，我的“立”是“立正”的“立”，没有“竹”字头，所以你们不用害怕我！我是好学生，还是团员呢！

在此，我们不对历史人物做任何评价，但这位同学关于“笠”字“竹字头”的联想，虽然让人记忆深刻，但实在让人不寒而栗。

（三）请拒绝不安全的幽默

前文中提到，一个幽默的人的观点总不会太无趣，听众也更愿意接受，所以很多演讲者希望在一开始做自我介绍的环节就体现自己的幽默感，向听众展示一个风趣的自己。但不得不提醒大家的是：幽默如果在演讲中运用得当，将产生很好的效果；反之，将具有巨大的破坏力。

在一次沙龙的自我介绍环节中，由于不恰当的幽默，两位男士险些发生激烈冲突。两位男士名字很相近，一位叫张健，另一位叫张建。当第一位“张健”做完自我介绍，还没有轮到第二位“张建”介绍自己时，这位男士就自告奋勇要立刻进行自我介绍，说他和“张健”同名同姓。当时会场主持人也觉得这是一个巧合，就答应他提前介绍。没想到，这位张建的介绍让人大跌眼镜，使得那位张健和他发生了激烈的口角。

他是这样介绍的：“大家好，非常有缘分，刚才那位张健和我同名同姓，但是，我们的‘建’可不是一个‘建’，他是人‘建’，我是没人‘建’！”说完后，现场确实有一些朋友笑出了声，他在台上也哈哈大笑，还同时安慰着台下的张健：“兄弟别往心里去啊！我就是开个玩笑，没别的意思！”但那位张健先生此时的脸色明显不太愉悦，冷冰冰地说：“我和你第一次见面，根本不熟，请你别这样和我开玩笑！”于是，现场立即冷场，台上的张建也明显下不来台，就反驳了一句，而后双方你一言我一语，险些从口角上升为肢体冲突。

不得不说，现代人开玩笑的尺度相比从前确实越来越大了，尤其是在年轻人的群体当中，但这不代表可以没有原则。自我介绍环节的幽默，坚决不允许出现涉黄、涉及他人缺陷、涉及宗教和信仰的幽默，同时也要避免由于和听众之间文化差异、语言差异可能导致异议的幽默。

二、背景经历介绍的三个误区

有人问泰戈尔三个问题：“你觉得什么最容易？你觉得世界上什么最难？你认为世界上什么最伟大？”泰戈尔回答：“指责别人最容易，认识自己最难，爱最伟大！”认识自己确实最难：我是谁？我是什么样的人？我们经常忽略对这些问题的思考。而在演讲前的背景介绍中，许多人往往为了介绍而介绍，出现了许多失误，这也是我们演讲失败的重要原因。演讲者在这方面往往会存在三个误区：过谦、浮夸、通用。

（一）过谦：听众不需要虚伪的演讲者

自谦，是古人做自我介绍的重要礼节。人们一般会自称“在下”“鄙人”“小人”“学生”等，即便是九五之尊，也会自称“寡（少德之人）”“孤（小国之君）”。古人常常还要说明自己的身份，一般包括祖籍和出身。而在介绍祖籍时，往往不是“往大”说，而是“往小”说，如岳飞的自我介绍，会细致到孝悌里永和庄。也许自谦的表达方式早已深入中国人的骨髓，即便到了今天，许多人在做自我介绍时，也经常担心如果说明自己在某一领域的成就，很容易会被认为有吹嘘之嫌，尤其是演讲中，更是如此。还有很多演讲者存在这样的心理：“如果自我介绍中的光环太多，大家对我的演讲期待也会更高，所以还是谦虚为好。”但如果在演讲时过分自谦，完全不表明自己的成就，很有可能会被人轻视怠慢。事实上，没有听众会去听一个毫无所成的人的演讲，演讲者必须把自己的价值在自我介绍中恰当地体现出来，不要试图单纯靠演讲内容打动听众。

（二）浮夸：演讲者最大的忌讳

不幸的是，演讲者通常会因缺乏关于自己背景介绍的思考，而导致两种极端，一种是上文提到的过分谦虚、妄自菲薄，一种就是过分浮夸、妄自尊大。过谦可能导致演讲者说服力不够、演讲内容无法吸引听众等问题，最差的结果无非演讲失败。而过于浮夸不但不会让你的观点更好地传播，甚至可能会被拉入听众的黑名单，此后听众再也不会关注你的任何演讲了。所以，演讲中的背景介绍，必须低调地展现自己的成就。

例如，老王供职于某世界500强企业，该公司是世界著名的精密仪器研究和生产制造商，老王从事组织发展工作已有10余年，目前是总监级别，如果他的自我介绍直接说“大家好，我是王某某，是某世界500强企业的组织发展总监”，确实有吹嘘之嫌。但如果尝试用“过程”来代替“结果”，用“数据”来代替“形容词”，这段自我介绍就可以变成：“大家好。我是王某某，我所在的企业数十年来都专注于一件事情，就是精密仪器研究和生产制造，我呢，这十余年看来，也只专注一件事情，就是组织发展。”大家会发现，这样做自我介绍，既能展现自己的成就，也不会有妄自尊大之嫌。

（三）通用：不要奢望一“招”打天下

众所周知，如果你希望自己的简历能够从成千上万份简历中脱颖而出，就必须在简历中说明你的能力和背景正是你应聘的这家公司、这个岗位所需要的。如果你希望用一份简历吸引所有HR（人力资源经理）的注意，犹如痴人说梦。应聘中的自我介绍需要因企业而异，而演讲中的自我介绍也要因演讲内容而异，即在演讲中介绍自己经历的时候必须注意你的经历和当时的演讲主题、内容有何关联。试想一下，如果你想给大学生做一场关于沟通职业化的讲座，但你对个人职场经历的介绍始终围绕着你是如何运用英语口语能力在公司赢得尊重的，显然无法吸引更无法说服学生们。

如果你试图用一种自我介绍“走遍天下”，那结果恐怕不会太乐观。孔雀两分钟之内就能让整个世界记住自己的美，但如果它面对的是犬科动物，即便再美，对方也无法欣赏，因为犬科动物只能识别出黑白两色。同理，当我们向听众展示自己的时候，也要选择对方在意并理解的内容。

第三章
银瓶乍裂：震撼开场

“随着社会的发展与科技的进步”这句话是近十年来最常见的开头用语之一，人们的时间越来越宝贵，耐心也越来越少了，所以有关“微”的概念扑面而来，如“微电影”“微小说”“微课程”等。对于演讲者而言，这个时代中的最大挑战已经不是如何在数小时的演讲中滔滔不绝，而是如何用18分钟点亮一个观点。在此形势下，对演讲的开场也有了新的定位与要求。

第一节　开场两件事

无论多么伟大的画作都是从线稿的勾勒开始的，而演讲的开场也要在听众的脑海中为整场演讲的内容勾勒出基本轮廓。在演讲中，必须明确区分开场部分和主体内容。有人将开场的作用简单地理解为将听众的注意力转移到演讲的主要内容上，但这个时代的演讲开场，没有这么简单，它不单要起到这个作用，还要能够激发听众对演讲的兴趣、引发听众的思考，并且明确告知听众在今天的演讲中他将听到什么。

一、开场就要“银瓶乍裂”

在课程研发初期，我们就对如何为“开场部分”起一个形象的名字进行了激烈的讨论，大家都希望以此体现开场在整体演讲中的重要作用。唐代著名诗人白居易的《琵琶行》中有这样一段诗句："别有幽愁暗恨生，此时无声胜有声。银瓶乍破水浆迸，铁骑突出刀枪鸣。"其意为，在低沉徘徊、近似停顿之后，猛然爆发出一阵强音，好像银质的水瓶突然迸裂开来，水浆顺势喷溅而出，又像铁骑冲出、刀枪碰撞的声音一样铿锵有力。这种表述非常符合开场意欲达到的效果，于是我们选定了"银瓶乍破"，但又认为"破"字的力度还不能表达演讲中开场的力量感，所以换了"裂"字。我们希望每位演讲者都能有银瓶乍裂般的开场，清亮、干脆、不拖泥带水，还要瞬间吸引听众，让大家有兴趣了解演讲者和演讲的内容，同时要有"水浆迸出"，让听众明确了解"瓶子"里装了什么，即演讲的主题是什么。

（一）好的开场是成功的一半

在演讲中，好的开场是成功的一半。每位演讲者都经历过忘词、口误等小波折，如果这些小波折出现在演讲开场部分，尤其会对演讲者的心态、演讲的表现产生很大的影响，没有经过训练的演讲者会一直惦念着自己的小失误，无法全身心投入后面的演讲内容，甚至会一错再错，难以进行下去。

记得大学时期，在学院学生会主席的竞选演讲上，一位备受关注的男生在开场时打了一个喷嚏，虽然他后面的演讲没有出现大的纰漏，但相比他以往的几次演讲，明显感觉到他的状态不佳，乃至演讲结束后居然没向听众们致谢就逃离了舞台。事后问他为什么完全不在状态，他说："都怪那个该死的喷嚏，我一直害怕再打，所以整个面部表情都特别不自然，我简直就是在台上背稿子，根本不是演讲！"

还有另外一种情况，虽然演讲的开场很顺利，没有任何失误，但听众没有任何反应，并没有随着演讲者预先设置的开场白进入演讲的主题之中。要知道，比"忘词"更令演讲者恐惧的就是听众的冷漠和毫无反应。这会让演讲者直接对自己和自己演讲的内容产生怀疑，同时对听众不再有一开始的热情，其后的内容展开，也不再有感染力，从而导致整个演讲的冷场。

我在少年时期曾参加过北京市教育局和电视台联合举办的端午节纪念屈原的演出，地点在北京市的东岳庙，节目是朗诵《橘颂》。演出中有很多有趣的节目，观众还可以参与互动，大家看得津津有味。等到我朗诵的节目，仿佛到了集体去卫生间的环节一样，许多人四散而去。当我看到台下这样的情形，内心感觉大家并不需要我的节目甚至不尊重我，虽然准备得非常充分，但内心十分忐忑，所以我在说开场白的第三句话的时候就忘词了，而且怎么也想不起来，还是工作人员把稿子送到台上来，我才算完成了那场朗诵。直到今天，那场演出都是我的“噩梦”。

但反之，如果开场非常顺利，听众也有呼应，演讲者就会调出自己的全部能量，而不是瞻前顾后，畏首畏尾，所以，要想让一场演讲成为自己的荣耀时刻，一定要有银瓶乍裂般的开场！

（二）开场白确定整场演讲的基调

众所周知，想建造怎样的建筑物就要打下怎样的地基，下层基础决定上层建筑。而开场白不但是整场演讲的“建筑基础”，还确定了贯穿演讲始终的基调。“基调”原指音乐作品中主要的音调，一般在开始或结束之时使用。在演讲中，“基调”也间接体现了演讲者的主要观点和基本思想。在演讲开场部分定下了基调，其实就是给演讲定下了基本风格和所要表达的情感。一场演讲不允许出现两种主题思想并重的情况，同样，也不允许出现两种情感基调并重的情况。因此，作为演讲者最好不要尝试在一场演讲中切换多种不同风格。

演讲者要在开场白的部分就确定整场演讲的基调，以便让听众随着演讲进入同样的情感空间内，从而更好地理解演讲者的观点，进而产生共鸣，激发行动。例如，做一场年终的汇报演讲，这一年的工作有声有色、成绩突出，那么在开场白部分就要确定自信、乐观和斗志激昂的基调。而如果要做的演讲是遭受重大自然灾害后的赈灾演讲，那么确定的基调就应当是坚定、顽强且对未来充满期待的。如果演讲者没能在开场白的部分确定整场演讲的基调，那么他的演讲风格也不会太明确，而没有风格的演讲，如何获得听众的认可呢？

二、两件事轻松打造完美开场

在演讲中，开场白承担着激发听众兴趣和表达核心观点的重任，所以演讲者绝不能“想当然”地去设计开场白。一般应把开场白设计为两部分：先激发听众的兴趣，再提出演讲的主题。有很多巧妙的开场白或许和这个思路不完全一致，但如果你还是一名演讲新手，对自己演讲的能力不是很有信心，抑或需要在短时间内快速构思讲稿，那么“开场的两件事”就是你的最佳选择，它既简单，又能满足成功演讲开场的所有要求。所以，如果你没有其他更好的开场方式，请先激发听众兴趣，然后明确提出演讲主题，这两件事一定能帮你顺利开场。

（一）开场两件事，一个都不能少

在自我介绍的篇章中曾提到过演讲过程中的四重挑战，第一重就是激发听众兴趣的挑战，应对这重挑战，不能只靠一段精彩的自我介绍，还要有以演讲的主要内容、核心思想为背景或依据的开场白。自我介绍是为了让听众对演讲者产生最初的兴趣，而开场白是为了让听众对演讲内容产生兴趣。事实上，开场白能够在多大程度上激发听众兴趣也可以体现出演讲者对演讲内容的驾驭能力和思考深度。

“一定要在开场白中就说明演讲主题吗？”答案是肯定的。前文中提到过现代人随着生活节奏的加快，越来越没有耐心的问题，这里再深入地探讨一下。一部电影如果剧情进展太慢，我们会选择快进或者边看边玩手机。很多听歌的APP（应用程序）为了迎合现代人甚至添加了跳过前奏的功能，几乎所有的视频网站也都会在视频开始前甚至视频播放中插播越来越长的广告，如果想跳过广告，就必须成为付费会员，这也是变相利用了现代人缺乏耐心的特点。试想一下，如果在一场演讲中，听众听了10分钟之后仍然不知所云还会抱有多大的耐心呢？演讲者更不能奢望通过自己层层递进、环环相扣的精彩演说让听众提炼核心观点。听众最基本的角色是接受者，然后是鉴别者，而不是思考者。所以，演讲者一定要在开场白中明确表达演讲的主题，哪怕只是告诉听众在接下来的时间里会听到哪些内容。

（二）开场两件事，为同一个目标服务

有一些开场白虽然包括了激发兴趣和提出主题这两部分，但仍然不是一个合格的开场白，原因在于这两部分并没有为同一个目标服务。例如，在激发兴趣环节提出了内部竞争的重要性，而提出的演讲主题是关于跨部门合作的，即便说的都对，也没有任何用处，只会让听众一头雾水。

正确的方法是，先明确演讲的主题是什么，然后再设计开场白。如果本末倒置，开场白将没有任何价值。

1862年，美国著名黑人律师约翰·罗克勤在一次听众都是白人的演讲会上，进行了一场“要求解放黑人奴隶”的演说，面对全场的白人听众，约翰·罗克勤一上台，就对自己的肤色做了一番自嘲：“女士们，先生们，我来到这里，与其说是发表演说，还不如说是给这一场合增添了一点点‘颜色’……”①

① 何小军.妙哉，这般“开场白”［N］.光明日报，2013-01-16.

这句开场白迅速消除了现场的紧张氛围，在当时美国的社会背景下，更是激发了在场的白人听众去听“有色人士”演讲的兴趣。约翰·罗克勤虽然是在自嘲肤色问题，但其实是暗指黑人在美国的社会地位及多方面受到的不平等待遇，而他的演讲主题也是关于解放黑人奴隶的。这就符合激发兴趣和提出主题必须为同一个目标服务的要求。

第二节　断言式激发

“断言”即断然言之，是指在短时间内对某事或者某物下的一种主观性非常强的结论。简而言之，就是十分坚定地说出某个肯定句。前面已经充分论述了利用开场白激发听众兴趣的重要性，至于如何去做，在接下来的内容中会介绍四种方法。其中，断言式激发是演讲者们最常用、最偏爱的开场方法。用一个肯定的决断式语句作为通篇演讲的第一句话，既简明有力，又能表明演讲的核心观点和演讲者的态度，同时这句话更是牵引听众思绪的重要工具，可以瞬间激发起听众对演讲的兴趣。

一、演讲必备开场：断言式激发

如果一个人做过5次以上公众演讲，仍没有使用过断言式激发作为演讲的开场，那么存在两种可能，一是他从来没有接受过任何演讲方面的培训，一直在自己摸索且不得要领；二是他是一位演讲高手，始终在运用其他激发方式，但是这种可能性非常小……如果你不相信，可以随便翻开一本名人演讲选集，就会发现断言式激发的出现频率会远远高于其他方法。但需要注意的是，如果断言式激发只能起到激发作用，那么开场分数恐怕不会太高。断言式激发还应当起到升华核心思想、彰显演讲者信心等作用。

（一）断言，是核心思想的升华

开场的断言，应当是通篇演讲核心思想的升华，它将演讲者的思想形象具体地呈现给听众。有些演讲者喜欢直接用核心观点作为断言，但在大多数情况下，观点虽然是肯定句，但是张力不够。“断言”应当与核心观点相同，但要更精练、更生动，当然也可以运用形象的比喻、引自经典的名言、进行自问自答。断言可以是不容争辩的事实说明，更可以是坚定的承诺，但这些都必须基于通篇演讲的核心思想。

如果演讲的核心思想是“企业应对变革，每一位员工都应当参与其中”，那么断言就可以是：“世界上没有一成不变的东西，只有‘任何事物都在不断变化的’这条真理。”这就是通过引用名言来升华思想。

如果演讲的核心思想是“年轻人应当理性看待创业、择业和职业发展规划”，那么断言就可以是：“人生最遗憾的是什么？我想莫过于轻易地放弃了不该放弃的，却固执地坚持了不该坚持的。”这就是通过进行自问自答来升华思想。

如果演讲的核心思想是“每个人都应当培养坚韧不拔的品质和脚踏实地的态度”，那么断言就可以是：“能够到达金字塔顶端的只有两种动物，一是雄鹰，靠自己的天赋和翅膀飞上去……另外一种动物，也到了金字塔的顶端，那就是蜗牛。”蜗牛一定是爬上去的，从最底下爬到塔顶可能要一两个月，甚至一两年。这就是通过运用生动形象的比喻来升华思想。

如果演讲的核心思想是“对团队新一年工作的期待”，那么断言就可以是：“相信我，在新的一年你们一定会遇见更幸福、更优秀的自己，这也是我对你们的承诺。”这就是以坚定的承诺来升华思想。

如果演讲的核心思想是关于“公司创立10周年庆典暨二次创业启动仪式”

的讲话，那么断言就可以是："记得10年前的今天，我们在一个城中村的出租房里商量着第二天的饭钱从哪里赚。我很开心10年后的今天能有2 000人陪我们一起思考这个问题！"这就是用不容争辩的事实说明来升华思想。

（二）断言，是演讲者信心的体现

如果你想在听众面前展示一个坚定、果断的自己并且希望通过演讲让听众对你和你的观点都更加信任，断言式激发一定是最佳之选。

古今中外的名人在演讲时都偏爱断言式激发，尤其是在需要展现坚定的自己、需要民众支持的时候，一句有力量的断言甚至会取代演讲主题让听众铭记心中。

在商务场景下，更是时时刻刻都需要展现自信自强的自己：在年终总结会上，在项目路演会上，在产品宣讲会上，甚至在一个部门的工作总结会上，都需要展现最好的自己，而一句适宜的断言便可以显示出内在的自信。

（三）以断言开场的演讲名篇

断言式激发是成功演讲的必备开场之一，往往断言一出就会引发现场的第一波掌声。

《金冠辩》是古雅典政治家、雄辩家狄摩西尼谴责叛徒埃斯基涅斯的一篇战斗檄文，他的开场直接就是对埃斯基涅斯的断言：

埃斯基涅斯，我可以下断言，你是利用这件事来显示你的口才和嗓音，而不是为了惩恶扬善。但是，埃斯基涅斯，一个演说家的语言和声调的高低并没有什么价值。能够以人民的观点为自己的观点，以国家的爱憎为自己的爱憎，才弥足珍贵。

资料来源：学优网（www.gkstk.com）

古罗马军事统帅、政治家恺撒，于公元前48年6月发表战前演讲以激励将士们，他的演讲以断言式激发，坚定了士兵们的必胜信心：

我的朋友们，我们已经战胜了更可怕的敌人，现在我们所要对抗的不是饥饿和贫乏，而是人。一切决定于今日！

资料来源：学优网（www.gkstk.com）

1775年，美国独立战争爆发，乔治·华盛顿担任十三州起义部队的总司令，他对参战部队发表的演讲也以断言作为开端，而这篇演讲被誉为美国史上最伟大的演讲之一：

美国人能成为自由人，还是沦为奴隶，能否享有可以称之为自己所有的财产，能否使自己的住宅和农庄免遭洗劫和毁坏，能否使自己免于陷入非人力所能拯救的悲惨境地——决定这一切的时刻已迫在眉睫。

资料来源：学优网（www.gkstk.com）

亚伯拉罕·林肯在1863年11月19日也就是美国内战葛底斯堡战役结束的4个半月后，在宾夕法尼亚州的葛底斯堡国家公墓揭幕式中发表了著名演讲，其开场的断言如下：

八十七年以前，我们的祖先在这大陆上建立了一个国家，它孕育于自由，并且献身给一种理念，即所有人都是生来平等的。

资料来源：学优网（www.gkstk.com）

宋庆龄女士于1933年9月在她所领导召开的“世界反对帝国主义战争委员会”远东会议上做的演讲以一句“假设型”断言作为开场：

如果没有帝国主义者和国民党当局的恐怖和干涉，而我们能够公开举行一个会议的话，那将会有成千上万的代表，为中国亿万被剥削人民发出他们的呼声。

资料来源：学优网（www.gkstk.com）

英国首相、政治家克莱门特·艾德礼，1941年10月19日代表英国政府出席国际劳工组织会议时发表演说《大西洋宪章》，其开场的断言如下：

除得胜之外，我们看不到这次战争有其他结局。我们不但决心赢得战争，并且决心赢得和平。

资料来源：学优网（www.gkstk.com）

著名物理学家爱因斯坦，曾发表过一篇名为“原子能时代的和平”的演讲，以呼吁美苏两国放弃武力，其中的断言如下：

感谢你们使我有机会就这个最重要的政治问题发表意见。在军事技术已发展到目前状况的今天，加强国家军备以保证安全的想法，只是一个会带来灾难后果的幻想。

资料来源：学优网（www.gkstk.com）

美国著名作家海明威，在第二次美国作家大会上的发言也以断言作为其开端：

作家的任务是不会改变的。作家本身可以发生变化，但他的任务始终只有一个。那就是写得真实，并在理解真理何在的前提下把真理表现出来，并且使之作为他自身经验的一部分深入读者的意识。

资料来源：学优网（www.gkstk.com）

日本著名企业家松下幸之助，于1978年发表了关于培育人才的演讲，其中的断言不但有力地说明了松下幸之助对企业培育人才的态度，更成为后来很多企业家在人才培养方面的指导语：

事业在人，这句话是千真万确的。任何经营只有在有了称职的人才之后才能发展下去，无论具有怎样优秀历史和传统的企业，如果没有正确继承其传统的人，都将会逐渐衰败。

资料来源：学优网（www.gkstk.com）

二、有力量的断言，就在我们身边

有人认为，没有很好的语言天赋或者文字驾驭能力就很难在演讲中设计出高质量的断言。其实，未必如此，优秀的演讲者不一定是语文优等生，在我们最初设计《荣耀时刻》课程的时候，目标就是能够帮助到普通人，让大家都能在必要的场合轻松完成一场合格的演讲。实际上，每个人都能使用有力量的断言，因为这些断言就在我们身边。

（一）借用他人断言，赋予新义

在我的少年时代，很多杂志总是被我剪得体无完肤，因为有些喜欢的词句、故事抄写下来实在有些麻烦，我就索性做了个册子，专门来收集这些好文好句。这个册子在我高考那年还被老师点名表扬过，说里面的句子引用到高考作文中都是得分点，让同学们都来模仿我。后来，当我把这个册子分享给亲戚家的中学生时，却被她嘲笑了，她说我这个册子中的内容花费了4年才收集完毕，但她现在只需要5分钟就可以找到比我的册子分类更清晰、使用更方便的电子文档，说完就从网络上下载了两篇资料，一篇是名言警句，一篇是各种修辞手法的例句，总共有上万字，而内容的质量也着实不错。这恐怕是我第一次通过一个孩子感受到互联网的强大。

但必须指出的是：即使拥有再多适合做断言的句子，也并不代表能做好演讲中的断言式激发。应时刻记住，断言式激发的核心目的是激发听众兴趣，而激发听众兴趣是为了成就一次优秀的演讲。如果不能成功地激发听众的兴趣，引用的断言再经典也无法发挥出它的作用。

所以，断言式激发绝不等于把“名言警句”抄在演讲第一段，首先，对“名言警句”要有自己的理解，如虽然“海阔凭鱼跃，天高任鸟飞”，但我认为，平台固然重要，但始终是鱼儿鸟儿们的能力决定它如何跃、如何飞。其次，仿照“名言警句”的句式根据演讲的内容再撰写一段，如爱因斯坦说过“不要去听一个科学家对你说了些什么，而要仔细看他做了些什么”，在关于领导力的演讲中就可以把它改为“在工作中，也没必要去听一个领导说什么，而要仔细看他在做什么”。

（二）以表明态度作为断言

如果你认为没有一句“别人说的话”能表达你想表达的内容，抑或你不希望引用任何人的话，那么你可以用明确的态度作为演讲的断言。这种态度一定是贯穿演讲始终，经过提炼与修饰的。

奥巴马2009年1月20日于美国国会大厦发表总统胜选演讲时，尽情展示了总统的魅力。他的演讲以断言作为开场，但这个断言并不是单纯的肯定句或引用某人的话，而是坚定地表明了自己的态度：

如果现在仍然有人怀疑美国是不是真的任何事情都有可能发生，怀疑美国开国之父们的梦想是否在我们这个时代依然燃烧，怀疑我们美国民主的力量，那么今晚就是你的答案。

资料来源：百度文库（www.wenku.baidu.com）

以自己的态度作为断言会让演讲更加具有鼓舞性，同时，也可以增强演讲者的自信心，提升个人的魅力和影响力。这样的演讲更容易得到听众的认同，最能打动人心。

三、有些断言，会断掉演讲之路

断言式激发虽然是最常用的开场方法，但绝不是最简单的。使用断言时语言的力量感非常关键，如果使用恰当，语言的力量就会转化为演讲者驾驭演讲的能力，而如果使用不恰当，不仅起不到任何作用，还可能会毁掉整场演讲。

（一）与演讲主题无关的断言

喜欢相声、评书的人一定听说过“定场诗”。所谓“定场诗”，顾名思义，就是帮助曲艺演员们定场的小诗小段，这些诗句往往诙谐幽默，短小精悍，可以迅速引起观众的注意。但定场诗在多数情况下是与内容没有任何衔接之处的，更谈不上是对通篇内容的概括与升华，它起到的作用只是“让听众听我讲”，而“断言”必须是通篇演讲核心思想的升华，必须与演讲主题具有较强的相关性。如果演讲者为了语言的华丽或者演讲的趣味性而生硬地引入没有任何相关性的语句作为断言，将很难起到激发听众兴趣的作用。

（二）家喻户晓的俗语

“俗话说得好”已经不再适合作为这个时代的商务演讲开场白了！听众已经听过太多的道理，对于人人都知道的事情，演讲者更没有必要再说一遍，即便这句俗语和演讲内容有关联，但“炒冷饭”总会影响听众的胃口。所以，演讲者对于断言的选择必须慎重，所有人都知道的话，如“天生我材必有用”“失败是成功之母”“一寸光阴一寸金”等金句就不要再用在演讲中了。

（三）与演讲者身份不匹配的断言

有些演讲者为了追求断言的力量感，会故意把话说“大”，但如果演讲者本身还没有经历过，那又如何“断言”呢？还有的演讲者动辄就呼吁全世界、全社会去做某些事情，但其自身在这件事情上又有多大的影响力呢？因此，在演讲中，“断言”不但要有力量感，是对通篇演讲核心思想的升华，更要加入演讲者自己的理解和真实感受。

对于演讲者而言，如果想达到即使抛开所有演讲技巧仍然能够感染听众的目标，“讲真话”是唯一的途径。这时的断言更应当是发自内心的话语。须知，“断言”的力量感不但源于文字的魅力，更源于演讲者的坚定。所以，应杜绝与演讲者身份或实际情况不匹配的“断言”，这样的断言一定会断掉其演讲之路，它的破坏力远大于家喻户晓的俗语。

第三节　共情式激发

美国心理学家亚伯拉罕·马斯洛在1943年发表的《人类激励理论》论文中，将人类需求从低到高按层次分为五种，分别是：生理需求、安全需求、社交需求、尊重需求和自我实现需求。在演讲中，演讲者希望满足的需求是受到尊重以及哪怕是很短暂的自我实现，而听众的需求也是在尊重这一层级。“共情式激发”可以满足听众的这一需求，但它绝不是在奉承听众。

一、与听众处在一个情感频道内

所谓“共情”，其实就是能与听众处在一个情感频道内以拉近彼此的关系。只有先理解、认同听众，才能让听众更容易理解、认同你。“共情”通过共同的经历或背景与听众建立连接，这还可以理解成演讲者和听众之间的精神握手。在演讲中，通过“共情式激发”，演讲者可以轻松与听众进行互动，从而缓解紧张情绪，而且它也是最受听众欢迎的开场激发方式。

（一）如果演讲者非常紧张，更适合进行共情式激发

在演讲中，演讲者开始都会紧张，一般来说随着演讲的深入，演讲者会逐渐放松下来。例如，在开场的时候手还会抖，但进入演讲主要内容后，尤其是在讲到自己非常熟悉的领域时紧张的状态就逐渐消失了。还有一种情况会使演讲者越来越紧张，而这种情况也可被称之为演讲中最恐怖的事情，那就是听众的冷漠和毫无反应。

事实上，听众的冷淡和热情都是有惯性的，一开始就冷冰冰的听众很难在演讲中后期对演讲者重新提起兴趣，而一开始就很热情的听众，如果演讲者其后的演讲不算太糟糕，他们也不会有明显的变化。所以在开场的时候，演讲者应给自己和听众一个缓冲的环节，或者可以简单理解为寒暄，当演讲者和听众通过这种交流进行了简单的互动后，其紧张感自然会消除很多。

因此，如果演讲者非常紧张，或者特别在意听众的反应和对自己的看法，“共情式激发”就是其最佳选择。

（二）与听众有“关系”的演讲者更受欢迎

做过销售的人应该都听说过利用“关系”销售，人与人之间存在千丝万缕的关系，当找到与客户间的“关系”时，就相当于打开了一扇成交之门。在演讲中也是如此，当演讲者和听众之间通过某些因素建立起“关系”时，听众就更愿意听他讲，也更容易接受他的观点。通过“共情式激发”，演讲者就可以与听众建立“关系”，从而令听众对演讲者和演讲观点产生兴趣。

虽然利用“关系”确实能够拉近听众和演讲者的距离，但切记这个过程不能过于牵强，“共情”的基础是“真诚”。

二、共情式激发的方式

归纳起来，演讲中的共情方式不外乎以下几种：

一是认同并赞许听众：演讲者表明对听众的尊重、赞赏、认同。

二是寻找相似的经历：演讲者与听众具有相似的行业背景或求学经历、文化背景，以及理念、信仰。

三是发现巧合型渊源：演讲者与听众恰巧都参与过或了解某些事件、活动等。

当然，在应用过程中，演讲者既可以单独使用也可以联合使用上述三种方式，更可以探索其他的共情方式，但千万不要忘记“真诚”。

（一）先认同听众，听众才更容易认同你

在日常生活中，容易让我们产生亲近感的人往往正是了解、认同我们的那些人。每个人都有被他人理解与认同的需要，演讲者需要，听众也需要。所以，演讲者可以通过对听众的认同、赞赏来拉近关系，实现“共情式激发”。

1997年，时任中华人民共和国主席江泽民赴美访问期间在哈佛大学发表了演讲，就使用了共情式激发：

我感谢陆登庭校长的邀请，使我有机会在这美好的金秋时节，来到你们这座美国古老而又现代化的学府。哈佛建校三百六十年来，培养出许多杰出的政治家、科学家、文学家和企业家，曾出过六位美国总统，三十多位诺贝尔奖获得者。先有哈佛，后有美利坚合众国，这说明了哈佛在美国历史上的地位。哈佛是最早接受中国留学生的美国大学之一。中国教育界、科学界、文化界一直同哈佛大学保持着学术交流。哈佛为增进中美两国人民的相互了解做出了有益的贡献。

资料来源：新华网（www.news.xinhuanet.com）

美国第26任总统西奥多·罗斯福在他还是纽约州长的时候在芝加哥发表了演讲，这是他最受欢迎的演讲之一：

今天的听众来自美国西部最伟大的城市，这里出过林肯总统、格兰特将军这样的伟人，这里的人民最突出最明显地体现了美国人的特点，面对这样伟大的人民，我想宣扬的不是可鄙的贪图安逸享乐的人生哲学，而是生命不止奋斗不息的人生哲学。

资料来源：百度文库（www.wenku.baidu.com）

2013年，韩国总统朴槿惠访问清华大学，发表了题为“韩中心信之旅，共创新20年”的主题演讲，在她的演讲中，以认同赞赏听众的共情式激发作为开场：

我见到各位清华大学的学子们，想起中国古籍《管子》的一段话：“一年之计，莫如树谷；十年之计，莫如树木；百年之计，莫如树人。”据我所知，清华大学的校训是“自强不息、厚德载物”，就像这个校训一样，不断进取，涵养品德的结果，清华大学培育出了包括习近平主席在内的许多政治领导人，并培养出中国数位诺贝尔奖获奖者。我相信，今后各位的想法和热情将会给中国开启美好的未来。今天我很高兴和大家一起谈谈韩中两国要共同开启的未来。

资料来源：中国人才网（www.cnrencai.com）

美国著名军事家麦克·阿瑟于1962年在母校西点军校发表了题为“责任、荣誉、国家”的主题演讲，他的开场也运用了“共情式激发”，但更家常化。

今天早晨，我走出旅馆时，看门人问道：“将军，您上哪儿去？”一听说我到西点时，他说："那可是个好地方，您从前去过吗？"

资料来源：中国图书网（www.bookschina.com）

史蒂夫·乔布斯在2005年斯坦福大学毕业典礼上的演讲开场白非常简短，仅一句话便实现了演讲者与听众的共情：

你们要离开的大学是世界上最好的大学之一，而我从来没有大学毕业过。说老实话，这是我最亲密接触大学毕业的时刻了。

资料来源：360doc个人图书馆（www.360doc.com）

（二）同样的经历，更容易互相理解

在一些沙龙聚会上，参与者之间最简单的互动交流方式莫过于互相询问做哪方面工作了，这样可以迅速让双方熟悉彼此。我们会很自然地和有同样经历的人打成一片。在演讲中，如果演讲者能够发掘和听众同样的经历进行激发，听众会很愿意接受他。

2008年，在北京大学的开学典礼上，新东方董事长俞敏洪受邀回母校发表演讲，他的演讲开场就运用了"共情式激发"：

非常高兴许校长给我这么崇高的荣誉，谈一谈我在北大的体会。可以说，北大是改变了我一生的地方，是提升了我自己的地方，使我从一个农村孩子最后走向了世界的地方。毫不夸张地说，没有北大，肯定就没有我的今天。北大给我留下了一连串美好的回忆，大概也留下了一连串的痛苦。正是在美好和痛苦中间，在挫折、挣扎和进步中间，最后找到了自我，开始为自己、为家庭、为社会能做一点事情。

资料来源：豆丁网（www.docin.com）

众所周知，比尔·盖茨是哈佛大学的辍学生，2001年他被哈佛授予荣誉学士学位，在演讲中，他对自己的辍学经历进行了幽默的调侃：

有一句话我等了三十年，现在终于可以说了："老爸，我总是跟你说，我会回来拿到我的学位的！"我要感谢哈佛大学在这个时候给我这个荣誉。明年，我就要换工作了（指从微软公司退休）……我终于可以在简历上写我有一个本科学位，这真是不错啊。我为今天在座的各位同学感到高兴，你们拿到学位可比我简单多了。哈佛的校报称我是"哈佛大学历史上最成功的辍学生"。我想这大概使我有资格代表我这一类学生发言……在所有的失败者里，我做得最好。但是，我还要提醒大家，我使得史蒂夫·鲍尔默（微软公司首席执行官）也从哈佛商学院退学了。因此，我是个有着恶劣影响力的人。这就是为什么我被邀请来在你们的毕业典礼上演讲。如果我在你们入学欢迎仪式上演讲，那么能够坚持到今天在这里毕业的人也许会少得多吧。

资料来源：365经典网（www.365j.com）

（三）寻找与听众的渊源，演讲更易成功

即便没有同样的经历，一些巧合性的渊源总还是有的。例如，演讲者和听众都恰巧参与过某些活动，或者都对某些方面有较多了解，也可能有过其他交集。总之，从这些渊源出发，一定会让演讲者和听众更容易建立连接。

2005年上海复旦大学百年校庆，李敖受邀为全校师生演讲：

今天我在这里很倚老卖老地说，我看过的上海你们都没有看过。远在56年以前，当我离开上海的时候，我看到一幅景象就是在这个外滩，上海的警察骑着大马手里拿着皮鞭打群众，群众怎么来的？清早5点钟戒严的时间一解开，四面八方涌向上海的银行，干什么呢？去挤兑黄金。这些黄金是当时国民

党政府搜刮了人们的财产，就是说你家里有黄金，除了你手指上的金戒指以外，全部向政府来兑换金圆券。如果不兑换的话，黄金没收，人法办。这些黄金被国民党政府搜刮走了以后，忽然一夜之间要卖出来了，就是你买到一两以后，到外面卖可以卖2两的价钱，所以上海人疯了，就拼命挤兑黄金。当时上海有一组警察叫作“空中堡垒”，就是骑着大马拿着皮鞭打，打都打不散。我亲眼看到一个灭亡的政府，一个亡掉的中华民国在最后兵败山倒的时候是什么样子。我和他们一起逃到台湾，当时我没有选择权，因为我只有13岁。当我现在又回到了上海，56年以后我回到上海，大家知道我的感觉吗？就是我看过那么凄惨的画面，你们都没有看到，你们也不会感觉有什么不同，可是对我而言，我才知道国家的富强是多么的重要，尤其在上海我看到了，请鼓掌。

资料来源：道客巴巴（www.doc88.com）

2009年，著名主持人白岩松受邀赴美国耶鲁大学演讲：

过去的20年，中国一直在跟美国的三任总统打交道。但是，今天到了耶鲁大学我才知道，其实它只跟一所学校打交道。透过这三位总统我也明白了，耶鲁大学毕业生的水准也并不很平均。

资料来源：白岩松.我的故事以及背后的中国梦——白岩松在耶鲁大学的演讲［J］.领导文萃，2014（23）

1984年，著名物理学家杨振宁受邀在上海复旦大学做演讲：

今天，我在复旦大学接受名誉博士学位，对我来讲，这是一个很大的荣誉，也使我深有感受。记得，1971年我第一次访问新中国，我所到的第一个城市，就是上海，我所访问的第一所大学，就是复旦大学。那以后到今天，我访问新中国19次，在这当中我曾多次来到复旦大学，从1974年起，我就同复旦大学物理系、数学系的好几位教师有了很密切的合作研究关系，这对我了解物理学和数学有很大的帮助。胡和生教授就是跟我合作的几位教师之一。那以后我又通过复旦大学的教师、研究生去我们学校访问念书的机会，与复旦大学有了更多的接触和联系。正因为这样，今天我接受复旦大学授予我的名誉博士学位，感到特别高兴。

资料来源：资料网（www.lailook.com）

三、最失败的共情

前文已经提到，“共情”的基础是“真诚”，如果没有“真诚”，你的“共情”不但不能起到拉近关系、取得认同的作用，而且还有可能让听众觉得你油嘴滑舌、不可信赖。所以，如果你并不是发自真心地认同听众或者只是生拉硬拽地和听众搭上些许联系，你的“共情”就真的成了“热脸贴冷屁股”，听众最擅长的就是辨别哪些演讲者在说假话。

（一）铺天盖地的感谢

我不否认常怀感恩之心的重要性，也非常赞同演讲者应当向听众致谢，但我坚决反对在演讲开场就铺天盖地地感谢全世界。作为演讲者，对听众和主办方等的感谢一定是要有的，如果希望在开场时进行表达也是没有问题的，但“蜻蜓点水”即可，真正的感谢与尊重应当体现在自己对这场演讲的重视和前期的充分准备上。期待用一大段感谢之词拉近和听众的关系，是非常低级又无趣的“技巧”。特别是在商务演讲中，因为大家并不会在意演讲者的诸多感谢，而在意演讲者究竟能带来哪些新的思路与观点。

（二）毫无根据的吹捧

比起铺天盖地的感谢，过分的、毫无根据的吹捧更为低劣。所谓“共情式激发”，一定是基于事实和演讲者的亲身体会去认同和赞赏听众，而绝不是

“忽悠”听众。在生活中，每个人都希望得到他人的赞扬，但相信大家希望这种赞扬一定是基于实际情况的。例如，时间观念很强的人，自然希望别人称赞自己是一个守时的人；表达清楚、语言精练的人，自然希望他人称赞自己是一个演讲达人。如果自己明明没有做到，还能得到别人的夸赞，我们一定会认为对方非常虚伪。对于听众而言，演讲者的任何虚伪表现都可以和他对自己的演讲信心不足画等号。因此，演讲者如果不是真的了解，就不要对听众进行毫无根据的吹捧。

（三）比较听众

如果演讲者认为自己的影响力尚不足以征服全场听众，或是自己的资历背景并不是同领域内最突出的，请不要去比较听众。什么是比较听众呢？有些演讲者为了活跃气氛会说“今天现场的朋友们是我见过最热情的……”类似这样话语的效果往往适得其反。当然也有特例，一些名家在演讲中会发表类似言论，如李敖曾在某高校演讲中公开比较了北京大学、清华大学、复旦大学三所高校，很多人认为他的观点很犀利也很独到，但仍然有很多师生对他的比较表示不满，甚至有人公开要求他道歉。可见，无论是怎样的演讲者，比较听众总是有很大风险的，所以，大家在演讲中应该杜绝此类情况。

第四节　顺承式激发

在中国，每年的央视春节联欢晚会都是人们热议的话题，除了聊导演、各类节目、大腕明星外，还有个话题备受关注：主持人阵容。有人说，一场晚会是否成功，与主持人的水平和发挥有很大关系，因为主持人肩负着串联整场演出的重任。如果没有主持人的承上启下，节目之间便没有衔接和过渡，整场演出就会显得生硬。其实，在演讲中有些演讲者也会利用“承上启下”的方式展开自己的演讲，有时会利用前一名演讲者的话，有时会利用现场某些人的身份，有时会利用临时发生的一些事情，很自然地引出自己和自己的演讲。这种方式可称之为“顺承式激发”：顺势而为、承上启下。这种方式十分巧妙，往往令现场听众印象深刻，并赞许演讲者的思维敏捷。

一、不同的演讲者，不同的顺承式激发

当看到演讲者将现场的一些突发情况嫁接到自己演讲中的时候，人们往往会认为他的演说能力很强。但事实上，演讲中的每一句话都应当是经过设计的，或者是经过训练的。如何区分呢？一般来说，新手们的“顺承式激发”一定是精心设计出来的，高手们的“顺承式激发”必然是经过长期训练后才磨炼出来的。

（一）新手：貌似信手拈来，实则精心设计

对于没有丰富的演讲经验的人来说，想要使用“顺承式激发”，一定要经过思考、设计和大量准备。

我有一位朋友是某家公司的副总经理，能力很强但不敢当众讲话，更不要说演讲了，每年的年终总结都是他最恐惧的时刻。有一次，公司组织了近5年来最大规模的校招新员工集中培训，在结训典礼上有一个公司领导寄语的环节，由于总经理到国外学习，另一位副总经理在外地出差，只有他在公司，没办法只能安排他上台讲话。我的朋友得知这个消息后陷入了深深的焦虑中，但也开始积极准备这场演讲，因为他也希望能够打败自己的恐惧。很快到了演讲那天，主持人邀请他上台和新员工们讲话，只见他满头大汗、气喘吁吁地开始了演讲：

伙伴们，很多人都说我这人一讲话就紧张得出汗，你们千万别信，我现在满头大汗是因为电梯太挤，我决定把位置留给年轻人，所以我自己就从8层的办公室爬楼梯到了这21层的报告厅，在爬楼梯的时候啊，我倒想起了一个曾经听过的故事想跟在座的各位分享一下：有一对兄弟，他们的家住在80层楼上。有一天他们外出旅行回家，发现大楼停电了！虽然他们背着大包的行李，但看来没有什么别的选择，只能爬楼梯上去。大家看，他们还是没有我有觉悟，我可是主动爬上来的，接下来呢，他们背着两大包行李开始爬楼梯。爬到20层的时候他们开始觉得累了，哥哥说："包太重了，不如这样吧，我们把包放在这里，等来电后坐电梯来拿。"于是，他们把行李放在了20层，轻松多了，继续向上爬。他们有说有笑地往上爬，但是好景不长，到了40层，两人实在太累了。想到还只爬了一半，两人开始互相埋怨，指责对方不注意大楼的停电公告，才会落得如此下场。他们边吵边爬，就这样一路爬到了60层。到了60层，他们累得连吵架的力气也没有了。弟弟对哥哥说："我们别吵了，爬完它吧。"于是他们默默地继续爬楼，终于80层到了！兴奋地来到家门口之后，兄弟俩才发现他们的钥匙留在了20层的包里了……其实这个故事真实地反映了我们的人生。20岁之前，我们活在家人、老师的期望之下，背负着很多的压力、包袱，自己也不够成熟、能力不足，因此步履难免不稳。20岁之后，离开了众人的压力，卸下了包袱，开始全力以赴地追求自己的梦想，就这样愉快地过了20年。可是到了40岁，发现青春已逝，不免产生许多的遗憾和追悔，于是开始遗憾这个、惋惜那个、抱怨这个、嫉恨那个……就这样在抱怨中度过了20年。到了60岁，发现人生已所剩不多，于是告诉自己不要再抱怨了，就珍惜剩下的日子吧！于是默默地走完了自己的余年。到了生命的尽头，才想起自己好像有什么事情没有完成……

之后我的朋友借着这个小故事展开了一场关于青春与成长的演讲，结束时现场的新员工们起身为他鼓掌，大家都认为他的演讲非常精彩，而我的朋友却告诉我，这一切都是他前期设计好的：首先他确定了演讲在21层报告厅举行，然后才设计自己爬楼梯的环节，那个故事也是他提前准备好的，他之所以选择用这样的方式开场，一是想掩饰他确实非常紧张的无奈，二是想向大家证明自己也可以站在大家面前很好地进行演讲。

可以看出，比起所谓的机智、能力，前期的准备更重要。对于演讲新手而言，“顺承式开场”并非遥不可及，只要前期下功夫，一定可以“信手拈来”。

（二）高手：真正的“信手拈来”需要长期训练

“要想人前显贵，必得人后受罪。”著名电影《霸王别姬》里的这句台词被很多人奉为经典。其实演讲也是一门苦功夫，如果你真的希望自己成为一名演说家，长年的身体素质锻炼、心肺功能锻炼、声音与肢体训练都是必要的，当然思维训练更是必不可少的，思维训练就包括提高即兴演讲能力和处理现场突发状况的能力。

很多演讲高手都喜欢以“顺承式激发”作为开场，因为这样更能展现演讲者的风采，但其实，高手们临场的“顺势而为”都是需要长期训练的。

有一位著名演讲家，即兴演讲的能力非常强，他无论到哪里讲话，无论是什么时候，都会以“历史上的今天”作为激发，顺承到自己的内容上。我非常敬佩他，就去向他请教为什么他能如此博学而且还能将每次演讲的内容和“历史上的今天”联系起来。他的答案很让我感慨，他说：“一年365天历史上每一天发生了什么大事我都是背过的，而且我不光只背一天，1955年的今天、1875年的今天，只要是这一天发生的重大历史事件，我都会背下来，然后每一个事件能反映出的道理我自己会总结，其实你也可以理解为演讲的预演，因为前期我做了大量的功课，所以现在无论我讲什么、什么时候讲，都可以用历史上的今天来做开场。”

二、顺承式激发需要三种能力

所有的顺承式激发都要有个“抓手”，这个“抓手”可以理解为顺承的素材，而这个素材一定基于演讲现场或临时发生的事情，并且素材与演讲之间要有所衔接，可以与内容衔接，也可以与演讲者衔接。“顺承式激发”本身也一定要具有趣味性，能够激发起听众的兴趣。所以，如果你希望为自己的演讲打造一个自然巧妙的顺承式激发，就需要提升自身的三种能力：观察力，能够迅速寻觅可用“素材”；创造力，能够将“素材”和演讲巧妙衔接；幽默的能力，通过有趣有料的开场引起听众的兴趣。

（一）观察：迅速寻觅可用“素材”

顺承式激发的“抓手”一定要“就地取材”，如现场其他人说过的话、近期发生的事、演讲现场的状况等，这都需要靠演讲者留心观察。以演讲现场的状况为例，如会场的温度、人员的层级、幻灯片的播放，甚至是台下的一个茶杯、卫生间的位置等，只要细心观察，总会有合适的素材可以使用。

1943年，宋美龄出访美国，临时被邀请至美国国会演讲，当时能到国会发表演讲的女性只有极少数，而中国人在美国国会发表演讲，更是破天荒的头一次。宋美龄的演讲，虽然是即兴发挥，但其态度恳切，思维敏捷，在美国赢得普遍的赞誉。她当时使用的便是“顺承式激发”，她的“抓手”是演讲前在总统图书馆看到的罗斯福总统的演讲草稿：

受到诸位所代表的美国人民热情与真诚的欢迎，令我感动莫名。我事先不知今天要在参议院发表演说，只以为要到此说声“大声好，很高兴见到各位”，并向贵国人民转达敝国百姓的问候之意。不过，在来到此地之前，贵国副总统告诉我，他希望我和各位说几句话。我并不善于即席演说，事实上根本称不上是演说家，但我不会因此怯场，因为前几天我在海德公园参观过总统图书馆，在那里看见的一些东西鼓励了我，让我感觉各位或许不会对我的即席演说要求太多。各位知道我在那里见到了什么吗？我看到了许多，但最让我感兴趣的，莫过于一个放着总统先生（即罗斯福总统）演说草稿的玻璃箱，里头从第一份草稿、第二份草稿，一直到第六份草稿。昨天，我碰巧向总统先生提及此事，我说我很高兴知道，以他如此知名又公认一流的演说家，还必须写这么多份草稿。他回答说，有时他一次演说得写十二份草稿。因此，今天本人在此发表的即席演说，我确信各位一定会包容。

资料来源：道客巴巴（www.doc88.com）

鲁迅先生曾在厦门中山中学做过一次演讲，他在演讲开场部分运用了顺承式激发，他的“抓手”是当天演讲的地点：

今天我能够到你们这学校来，实在很荣幸。你们的学校名叫中山中学，顾名思义，是为纪念孙中山。中山先生致力于国民革命40年，结果创造了中华民国。但是现在军阀跋扈，民生凋敝，只有“民国”的名目，没民国的实际。

资料来源：鲁迅.鲁迅演讲全集［M］.武汉：长江文艺出版社，2007

（二）创造：“素材”和演讲的巧妙衔接

演讲者所使用的素材一定要和演讲或演讲者具有相关性，一个与演讲主题有强相关性的开场一定能够让演讲锦上添花。

1945年5月4日，在云南大学的操场上举行了纪念“五四”大会，会议开始不久，天便突降暴雨。一些学生离开会场避雨去了，会场秩序大乱。这时闻一多迎着暴雨站在台上高呼：

热血的青年们过来！继承五四精神的热血青年站起来！怕雨吗？我来讲个故事：今天是天洗兵！武王伐纣那天，陈师牧野的时候，军队正要出发，天下大雨，于是领头人说，“此天洗兵”。把蒙在甲胄上的灰尘洗干净，好上战场攻打敌人。今天，我们集合起来纪念五四运动，天下雨了，这也是天洗兵，不怯懦的人上来，走近来！勇敢的人走拢来！

资料来源：365经典网（www.365j.com）

闻一多先生的即兴开场将“天下雨”和“武王伐纣”联系起来，而当天的活动正是为了纪念五四运动，号召青年继承“五四”光荣传统，做一个坚强的民主革命战士。

2014年8月19日，在“拙见2014年度盛典”上，诺贝尔文学奖获奖者莫言做了一场题为“看清喧嚣中的中国”的演讲，他使用了顺承式开场，并且和当天的演讲主题做了深度嫁接：

本来主办方通知我上台之前给我化妆，我拒绝了。因为我想，化妆是可以把白的变成黑的，也可以把黑的变成白的。但是，不可能把丑的变成美的，美不需要化妆，你依然很美，丑的无论如何涂脂抹粉都不会变美。所以我想还是以本来面貌见人为好，尤其在台上演讲的时候更要给大家以真实面貌，一个人只有保持自己的真实面貌，才可能说真话，办真事，做好人！

资料来源：360doc个人图书馆（www.360doc.com）

（三）幽默：演讲高手的撒手锏

听众开心的笑声是演讲者的福音，如果能让听众以开心的状态进入演讲中，一定能让演讲取得事半功倍的效果。演讲高手们不仅擅长使用“顺承式激发”，而且他们的“顺承”中往往还包含着笑点。

在某外企年会上，从小在美国接受教育的中国区总裁洪某，经过自己的学习和努力，决定用中文给大家进行总结，但他对自己的中文水平不是很有信心，所以他告诉大家重要的事情他还用英文来讲。接下来是市场部的负责人发言，他是个美国人，所有人都知道他一点中文都不会。他上台后就用英文说：

大家好，大家都知道我的中文要比总裁好得多，本来我今天打算用中文给大家做报告，但是总裁定了个规矩，只有不重要的地方才能用中文讲，重要的地方要用英文讲，因为我讲的每个地方都很重要，所以只能用英文了。

资料来源：新浪博客（www.blog.sina.com.cn）

2000年美国总统大选，艾伯特·戈尔最终败选，乔治·W·布什当选。戈尔的败选讲话号称是美国历史上最成功的败选演讲。他利用的正是幽默的顺承式激发：

晚上好！我刚跟乔治·W·布什谈过话，祝贺他成为美利坚合众国第43任总统。我向他保证，此次我不会再收回我的祝福。

资料来源：365经典网（www.365j.com）

在俞敏洪的著名演讲《青春就是做梦和犯傻》中，他也利用了幽默的顺承式激发。演讲当天，欧阳夏丹是活动主持人，因为他们有过多次合作，彼此之间也比较熟，俞敏洪便借欧阳夏丹和大家开了个小玩笑并引出了他当天的演讲主题：

当我跟你们一样大的时候，天天想着的就是，像欧阳夏丹这样的美女，别的没有什么想头，青春时代，你总是做傻事，总是觉得被人欺负，但是总是觉得，这是不可避免的事情。就像我在大学的时候，总是帮一个女生去扛包，她上火车的时候给她扛包，下火车的时候给她扛包。后来我发现这个女生，在校园里跟另外一个男生在散步。我就问她这个男生是谁。她说："是我的男朋友。"我很生气，我说既然你有男朋友，为什么上火车、下火车还要让我给你扛包？她说："我为了让我的男朋友休息一下。"但是我在今天依然没有后悔，因为我觉得那就是青春，如果我计算好了，我能从女生身上得到什么，再去做自己该做的事情，我们就已经变成了一个计算型的人物，而计算型的人物，只跟老奸巨猾的人相关。

资料来源：中国大学生网（www.daxues.com）

三、"风险大于收益"的两种顺承

上文中提到过，顺承式激发的"抓手"有很多，如前一位演讲者的话，现场临时发生的事情等，但对有些"素材"的使用一定要慎之又慎，如果引用不恰当或与自己的演讲衔接不上，就很有可能导致整场演讲的失败。

（一）拿自己与他人进行比较

评判别人往往招致愤怒，而比较是评判的起因。所以在演讲现场将自己和其他人进行比较是存在一定风险的，虽然在前文举过某外企的例子，那个市场部的负责人通过与上一位演讲者做比较来开场，但那个例子之所以是成功的，与他们所处的环境密切相关。外企的企业文化更开放，两位演讲者都自幼受美国文化熏陶，思想和言论都相对自由，可接受开玩笑的尺度都比较大。如果演讲者并不了解听众和在场的其他人员，这样的方式一定要慎重使用。

（二）不恰当地引用其他演讲者的观点

每位演讲者对自己演讲的核心观点一定是有深度思考的。试想一下，如果某天你演讲之后，下一位演讲者非常随意地引用了你的观点来为自己的演讲开场，你心中是何种感受呢？

相信永远没有其他人比演讲者对自己观点的理解更深刻，所以不恰当的引用只会有害无益，当选择用“顺承式激发”作为开场的时候，应尽量避免不恰当地引用现场其他演讲者的观点。

第五节　道具式激发

对于演讲者而言，“演讲”的“演”与“讲”同样重要。但是，如果一场演讲不但能让我们聚精会神地听，还能在视觉上有所创新，那么听众就很难不被这样的演讲吸引。尤其是在开场部分，我们之前提到了“断言式激发”“共情式激发”“顺承式激发”，这三种方式是根据难易程度和效果好坏进行排序的。还有一种方式在激发听众兴趣方面的效果最好，但操作起来也是最有难度的，那就是“道具式激发”。在演讲开场部分恰当、巧妙地运用道具，一定可以打造出令听众震撼且终生难忘的演讲。

一、看得见的开场更震撼

虽然凭经验来讲，利用道具来开场的演讲一定是少于其他方式的，但其视觉上的刺激往往使演讲产生很好的效果。我们在此提出的“看得见的开场”并不是说利用幻灯片进行演示，而是利用可以引出演讲、强化演讲效果的道具来开场。

（一）视觉的力量

10年前的地铁上，拿着书报在阅读的人比现在多很多。如今低头族大多数是抱着手机在看电影或电视剧。不得不说，有时候影视剧比书籍要更吸引年轻人，因为它们更为生动形象。但也有很多人仍然热爱阅读，可能觉得在阅读的过程中能有更多空间留给自己去天马行空地想象。在10分钟左右的商务演讲中，留给听众去想象的空间不会太大，并且每个人的语言驾驭能力是有差距的，如果我们的演讲在语言方面不够有感染力，凭什么要求听众在自己的引领下发挥想象力呢？在这样的情况下，引入道具可以更好地吸引听众。

在演讲中运用道具，可以营造一种更真实的场景。曾经有一位接受眼角膜捐赠后重见光明的演讲者在某次活动中呼吁大家支持遗体捐献，他的演讲充分利用了视觉的力量。他一上台就用黑色的绸布在大家面前蒙住了自己的眼睛，然后凭着感觉、不断试探地走到麦克风前，小心翼翼地调整好麦克风，和大家分享了自己曾经作为盲人的感受，并建议大家也闭上眼睛去做一些事情，现场的听众无不为之动容。

（二）道具，比语言更有说服力

一般来说，看得见的东西要比听来的更具说服力，现在的电视已经有专门的电视购物频道了，所有的商品销售都善于利用各种道具：面膜商家惯用的手段是做半边脸的实验，刀具商家会现场切割骨头，减肥产品的商家一定会展示减肥前后穿着衣物的尺码对比等。在演讲中，尤其是在以倡议倡导某些行为为主题的演讲中，利用“道具式激发”的效果是最佳的，因为道具比语言更有说服力。

例如，某位演讲者的演讲主题是“提倡健康饮食”，她在演讲开场时，左手提着一袋食物，里面有一包炸薯条、一杯可乐、一个猪肉汉堡，右手提着一个装满乳白色油脂的罐子，她告诉大家如果连续一周、每天一次摄入左手的食品，那么摄入的脂肪含量就相当于右手罐子中的那么多，由此展开了关于健康饮食的倡议演讲。现场的听众都被其新颖的开场震撼，在后期的调查中，愿意接受演讲者的倡议，拒绝不健康食物的听众比例相当高。

二、道具式激发的两个关键

虽然“道具式激发”的好处很多，效果很震撼，但它使用起来并没有那么简单。当引用的道具和演讲本身没有很强的相关性时，听众可能会听得一头雾水，并认为演讲者是在作秀。这样一来，道具就无法引起听众的好奇，从而失去了“道具式激发”的意义。因此，道具的使用是有要求的，首先要注重与内容的结合度，其次需要注意道具本身的意外性，看其是否可以给听众们带来意外、震撼的感觉。

（一）道具与演讲内容紧密结合

演讲中出现的一切元素都是为演讲内容和听众服务的，道具更是如此。因此，道具的使用一定要符合让听众更好地理解演讲者的目的，从而增强演讲的说服力。

1983年，新上任的青海省省长黄静波在干部大会上做演讲。只见他抱着一个很大的箱子走上台，令在场的干部们诧异不已。这时，黄省长不慌不忙地从箱子里拿出一个苹果，对大家说：“这种苹果在青海的民种、乐都等几个县都有，年产量达3 000万斤。假如运到香港，每斤值港元两元。”接着，他又从箱子里掏出一张比手掌稍长的银灰色毛丝鼠皮，说道：“这种皮在纽约每张能卖到100美元，这种鼠我们青海各牧区都可饲养。”接着，他又列举了麝香、虫草等许多青海特产，然后说：“同志们，有人讲，青海是个穷地方，依我看，我们是烂皮里裹珍珠，表面上穷，内里可富得很哩！我们要有信心，完成改变青海落后面貌的重任！”[1]

（二）道具一定要让观众感觉很意外

道具的使用是演讲的加分项，但如果道具出现以后让人丝毫不觉得意外就显然没有意义了。

陶行知先生在武汉大学演讲时，走上讲台后并没有立即开始，而是不慌不忙地从箱子里抱出一只大公鸡。在台下听众惊愕的目光中，陶先生从容不迫地掏出一把米放在桌上，然后按住公鸡的头，强迫它吃米，可是大公鸡只叫不吃。他强行掰开公鸡的嘴，把米硬往嘴里塞。大公鸡拼命挣扎，还是不肯吃。这时，陶先生轻轻地松开手，把鸡放在桌上，自己向后退了几步，慢慢地，大公鸡自己就吃起米来。接着，陶先生开始了演讲：

> 我认为，教育就跟喂鸡一样。先生强迫学生去学习，把知识硬灌给他，他是不情愿学的。即使学也食而不化，过不了多久，他还是会把知识还给先生的。但是如果让他自由地学习，充分发挥他的主观能动性，那效果一定会好得多！

资料来源：学优网（www.gkstk.com）

2009年，在一次TED演讲中，艾米·穆林斯将她的12副义肢放在台上，她看着所有听众们惊诧的目光开始了她的演讲。（艾米·穆林斯是一个天生没有小腿腓骨的人，1岁时做了膝盖以下全部截肢的手术。两岁时，学会使用假肢独立行走，没有坐过一天的轮椅。1996年，20岁的她破了两项世界纪录，在美国亚特兰大残奥会上，她穿着仿照猎豹的后腿碳纤维假肢，拿下了女子100米跑和女子跳远冠军。）

---

① 何玲霞 . 巧借道具让演讲别开生面［J］. 文学教育（中），2012（11）.

三、不建议做道具式激发的两种情况

我们对道具式激发的定位是锦上添花而不是雪中送炭，也不是让道具成为整场演讲的核心。所以，有一些情况是不适合用道具作为开场的，第一种情况是演讲者对自己的演讲能力不够自信，第二种情况是没能很好地设计道具的使用环节，导致听众的关注点始终在道具而不是演讲内容上。

（一）演讲者对自身的呈现能力不够自信

演讲者在第一次登上讲台的时候都会有尽快逃离的想法，紧张的感觉一定是贯穿始终的，对于新手来说，演讲中变量越少，挑战越小，而道具式激发本身就存在很多不可控性，道具式激发的效果也是未知的，所以使用道具的风险要比其他方式大很多。这种风险主要包括两个方面：一是道具需要演讲者来呈现，这势必会涉及语言、肢体等多方面的综合能力，所以对于演讲者而言是一种更大的挑战；二是如果演讲者不善于与听众互动，道具式激发很难成功，听众很有可能对道具毫无反应。所以，建议对自身呈现能力不够自信的演讲者，在重要的演讲场合下不要使用道具式激发，但我们仍然鼓励所有的演讲者都要去尝试一下使用道具，提高自己的演讲能力。

（二）道具不能成为演讲的主角

使用道具式激发很可能会让道具成为演讲的主角，从而使听众的关注点始终在道具上而不是在演讲内容上。演讲中出现的一切元素都应为演讲内容和听众服务。演讲者是一场演讲的主角，如果听众一直都在关心其道具，演讲就不再是演讲者的荣耀时刻了，反而变成了“道具的发布会”。因此，在设计道具式激发时一定要注意，让道具完成它激发听众兴趣、引出演讲主题的使命就够了。

第六节　提炼主题

有很多演讲名篇流芳千古，也有很多演讲虽然在内容上无懈可击，但传播情况却很不理想。其根本原因，在于是否拥有一个优质的主题，像迦太基军事统帅汉尼拔的战前演说《要么胜利，要么死亡》，美国独立战争时期著名演说家帕特里克·亨利的《不自由，毋宁死》，我国无产阶级革命家李大钊的《庶民的胜利》等，都因为主题鲜明而广为传诵。

一、提出主题：演讲要讲什么

作为演讲者，当知道自己需要做一场演讲的时候，脑海中出现的第一个问题就是“我要讲什么”。有太多演讲者甚至到了演讲结束之后都不知道自己到底想讲什么。如果想让自己的演讲有思想深度，首先应清楚演讲到底要讲什么。对于一场成功的演讲，听众应可以清晰地知道演讲者想讲什么。那么，如何才能解决这个看似简单而实则复杂的问题呢？

（一）主题并不等于标题

主题并不等于标题，只有当主题足够精练有力的时候，才可以作为演讲的标题，或者说标题就是经过提炼的主题，这样的标题能使演讲更具有吸引力，更容易传播。

简单来说，主题是能反映演讲者核心思想或演讲主要内容的句子。经过提炼后的主题更精致，可作为演讲的标题。例如，演讲主题是呼吁听众能够重燃对阅读的渴望，增加阅读量，进而提升个人素养，那标题就可以是“因为书，所以赢”。

（二）内容概括法

所谓概括，是形成概念的一种思维过程和方法，即从思想中把某些具有相同属性的事物抽取出来，并推广到具有这种属性的一切事物，从而形成关于这类事物的概念。

运用内容概括法明确演讲主题，就是对整篇演讲内容进行全面的总结概括。通过这种方法得出的主题，一定是最全面的，因为它必须涵盖演讲的所有主要内容。例如，梁启超先生的“治国学的两条大路”，就是对演讲内容总结概括后得到的主题。但需要注意的是，虽然主题应该涵盖所有主要内容，但也不能“戴大帽子”。例如，某演讲的主要内容是生活及工作压力导致白领无暇顾及自身的学习成长，被剥夺了再发展的能力，如果把演讲主题定为“论科学的个人发展观”，显然不够精练。

（三）直指目标法

在演讲中，我们也可以将明确的演讲目标作为主题。有些演讲的主题就是演讲想要达到的目的，例如，某位事业有成的演讲者通过晨跑改善了自身的体质，所以他希望通过演讲唤醒更多处于亚健康状态的中年人，让他们养成晨跑的习惯，增强体质，这样才能给家人带来最长久的保障。这位演讲者的目标很明确，他希望让更多的人通过跑步来增强体质，所以他演讲的主题就可以拟定为：用跑步增强体质，给家人长久保障。简单提炼后就可以是：跑出你和家人的美好明天。

通过演讲目标找到主题，常见于有关激励行动的演讲，因为主题（标题）永远是听众最容易记忆的部分，也是一场演讲的灵魂。如果你希望听众在听完你的演讲之后，产生行动上的改变，那么直指目标的主题一定是必不可少的。

（四）直击燃点法

有些演讲的目标并不是激励某项行为、号召某些行动，而是希望引领听众进入演讲者营造的情境之中，切身体会演讲中的真情实感，从而引发听众与演讲者的共鸣。

此类演讲如何寻找主题呢？其实每个人被打动都是一瞬间的事情，而这“一瞬间”又通常具有相似性，简单来说就是“泪点”“笑点”，在此给这些“点”起一个共同的名字叫“燃点”——点燃听众内心的共鸣与感动。我们可以把通篇演讲最打动人的那个“燃点”拿出来，作为演讲的主题。例如，马丁·路德·金的演讲名篇《我有一个梦想》，就是将听众的“燃点”作为演讲的主题。

二、提炼标题：用最恰当的语言呈现

唐代著名诗人刘禹锡的《陋室铭》中有这样的名句：“山不在高，有仙则名；水不在深，有龙则灵。”演讲的主题就恰如山中之“仙”、水中之“龙”，离开了它，表达就黯然失神；有了它，表达才神采流动。所以，主题就是演讲的“灵魂”，但主题并不等于标题，“花香蜂自来，题好文一半”这句话充分说明了标题的重要性。我们需要将找到的主题再次提炼，就像冶炼真金、萃取精华一般，最终得到一个新颖别致、简洁明了的标题。这样的标题往往能达到先声夺人的艺术作用和效果。那么，怎样才算是好的标题呢？

（一）极简

演讲的标题应当符合极简主义的原则，多一个字会显得赘余，少一个字就表述不清。

精练的标题传达信息更快捷，更容易被听众感知和记忆。但需要注意的是，文字少，并非信息量少。既要短，又要有思想内涵，这也是对演讲者文字驾驭能力的考验。

有位演讲者的主题是：希望大家能从多个角度看待问题，不要以偏概全。所以他的标题引用了莎士比亚的名言“一千个人心中有一千个哈姆雷特”，但他自己也心存困扰，因为这个标题既拗口又偏长，所以他便直接改成了“一千个哈姆雷特”，充分激发了听众的好奇心，并且标题简单好记、朗朗上口，也很有深度。

（二）真诚

标题要忠于内容，即在概括内容时，不可虚构，也不能夸大。标题可以从内容中选择一部分，但要顾及内容本身，不能歪曲演讲内容。

相信每个人在微信朋友圈中都看到过名不副实的转帖，标题非常吸引人，但内容完全不搭边。在演讲中，要拒绝这样的标题党，要真实，不要花哨；要诚恳，不要弯弯绕绕。对于听众而言，一个真诚的演讲者带来一场真诚的演讲比他是否有高深的演讲技巧更重要。而演讲的标题，最应体现出演讲者的“诚意”来。

（三）生动

大多数人不会选择去听演讲题目为“某人某年工作总结及次年工作计划”“携手同行、共创未来”“我骄傲我是某某人”这一类的演讲，因为单从标题上就可以判断出演讲者的风格。如果必须使用这些无趣的题目，那么可以尝试加上副标题。标题不但要极简和真诚，趣味性也是很重要的考量标准。毕竟在这个时代，趋同性已经不能吸引更多人的眼球，特立独行的风格反而更受欢迎。所以，演讲标题必须生动，可以运用比拟、引用、“跟风”等方法。

“比拟”实际上就是在标题中运用比喻的手法，可以拟人拟物，以增强标题的活力，如“时间的朋友”“答案，你慢点来”“青春似剪刀”。

“引用”可以简单理解为模仿一些知名的短语，可以是诗词歌赋，也可以是影视书刊，以便让听众对你的演讲留下更加深刻的印象，如“爱你的宿命”“那些年我们追过的……”“人生相对论”。

"跟风"就是把目前比较流行的语句经过简单修饰后作为自己演讲的标题，以借力的方式推广自己的演讲，但需要注意的是必须根据场合来适当选择，可以调侃但绝不能诋毁，如"普通人的中国梦""不管你扶不扶，我扶""'被'熔断的朋友们"。

（四）常见的演讲主题（标题）格式

如果上述所有内容都无法帮助你提炼主题，那么尝试做个填空题吧。其实优质的演讲主题（标题）在"外表"上是类似的，它们往往会"长"成以下几个样子：

1. 左右并重：______，______ 如：不忘初心，方得始终。

2. 说明式：______，______ 如：手机，别做我家庭的第三者。

3. 疑问式：______ 如：你比四年前过得好吗？

4. 肯定式：______ 如：永远别说你不会！

当然，以上4种只是比较常见的形式，并不一定是最适合你的。标题拟定的关键还是要满足极简、真诚、生动三点要求。

三、不同形式的主题造就不同风格的演讲

眼睛是心灵的窗户，而标题是演讲的眼睛，正如眼睛可以真实地反映出一个人的喜怒哀乐、爱憎情仇一样，不同形式的演讲主题也可以造就不同风格的演讲。值得注意的是：要避免标题的风格与演讲和演讲者的风格完全不匹配。这样做很有可能让听众心中出现较大落差或完全不知所云。关于主题的分类有很多种，根据演讲的最终目标可以将主题分为两类：主张类和情怀类。

（一）主张类主题用于激发行动

很多人会认为"主张"和"观点"没有什么区别，其实不然。"主张"通

常包含以下几种含义：提倡、扶持，对某种事物或行动提出见解、主意、请求。“主张”必须有对象，相比观点来说更具有介入性。“观点”虽然包括主张的部分含义，但不具有介入性，不一定有对象。也就是说，主张类主题，对听众而言是有介入性的，它可以对听众的行为造成影响，所以主张类主题在风格上会更为坚毅果敢、简明扼要，它的力量感是其他主题无法比拟的，因此最适合用于激发行动类的演讲。

例如，恺撒在法萨卢之役战前的演讲《非战胜，绝不离开战场》，安德鲁·杰克逊的《捍卫自由》，罗伯特·欧文的《让更多的人获得幸福》，苏加诺的《让新的亚洲和新的非洲诞生吧》等，都属于主张类主题演讲。

（二）情怀类主题用于引发共鸣

相比主张类主题的直接，情怀类主题可能一开始并没有明确的核心观点，但是它会让听众有进一步了解的兴趣。有人可能会认为情怀类的主题就是故弄玄虚，但有的时候用情怀打动人是非常有效的。“情怀”到底是什么呢？对于2015年热映的电影《夏洛特烦恼》，大家都褒贬不一，但是一致认同的是：当男主角夏洛穿越回曾经的高中教室，影片呈现出课桌上的蓝色桌布、灌篮高手的贴纸、黑板上的课表时，所有的80后都被打动了。究竟是被什么打动了呢？就是“情怀”。“情怀”是你无法准确地给它下定义，但心里会为之一动的东西。

很多时候，情怀就是那些离我们很近但又抓不到的东西，这样的东西最令人感慨。现在是个羞于谈情怀的时代，之所以会羞于去谈，或许正是因为内心的渴望和敬畏。有些时候，演讲之所以能够深深地打动听众，就是因为它满足了听众对情怀的渴望。一个彰显情怀的演讲主题，往往会成为牵引听众内心的绳结。

历史上比较著名的情怀类主题演讲有马丁·路德·金的《我有一个梦想》，丘吉尔的《热血、辛劳、眼泪和汗水》，里根的《曙光越来越亮了》等。现代的情怀类主题就更多了，如罗振宇的《时间的朋友》，吴晓波的《遇见2015》，张维为的《中国信心》，罗永浩的《一个理想主义者的创业故事》等。

第四章
掷地有声：情节化展开的逻辑

众所周知，每一位优秀的演讲者都必须时刻谨记以听众为中心，想听众之所想，答听众之所问。

现在你已经在“话”图纸上完成了“银瓶乍裂”的部分，通过“激发兴趣”和“提炼主题”设计出了震撼的开场。想象一下，如果你是听众，听到这里心里肯定在想“这个演讲者不错，她（他）将要演讲的主题有点儿意思，让我听听她（他）接下来要说什么”，同时，听众肯定会有一些这样的问题：这个演讲者为什么会有这样的观点？她（他）有哪些理由支持这一观点？这些理由可靠吗？既然知道听众正在思考这些问题，那么我们接下来的任务就是回答这些问题。

如何回答这些问题正是本章的主要内容，我们要对我们演讲的主题进行情节化展开。情节化展开主要是指在两个维度上的展开，如图4-1所示，横向展开指明确分论点与分论点之间的逻辑关系，纵向展开指分论点内的内容展开。本章的第二节和第三节将会详细阐述这两部分的内容。

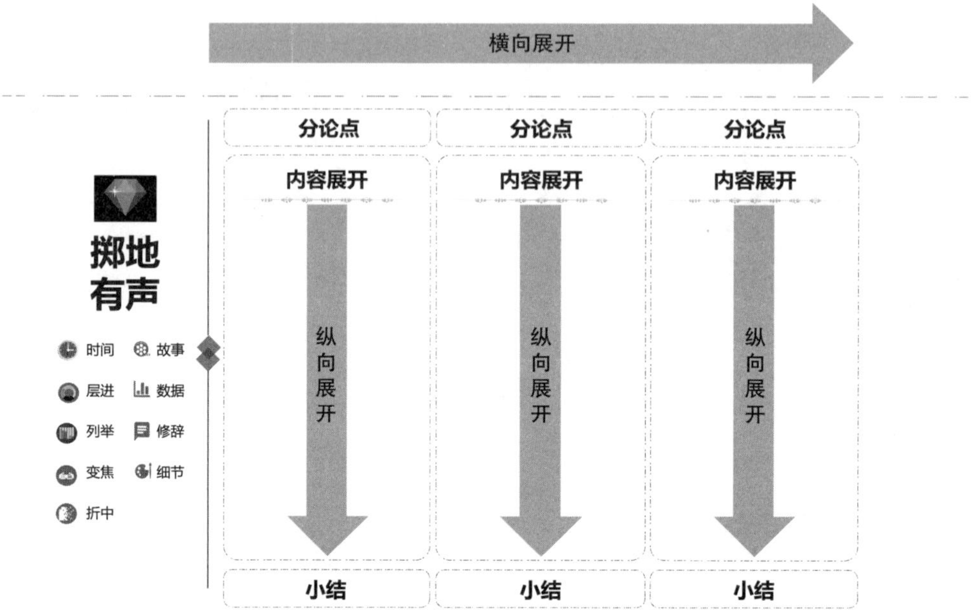

图4–1 情节化展开的两个维度

第一节 展开的三角形结构

细心的读者可能会发现，图4–1中关于分论点的部分，有且只有3个格子，这就意味着本书建议在准备你的演讲稿时，要为你的主题设计三个分论点，这就是我们所说的展开的三角形结构。之所以在演讲中会强烈建议三个分论点，不是两个也不是五个或八个，不仅是因为我们都知道三角形是稳定的结构，三个分论点支持一个结论的结构能够让人们自然而然地认为其充分并可靠（如图4–2所示），其中还有认知心理学的研究作为理论基础，并且许多成功的演讲也验证了这一点。

一、1~2个分论点论证不够充分

在一个演讲中，如果你提出的主题只有1~2个分论点（论据）予以支持，你的结论显然会有些牵强，论据不够充分，结构不够稳固。这种结构很容易让听众产生怀疑："就这些吗？""没有别的了吗？""这显然还不够充分啊。"这一点比较容易理解，但是分论点越多越好呢？

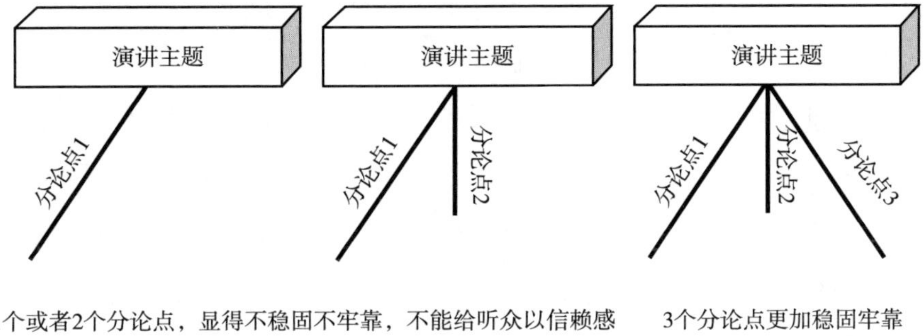

图4-2 采用3个分论点的理由

二、分论点过多，听众无法记住

认知心理学的研究表明，大脑的短时记忆能力是有限的，短时间给予它太多信息，它是"记不住"的。《神奇的数字7±2：我们信息加工能力的局限》(*The Magical Number Seven, Plus or Minus Two: Some Limits on Our Capacity for Processing Information*)是美国认知心理学家乔治·A·米勒的一篇重要论文，1956年发表于《心理学评论》(*The Psychological Review*)。1956年，米勒最早对短时记忆能力进行了定量研究，他注意到年轻人的记忆广度大约为7个单位（阿拉伯数字、字母、单词或其他单位），并称之为组块。现代研究表明，我们短时记忆能力往往都在3~4个单位。回想一下我们对手机号码的记忆，无论你是按3—4—4的分组方法来记忆，还是按4—3—3，甚至3—5—3的方法，总之你不是11个数字一起记忆。另一个有趣的现象是，如果你给大脑的信息太多，即超过3~4个，大脑能够记住的信息不是相应越多，反而越少。例如，你在演讲中，说了一点、两点、三点，听众们都能记住，你再说四五六七八的话，听众可能连前面"三点"都一起忘掉了。

除了大脑的短时记忆能力，还有一个经常在培训领域应用的准则也可以支持为什么是三点，而不是更多。我在BMW接受全球讲师认证培训的时候，我们的老师经常嘱咐学员们的一句话就是“Less is more”，意思就是，培训的目的不是在最短的时间内传递最多的信息，剔除那些不必要的或者次要的信息，才能让重点信息更加突出并且给学员留下深刻的印象，从而最终促进学员行为的改变以及绩效的提升。在后来的培训实践中，我不断地体会和应用着化繁为简的理念。其实，化繁为简的理念和应用，在企业管理中更是屡见不鲜。某欧洲著名公司，之前推行过一种管理准则，目的是统一管理层的管理行为和管理理念，其原来的管理准则一共12条，称为“12 Principles（十二准则）”，后来发现非常难以推行。原因很简单，记忆是应用的前提，几乎没有管理人员能够记住这12条准则，又何谈推行呢？于是，公司将这些准则进行归类、合并和整理，后来推出的新版本“5 Leadership Elements（领导力五要素）”在公司内推行的效果就大幅提升了。而且5个核心词汇通过反复宣传，形成了一种企业文化，不仅管理层，即使是普通员工也耳熟能详。因此，在演讲中，我们要特别要求自己，能用三点说清楚的事情，一定不去说十点八点；能用10分钟说明白的事情一定不要用15分钟。

三、三角形结构被证明是有效的

卡迈恩·加洛在《像TED一样演讲》中也提出了“三”的法则：“‘三’的法则是指人们能够很好地记住三项信息；如果再增加信息，记忆的效果就会大大减弱。这是写作和传播中最有用的概念之一。与各个领域的传播者交流时，我已经成功地运用了‘三’的法则，对我而言它屡试不爽。而且，最知名的一些TED演讲也体现了这个法则。”[①]在书中，加洛提到很多成功应用了“三”的

① ［美］卡迈恩·加洛. 像TED一样演讲［M］. 宋瑞琴，刘迎，译. 北京：中信出版社，2015.

法则的例子。比如YouTube网站的趋势经理凯文·阿洛卡认为“一段视频是否能风靡取决于三个要素：名人参与、大众参与、出人意料”。其实除了TED演讲，用三角形的结构来展开演讲的方法也已经为众多成功的演讲者们所应用。

百度公司CEO李彦宏先生在北京大学所做的题为“中国梦，我的梦”的演讲是这样开始的：“命运是一个人一生所走完的路，是一个人用一辈子所完成的作业。有的人认为，命运是天注定的，是不可改变的。但在我看来，命运不过是人生的方向盘，掌握在每个人自己的手中。在这里，我想和各位同学分享几个关于命运的故事，没有什么高谈阔论，仅仅是我自己的一些经历而已。”在后面的展开中，李彦宏也使用了三角形结构从眼界与命运、性格与命运和梦想与命运三个方面讲述自己求学和创业的亲身经历并借此向北京大学的学生们阐述了“命运不过是人生的方向盘，掌握在每个人自己的手中”这一主题。

清华大学经济管理学院院长钱颖一教授2011年2月15日在第十一届中国企业家论坛上做主题演讲，其题目是“中国教育的今天，就是中国经济的明天”。下面是这个演讲的节选。

创造性从哪里来？我认为有三个基本元素，那就是好奇心、想象力和批判性思维能力。它们都不是“知识”本身，而是超越“知识”本身的。

第一是好奇心。几年前，有几位诺贝尔物理学获得者来到清华大学与学生座谈。当问及什么是科学家发明最重要的要素时，他们没有选择勤奋、努力、数学基础，而是不约而同地说到了“好奇心”。正是牛顿对苹果从树上掉到地上感到好奇，才激发他后来发现了万有引力定律。“好奇心”是驱动人类发现的原始动力。

第二是想象力。爱因斯坦说过，“想象力比知识更重要，因为知识是局限于我们已经知道和理解的，而想象力覆盖整个世界，包括那些将会知道和理解的”。正是爱因斯坦本人的想象力，也正是乔布斯的想象力，不仅改变了我们对世界的认识，也改变了我们的生活方式、商业模式。

第三是“批判性思维”能力。“批判性思维”的英语是“critical thinking”。批判性思维就是善于对被广泛接受的结论提出疑问和挑战，而不是无条件地接受专家和权威的意见。同时，批判性思维又不是对一切命题都否定，而是用分析性、创造性、建设性的方式对疑问和挑战提出新解释、做出新判断。据说去年有几位来访的美国大学校长与我国教育界高层领导会见，当被问到中国留学生在美国大学中表现的优缺点时，他们都不约而同地指出了“基础知识好，但缺乏批判性思维能力”。

这三个元素是相互关联的。好奇心是驱动力，推动我们去探寻。依靠想象力，我们拓展思维空间，使探寻超越现实的局限。而批判性思维让我们挑战已有的知识，永远去寻找新的、更好的答案。

资料来源：钱颖一. 中国教育的今天，就是中国经济的明天［J］. 中国企业家，2011（5）

在这个演讲中，我们可以清晰地看到钱教授也是用了三个元素来说明“创造性从哪里来”这个话题。其实大家仔细想想，如果钱教授在这里展开长篇大论，追根究底，把创造性的可能是七八个也可能是十几个来源都一一说明，台下的听众会怎么样？肯定会一头雾水，不知所云。而这里，钱教授不仅用了三角形结构来展开说明，还为听众们分析了这三个要素之间的关系，有了这一层分析，实际上钱教授就在听众的大脑里画下了这样一张关系图（如图4–3所示），这就可以使听众更容易记住这三个元素了。

其实将一个概念一分为三的做法，不只是在演讲中，在现代企业管理中更是比比皆是。前面提到了一家欧洲公司的例子，其实日本企业这方面可能做得更好，如我曾经服务于一家日本企业，这家公司的公司文化就是“先进、信赖、群策群力”，也是三点。我在培训课上问到学员，公司的文化是什么，每个人都对答如流。此外，如表达的三要素（思想、结构和修辞），如图

4–4所示，销售中的FAB（Feature特点、Advantage优势和Benefit利益）法则，企业战略的3C模型（公司自身Corporation、公司顾客Customer和竞争对手Competition），如图4–5所示，企业人才战略的3B模型（Build培养、Borrow外包、Buy招聘）等，都是对“三”的应用。

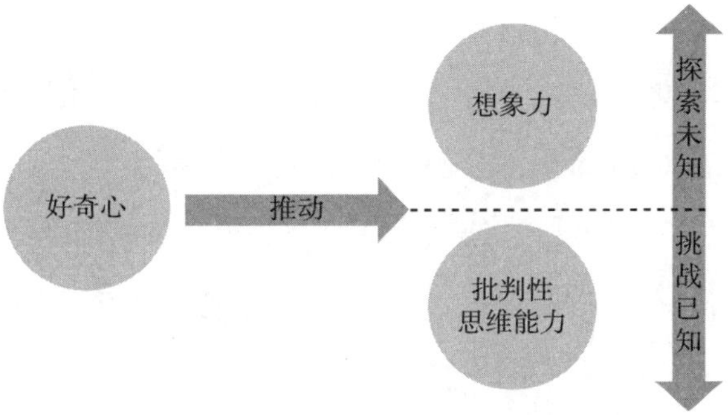

图4–3　钱教授画下的关系图

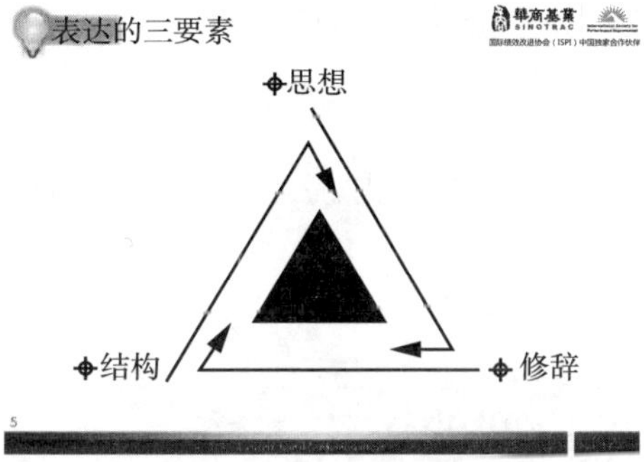

图4–4　表达的三要素

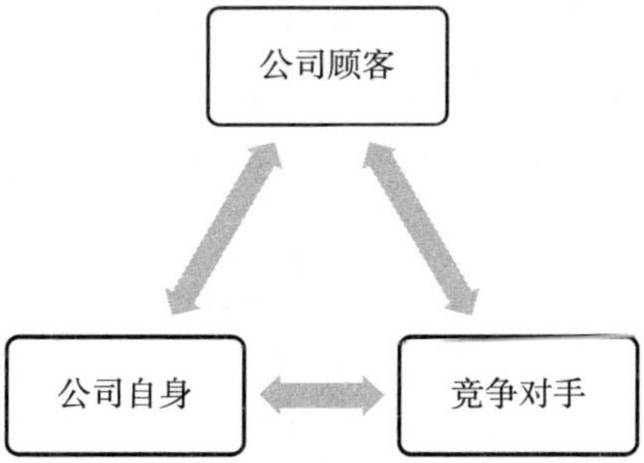

图4–5　企业战略的3C模型

生活中“三”的应用也十分普遍，有“三打白骨精”“三顾茅庐”的故事；有“激流三部曲”小说；中国传统婚俗有三书六礼、三媒六聘；我们平时沟通或者总结的时候经常说“三大××”，如“三大挑战”“三大利好”等。这一切都再一次印证了，运用三角形结构展开演讲，为你的主题准备三个分论点，是行之有效的。

虽然本书建议你使用三角形结构展开论述和说明，但这并不意味着演讲只能用三角形结构，或者只能有三个分论点。根据主题、结构或者内容的特点，可以多于三个分论点，一般来说3~5个分论点都是可行的，但不能再多，否则听众就真的什么都记不住了。如前所述，演讲是要服务于听众的，在大前提不变的情况下，可能进行适当调整和灵活运用。当然，三角形结构还是本书最推荐的，既有利于听众理解和记忆，也有利于我们自己准备演讲稿。

既然三个分论点是为了说明一个共同的演讲主题，那么它们之间必然存在某种联系，这就是分论点之间的逻辑关系。而且这种逻辑关系不是偶然的，是经过演讲者精心设计，为服务于演讲主题和内容特别安排的。下文将重点介绍这些展开方式。

第二节　分论点间的逻辑关系

现在再次看一下我们的“话”图纸（如图4-1所示），你会发现，在展开的横向结构中，“话”图纸为你推荐了五种常用的分论点间的逻辑关系：时间、列举、层进、变焦、折中。你可以根据你的主题和听众需要，选择一种逻辑关系，然后据此设计你的分论点题目。当然，这并不意味着仅有这五种逻辑关系，我们只是把最常用、最好用的五种推荐给大家，还是那句话，Less is More。

一、时间

时间逻辑，顾名思义，就是按照时间演变的自然顺序进行展开。由于时间顺序符合事物的发展规律，好理解、容易记忆，所以在写作、沟通、管理等方面有着极其广泛的运用。

（一）时间顺序是应用最广泛的逻辑关系

时间顺序是写说明文和记叙文时最常用的一种逻辑关系。例如，中学课本中有一篇说明文《景泰蓝的制作》，它就是按照景泰蓝制作过程中“做胎—掐丝—烧制—点蓝—烧蓝—打磨—镀金”的时间顺序来展开的。记叙文中按时间记叙的方法也非常普遍，如《老山界》一文，就是按照时间（当天下午—天黑—当天夜里—第二天黎明—第二天下午两点—两点以后）的推移，记叙了红军翻越老山界的过程。在小说的创作中更是普遍使用时间顺序，中国传统四大名著都是按照时间顺序展开的。时间的逻辑关系有时也会被运用在诗歌的创作中，如唐朝崔护的《题都城南庄》（去年今日此门中，人面桃花相映红。人面不知何处去，桃花依旧笑春风）和诗人余光中下面这首著名的《乡愁》。

小时候，
乡愁是一枚小小的邮票，
我在这头，
母亲在那头。

长大后，
乡愁是一张窄窄的船票，
我在这头，
新娘在那头。

后来啊，
乡愁是一方矮矮的坟墓，
我在外头，
母亲在里头。

而现在，
乡愁是一湾浅浅的海峡，
我在这头，
大陆在那头。

资料来源：余光中. 余光中诗歌选集［M］. 时代文艺出版社，1997

这首脍炙人口的《乡愁》就是按“小时候”—“长大后”—“后来啊”—“而现在”这样由远及近的时间顺序描绘了不同时期的思乡之情。

由于时间顺序符合人思考问题的习惯（从过去到现在到未来），所以平时对话中，我们经常会用时间顺序来组织语言。例如，一个朋友问你假期过得怎么样，你很可能会说：“挺好的，我们先去了 ××× 玩儿了一趟，后来又参加了同学聚会，最后还去参加了一个婚礼。”又如，当你和国外同事谈起中国的传统节日时，你一般会从春节开始，然后根据时间顺序按月份依次介绍都有哪些重要节日，这样既便于听众记忆，也便于自己整理思路，不必担心遗漏。

时间逻辑在企业管理中也有很多体现，如我们常见的目标设定，一般整体上我们会有短期目标和长期目标之分，同时每一项任务都会有具体的时间限制以使得目标可以被衡量。又如我们在介绍企业的成就时，一般会采用大事记的方式，这也是典型的对时间逻辑的应用。

（二）在演讲中应用时间逻辑

在演讲中应用时间逻辑，就是按照时间顺序来计划和组织你的几个分论点。由于时间顺序容易察觉，也便于听众理解和记忆，所以它是演讲中最常使用的一种逻辑顺序，几乎所有的话题都可以用时间顺序来展开。

首先通过这篇白岩松在耶鲁大学题为“我的故事以及背后的中国梦”的演讲稿（节选），体会一下如何运用时间逻辑计划和组织演讲的分论点。

过去的20年，中国一直在跟美国的三任总统打交道，但是今天到了耶鲁大学我才知道，其实中国在只跟一所学校打交道。但是透过这三位总统我也明白了，耶鲁大学的毕业生的水准也并不很平均。接下来就进入我们这个主题，或许要起个题目的话，应该叫“我的故事以及背后的中国梦”。

我要讲五个年份，第一要讲的年份是1968年。那一年我出生了。

但是那一年世界非常乱，在法国有它的这个，巨大的街头的骚乱……在美国也有……但是的确这一切的原因都与我无关。

…………

很显然，我的出生非常不是时候，不仅对于当时的中国来说，对于世界来说，似乎都有些问题。1978年，10年之后。我10岁，我依然生活在我出生的时候，那个只有20万人的，你要知道，在中国的话它是一个非常非常小的城市里……

接下来的年份该讲1988年了，那一年我20岁。这个时候我已经从边疆的小城市来到了北京，成为一个大学生。虽然今天在中国依然有很多的人在抨击中国的高考制度，认为它有很多很多的缺陷，但是必须承认正是高考的存在，让我们这样一个又一个非常普通的孩子，拥有了改变命运的机会。当然，这个时候美国已经不再是一个很遥远的国家，它变得很具体，它也不再是那个过去口号当中的“美帝国主义”，而是变成了生活中很多的细节。这个时候我已经第一次品尝过可口可乐，而且喝完可口可乐之后会觉得中美两个国家真的是如此接近，因为它几乎就跟中国的中药是一样的。那个时候我已经开始非常狂热地喜欢摇滚乐。那个时候正是迈克尔·杰克逊还长得比较漂亮的时候。

更重要的是，这个时候的中国，已经开始发生了非常大的变化，因为改革已经进行了十年。那一年中国开始尝试放开很多商品的价格。这在你们觉得是非常不可思议的事情，但是在中国当时是一个很大的迈进，因为过去的价格都是由政府来决定的。但是，就在那一年，因为放开了价格，引起了全国性的疯狂抢购，大家都觉得这个时候不会有多久，于是要把一辈子都用的食品和用品，买回到家里头。这一年也就标志着中国离市场经济越来越近了。当然那个时候没有人知道市场经济也会有次贷危机。

当然，我知道那一年1988年对于耶鲁大学来说也格外重要，因为你们的校友又一次成为美国的总统。

…………

好，接下来又是一个新的年份，1998年，那一年我30岁。我已经成为中央电视台的一个新闻节目主持人。更重要的是，我已经成为一个1岁孩子的父亲……

接下来我要讲述的是2008年这一年，这一年我40岁。很多年大家不再谈论的“我有一个梦想”这句话，在这一年我听到太多的美国人在讲……

资料来源：白岩松.我的故事以及背后的中国梦——白岩松在耶鲁大学的演讲［J］.领导文萃，2014（23）

从白岩松的这篇演讲中，我们可以清晰地看到其中的时间逻辑。他在演讲的开始，除了如第三章所提到的激发兴趣和提出主题外，就直接向听众抛出了非常明显的时间逻辑线“我要讲五个年份”。这一点非常值得我们学习。由于主题和内容的需要，这里如果只讲三点可能有点儿单薄，所以白岩松选择了非常重要并且有意义的五点。如前所述，五点对于听众来说肯定比三点难以记忆，如果让听众自己听到后面才突然意识到你演讲的逻辑线是什么，就会有一个风险，那就是听众已经不太记得前面的内容了。而且，如果听众在开始听演讲的时候，没有在大脑中建立起来这个逻辑或者结构，他们很可能会因失去兴趣而选择中途离开，根本没有机会等到后来去“顿悟”。所以最好的办法，是像白岩松一样，在演讲一开始就直接告诉观众所演讲的逻辑是什么，你将会讲几点，这样让观众带着疑问等着你一步一步介绍下面的内容。

值得一提的是，演讲中分论点之间的时间逻辑，一般都是按照时间发生的先后顺序排列的，这既符合事物发展的规律，也便于听众的理解和记忆。例如，白岩松在演讲中讲述的五个年份也是从最早的1968年，到1978年、1988年、1998年，最后到2008年。只有在特殊情况下，我们可以使用倒叙甚至是跳跃式的方法来组织演讲内容，因为那样不利于听众接收你演讲中的信息。

除了白岩松所使用的时间逻辑外，我们在演讲和沟通中经常使用的时间逻辑还包括：

（1）过去，现在，未来。

（2）早，中，晚。

（3）古代，近代，现代。

（4）当前目标，短期目标，长期目标。

（5）起因，经过，结果。

（6）儿时，求学，创业。

（7）第一步，第二步，第三步。

按时间顺序展开的成功演讲不胜枚举，有时可以用它来组织整个演讲的分论点，有时也可以用在某一部分的论述上。史蒂夫·乔布斯在苹果手机发布会上的经典演讲中也使用了时间逻辑，即采用了“1984年革命性的Macintosh→2001年革命性的iPod→今天三款革命性产品（实际是一个三合一的革命性产品iphone）”这样的顺序。

总之，时间逻辑是最符合事情发展的自然规律，最容易识别、理解和记忆的逻辑，也是演讲中使用最普遍的逻辑。如果你不知道如何展开你的演讲主题，不妨从时间逻辑的角度试一试。

二、列举

当三个分论点之间是平等、并列的关系时，就可以采用列举的方法。

列举通常应用于阐述或者说明相互独立的几个部分。下面这些词语之间都是并列的关系：圣父、圣子、圣灵，贪、嗔、痴，戒、定、慧，爱别离、怨长久、求不得、放不下，手、眼、身、法、步，物质、精神。

例如，前文提到的表达的三要素（思想、结构和修辞），企业战略的3C模型（公司自身Corporation、公司顾客Customer和竞争对手Competition），企业人才战略的3B模型（Build培养、Borrow外包，Buy招聘）等，三个要素之间都是并列的关系。

列举在演讲中也是使用十分普遍的一种方法。例如，前文提到的钱颖一教授在使用三个分论点（三个元素）来说明“创造性从哪里来”这个话题时就使用了列举的方法，三个元素之间是并列的关系。同样，李彦宏也使用了列举的方法阐述“命运不过是人生的方向盘，掌握在每个人自己的手中”这一主题，他的三个分论点“眼界与命运、性格与命运和梦想与命运”之间就是并列关系。

用列举的方法来展开演讲，通常有以下3种情况。

（一）地点

这非常好理解，就是按照地理标识来展开你的分论点，如以下3种情况：

（1）你在介绍公司业务的时候可能会说北京分公司业务如何、上海分公司业务如何、广州分公司业务如何。

（2）你在介绍产品作用的时候可以说家庭如何使用、学校如何使用、公司如何使用。

（3）你在介绍中国传统民俗风情时可能会说中国东北风俗是什么、华北风俗是什么、江浙一带风俗是什么等。

以地点转换的方式进行写作在说明文中经常使用，如描写风景或者建筑物，可以用移步换景的写法，从大门写到正殿等。

（二）方面或角度

我们在说明或论述某些问题的时候，经常需要不断变换视角或者从几个方面去描述一个事物，如对色彩可以从色调（色相）、饱和度（纯度）和明度来描述，对公司的业务可以从产品、运营和市场等方面介绍，谈到一个领导者的领导力表现，我们可能会做360度调查，了解上级、平级和下属对他的评价。

（三）要素或部分

除了从不同角度去观察、阐释和论述事物，我们也经常把事物剖开，论述其组成部分，习惯上称其为要素。例如，廖仲恺在《中国人民和领袖在新国家建设上之关系》中写道："构成近世国家最要紧的要素，就是人民、领土、主权三件物事，这是近来国家学者的通说。"小说的创作需要有三个要素：人物形象、故事情节、典型环境（自然环境和社会环境）。一个网站一般由域名、空间、网站内容组成。马克思主义主要包括马克思主义哲学、马克思主义政治经济学和科学社会主义三个组成部分。

有时分论点之间也会有一定的内在逻辑关系，如钱颖一教授对于好奇心、创造力和批判性思维能力的分析，但这不是硬性要求，因此列举在演讲中得到了非常普遍的应用。一般来说，采用列举的方法展开演讲，在开始的时候都会明确告知听众，如“我今天要谈三个问题”，然后在接下来提到每个分论点时设置清晰的“路标”，如“第一、第二、第三”。下面我们来通过尼尔·帕斯理查的演讲《美妙生活的三个秘诀（节选）》来体会一下列举的运用。

过去的几年里，我没有太多时间实实在在地去思考。而最近，我有机会坐下来问我自己：在过去几年里究竟是什么帮助我经营我的网站，并让自己更成熟？我总结了其中的原因，对于我个人而言，那就是这三个A。它们是态度（attitude），知觉（awareness）和本真（authenticity）。我想简短地逐个介绍一下。

第一个A是态度（attitude）：我们每个人总有不顺利的时候，也都栽过跟头，没有人能预测未来，但是有一件事是肯定的，那就是“天有不测风云”。我们都快乐过，精彩过，得意过，在毕业典礼上灿烂一笑，在婚礼上父女共舞的时刻，以及健康的宝贝婴儿在产房里大声啼哭。然而，在这些快乐的时刻之间，难免穿插着一些令人不快的插曲。这些事情很伤感，令人不愿启齿，但是，你的丈夫可能会离你而去，你的女友可能会背叛你，你的头疼可能比想象中严重，你的狗可能会在大街上被车撞死。这些想法很扫兴，你的孩子有可能会加入帮派，或者做坏事。你的母亲可能会患上癌症，你的父亲可能很暴力。在你的生活中总有那么几次，你会觉得自己陷入了绝境，万念俱灰，心如刀绞。当那噩耗给你当头一棒，痛苦蔓延全身，我真心希望你能意识到你有两种选择。一是，你可以破罐子破摔，自怨自艾，永远消沉下去；二是，你可以伤心，然后重新振作起来，直面未来。保持正确的态度就要选择第二项，不管这个选择多么困难，不管你心里承受了多少痛苦，你都要选择向前看，继续生活，一小步一小步地向未来迈进。

第二个A是知觉（awareness）。我喜欢和3岁的孩子玩。我很欣赏他们眼中的世界，在他们眼中的是一片崭新的世界。我喜欢他们看着一只小虫爬上人行道时专注的表情。我喜欢他们第一次看棒球比赛时如痴如醉盯着球场的神态，眼睛睁得大大的，手上还带着个棒球手套，在棒球的击打声，花生的嘎嘣作响，以及热狗的香味中，自得其乐。我喜欢看他们在后院里采蒲公英，一采就是几个小时，然后把蒲公英做成感恩节晚餐餐桌上的中心装饰。我欣赏他们眼中的世界，因为在他们眼里，世界是崭新的。拥有知觉，就是拥抱内心中3岁的你。因为你们都曾是3岁的孩子。那个3岁的小男孩，依然在你心里。那个3岁的小女孩，依然在你心里。他们在你的心里。去感知，记住你眼中的世界也曾是崭新的。你也曾经第一次下班后，走运碰到一路绿灯。你也曾经第一次经过敞开门的面包店，闻到里面飘出来的香味儿，你也曾经从旧外套口袋里掏出一张20元纸币，说："有钱啦。"

最后一个A是本真（authenticity）。对于本真，我有一个小故事跟大家讲。故事要追溯到1932年，在佐治亚州的一片花生田上，一个名叫罗斯福·格里尔的男孩降生了。罗斯福·格里尔，人称罗西·格里尔，长大成人后成了身高一米九六、体重136公斤的美国橄榄球联盟中后卫。这张照片上的76号就是他。他们四人就是著名的"所向披靡的四猛将"。他们在20世纪60年代效力于洛杉矶公羊队，这支球队令人闻风丧胆。这些彪悍的球员热衷于在球场上撞击对手的脑袋，让对手肩膀脱臼。然而这样的罗西·格里尔却有着另一个嗜好，在他的内心深处，他热爱刺绣，热爱针织。刺绣能让他冷静，放松，让他忘记坐飞机时的恐惧，还能帮他泡妞，这可是他说的。他太喜欢刺绣了，从联盟退役以后，他开始参加针织俱乐部，还出了一本书，书名叫作"罗西·格里尔男式刺绣"。这封面非常棒。仔细看，你就会发现，他绣的是自己的脸。

我很喜欢这个故事，因为罗西·格里尔是个敢于流露真性情的人，这就是本真的意义所在：心安理得地做最真实的自己。我想，当你真实地做自己，你就会顺着自己的心意，不论在什么场合，与谁对话，你都会享受其中的滋味。你会遇见跟自己合得来的人，你会去到自己做梦都想去的地方，你顺着自己的心意，最后感觉非常满足。这就是三个A。

资料来源：豆瓣网（www.douban.com）

从这篇演讲节选中，我们可以非常清晰地看到其中的结构。首先，帕斯理查一开始就交代了他要介绍三点内容："我总结了其中的原因，对于我个人而言，那就是这三个A。它们是态度（attitude），知觉（awareness）和本真（authenticity）。"之后，他在每部分内容之前再次提醒听众这是第几个A，从而让听众在听这篇演讲的时候，大脑中一直有着非常清晰的结构。

如前文提到，钱颖一教授在演讲中也使用了列举结构，并且钱教授和帕斯理查一样，在演讲的开始就明确地告诉听众："创造性从哪里来？我认为有三个基本元素，那就是好奇心、想象力和批判性思维能力。"然后在谈到每个元素的时候，又分别给出了明确的路标："第一是好奇心""第二是想象力""第三是'批判性思维'能力"。

综上所述，列举适用于分论点之间是并列关系的情况，包括地理位置上的并列，构成整体的组成部分之间的并列，以及分析问题的角度方面的并列。列举在商务演讲中应用更为普遍，如我们经常会说，有三个目标、三个收获、三个方法、三个维度、三个关键因素等。具体使用的时候，应注意一定要在演讲开始时就说明你要从哪几点进行说明，然后在介绍到具体每一点的时候给出详细路标。如果可以像帕斯理查那样，为这些分论点找到一个共同点，比如3A之类的，那就更好了，因为这样更加便于听众记忆。

三、层进

层进式展开要求各分论点层层递进，逐层加深，逐步展开。前面提到的列举式展开中，由于各分论点之间是并列的关系，所以各分论点之间的顺序有时候可以调整，没有严格的既定顺序。与列举不同，在层进式展开中，各分论点之间是有严密的逻辑顺序的，只能按一个既定顺序展开，不能随意改动。

层进在这里有两层意思，一是可以理解为纵向维度的层进，就是在程度上的逐步加深，在意思上的逐步深入，我们称之为递进；二是可以理解为横向维度的层进，就是几个层次之间具有横向因果关系，是依次推进逐步产生的，如由A产生B，由B产生C，我们称之为因果，如图4–6所示。

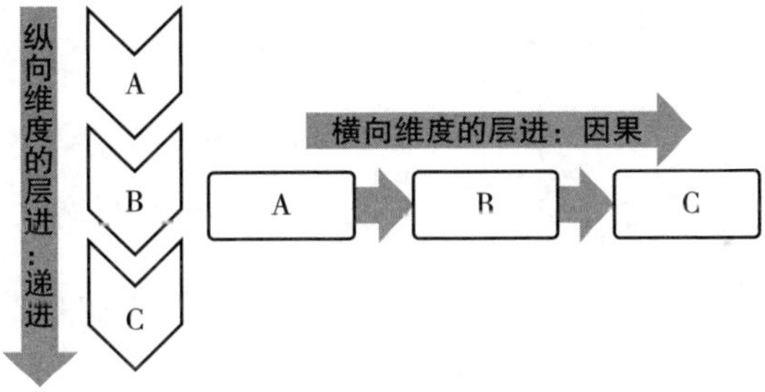

图4–6　层进的两个维度

（一）纵向维度的层进

递进表示意思更进一层，或者程度更深一层。

递进关系常见于句子的结构中，通过相应的关联词语来表示。表示递进关系的常用关联词有：

（1）单用的，如不但、不仅、不光、而且、并且、并、甚至、更、以至、何况、况且、尤其、还、甚至于等。

（2）配对使用的，如不但（不仅、不光）……而且（并且、还、也、甚至）……，尚且（况且）……何况……

下面这些句子中就包含了递进关系。

（1）纸上得来终觉浅，绝知此事要躬行。

（2）君子博学而日参省乎己。

（3）“中国梦”不仅属于中国，更属于世界。

（4）钱学森不但没有低头，而且更加坚定了回国的决心。

（5）在我的国土上，不仅有雷电轰不倒的长白雪山、黄山劲松，还有那风雨不灭的井冈传统、延安精神。

文章中的递进关系也很普遍，我们通过下面这篇《邹忌讽齐王纳谏》来分析一下邹忌是如何用递进式展开向齐王进谏的。

邹忌修八尺有余，而形貌昳丽。朝服衣冠，窥镜，谓其妻曰：“我孰与城北徐公美？”其妻曰：“君美甚，徐公何能及君也？”城北徐公，齐国之美丽者也。忌不自信，而复问其妾曰：“吾孰与徐公美？”妾曰：“徐公何能及君也？”旦日，客从外来，与坐谈，问之客曰：“吾与徐公孰美？”客曰：“徐公不若君之美也。”明日徐公来，孰视之，自以为不如；窥镜而自视，又弗如远甚。暮寝而思之，曰：“吾妻之美我者，私我也；妾之美我者，畏我也；客之美我者，欲有求于我也。”

于是入朝见威王，曰：“臣诚知不如徐公美。臣之妻私臣，臣之妾畏臣，臣之客欲有求于臣，皆以美于徐公。今齐地方千里，百二十城，宫妇左右莫不私王，朝廷之臣莫不畏王，四境之内莫不有求于王：由此观之，王之蔽甚矣。”

王曰：“善。”乃下令：“群臣吏民，能面刺寡人之过者，受上赏；上书谏寡人者，受中赏；能谤讥于市朝，闻寡人之耳者，受下赏。”令初下，群臣进谏，门庭若市；数月之后，时时而间进；期年之后，虽欲言，无可进者。

燕、赵、韩、魏闻之，皆朝于齐。此所谓战胜于朝廷。

邹忌向齐王进谏的三个分论点分别为"臣之妻私臣""臣之妾畏臣""臣之客欲有求于臣"，这三个分论点中的"私""畏"和"有求"就是层层递进的关系。

演讲中的递进逻辑也非常普遍，有时它是演讲者展开整个演讲的框架逻辑，有时它被用于对演讲内容中的某一部分进行展开。2012年，诺贝尔文学奖得主莫言在瑞典学院发表领奖演讲。莫言的演讲主题是"讲故事的人"。在这份获奖感言中，莫言追忆了自己的母亲，回顾了文学创作之路，并与听众分享了3个意味深长的"故事"。以下为演讲的节选，莫言运用递进式结构，通过阐述自己讲故事的方式和程度的变化，回顾了自己的文学创作之路。

……为了报答母亲的恩情，也为了向她炫耀我的记忆力，我会把白天听到的故事，绘声绘色地讲给她听。

很快，我就不满足复述说书人讲的故事了，我在复述的过程中，不断地添油加醋。我会投我母亲所好，编造一些情节，有时候甚至改变故事的结局。我的听众，也不仅仅是我的母亲，连我的姐姐，我的婶婶，我的奶奶，都成为我的听众。我母亲在听完我的故事后，有时会忧心忡忡地，像是对我说，又像是自言自语："儿啊，你长大后会成为一个什么人呢？难道要靠耍贫嘴吃饭吗？"

…………

辍学之后，我混迹于成人之中，开始了"用耳朵阅读"的漫长生涯。二百多年前，我的故乡曾出了一个讲故事的伟大天才蒲松龄，我们村里的许多人，包括我，都是他的传人……

在军营的枯燥生活中，我迎来了八十年代的思想解放和文学热潮，我从一个用耳朵聆听故事，用嘴巴讲述故事的孩子，开始尝试用笔来讲述故事。起初的道路并不平坦，我那时并没有意识到我二十多年的农村生活经验是文学的富矿。

资料来源：莫言.盛典——诺奖之行［M］.武汉：长江文艺出版社，2013

递进式展开在演讲中的另一种应用，可以从热播的综艺节目《超级演说家》选手陈铭的演讲中窥得一斑。

今天要跟大家分享的是一个关于女人和辩论的故事，名字叫作“女人永远是最佳辩手”。我在辩论的赛场上拿过世界冠军，拿过全程最佳辩手，也算得上是小有收获。但是，说实话，有一件事情真的非常丢人，但是在这里我必须向在座所有人坦白，就是在生活的辩场上，有那么一个人，我是从来都没有赢过，那个人就是我的老婆。不知道在座各位会怎么想，但是我本人是发自内心地赞同一句话“女人永远是最佳辩手”。

凡事总有原因，为什么呢？后来我开始琢磨琢磨琢磨，我找到了第一层原因，男人总是输，那是因为男人总是讲道理。我有一个饱经沧桑和血泪的小小忠告，告诉在座所有的男士，就是当你面对女人的时候，你永远、永远不要试图讲道理，因为她们会坚信你解释就是掩饰，掩饰就是欺骗的开始。

…………

这是我总结的第一层原因，然后我往下深入地踏了一步，完了，我发现了事情的真相，女人永远是最佳辩手，就是因为女人根本就不是辩手啊，亲们，她们是评委呀，她们是在你们感情生活中判断对错输赢，选择最佳辩手的评委和导师呀。对不对，李咏老师，是不是？很多时候如果你跟老婆发生了争执，万籁俱静的夜晚，你看向身边的爱人的时候，有没有一种看着导师甚至是看着导演的这种感觉，对不对？当然对于我本人来讲，我是个辩手，作为一个辩手，大家想一想，还有比发现你的对方辩友其实是评委更深的悲哀吗？就在这一份浓的不能再浓的悲哀当中，突然有一个全新的观点，让我一下是灵台透亮，豁然开朗。

大家想一想，作为一个男人，咱们输，咱们输掉了一生的比赛，可是咱们赢，赢得了什么呢？那是一颗可爱的、俏皮的甚至有一点点蛮横的，但是从不遮掩、从不伪装的少女的心啊。这个世界上，还有什么比一颗愿意陪伴你到终老的、真诚的少女的心更宝贵的东西呢？所以人生的辩场上，女人永远是最佳辩手，男人总是输，女人总是赢，那只是因为——爱！

资料来源：大学生演讲网（www.wysls.com）

陈铭的这篇演讲，在整体上就是以递进式展开的，并且陈铭也在演讲过程中，通过语言强化了这一点，如“第一层原因”“然后我往下深入了一步”“突然有一个全新的观点，让我一下是灵台透亮，豁然开朗”。

最后，让我们通过柴静在首都女记协演讲大赛上获得特等奖的演讲《认识的人，了解的事》，进一步了解递进式展开的应用。

十年前，在从拉萨飞回北京的飞机上，我的身边坐了一个50多岁的女人。她是30年前去援藏的，这是她第一次因为治病要离开西藏。下了飞机下很大的雨，我把她送到了北京的一个旅店里头，过了一个星期我去看她，她说她的病已经确诊了，是胃癌晚期。然后她指了一下她的床头有个箱子，她说如果我回不去的话你帮我保存这个。这是她30年当中走遍西藏各地，跟各种人，官员、汉人、喇嘛、三陪女交谈的记录。她没有任何职业身份，也知道这些东西不能发表，她只是说，一百年之后，如果有人看到的话，会知道今天的西藏发生了什么。这个人姓熊，拉萨一中的女教师。

五年前，我采访了一个人。这个人在火车上买了一瓶1.5元的水，然后他问列车员要发票。列车员乐了，说我们火车上自古就没有发票。然后这个人把铁道部告上了法庭。他说，人们在强大的力量面前总是选择服从。但是，如果今天我们放弃了1.5元钱的发票，明天我们就有可能被迫放弃我们的土地权、财产权和生命的安全。权利如果不用来争取的话，权利就只是一张纸。他后来赢了这场官司，我以为他会跟铁道部结下“梁子”，结果他上了火车之后，在餐车要了一份饭，列车长亲自把这个饭菜端到他面前说：“您是现在要发票呢，还是吃完了之后我再给您送过来？”我问他：“你靠什么赢得尊重？”他说：“我靠为我的权利所做的斗争。”这个人叫郝劲松，34岁的律师。

去年我认识一个人，我们在一起吃饭，这个近60岁的男人说起来丰台区的一所民工小学被拆迁的事。他说所有的孩子靠在墙上哭，说到这儿的时候他也动感情了，然后他从裤兜里掏出一块皱皱巴巴的蓝布手绢儿擦擦眼睛。这个人18岁的时候当大队的出纳，后来当教授，当官员，他说他做所有这些事的目的只是想为农民做一点事。他在我的采访中说道，征地问题给农民的不是价格，只是补偿，这个分配机制极不合理。这个问题的根源不仅出在土地管理法，还出在1982年的宪法修正案。在审这个节目的时候，我的领导说了一句话，这个人就算说得再尖锐，我们也能播。我说，为什么？他说因为他特别真诚。这个人叫陈锡文，中央财经领导小组办公室副主任。

七年前，我问过一个老人。我说你的一生也经历过很多挫折，你靠什么来保持你年轻时的情怀。他跟我讲有一年他去河北视察，没有走当地安排的路线，然后在路边发现了一个老农民，旁边放着一副棺材，他就下车去看。那个老农民说，因为太穷了没钱治病，就把自己的棺材板拿出来卖。这个老人就给了他500块钱，让他回家。他说：“我讲这个故事给你听是要告诉你，中国大地上的事情是无穷无尽的，不要在乎一时的得失，要执着。”这个人叫温家宝，中华人民共和国总理。

一个国家是由一个个具体的人构成的，它由这些人创造并且决定，只有一个国家能够拥有那些寻求真理的人，能够独立思考的人，能够记录真实的人，能够不计利害为这片土地付出的人，能够去捍卫自己宪法权利的人，能够知道世界并不完美，但是仍不言乏力、不言放弃的人，只有一个国家拥有这样的头脑和灵魂，我们才能说，我们为祖国骄傲。只有一个国家珍重这样的头脑和灵魂，我们才能说，我们有信心让明天更好！

资料来源：柴静.认识的人，了解的事［J］.文苑：经典美文，2011（11）

乍看柴静的这篇《认识的人，了解的事儿》，我们通过她给出的时间路标"十年前""五年前""去年"，可能会觉得这是一个按时间逻辑展开的演讲，但是到第四段，柴静话锋一转到了"七年前"，细读之后发现，柴静这样安排并不是随意的，而是有更深一层的逻辑含意，从每一段最后一句话中就可以看见端倪。柴静安排这4个故事、这4位主人公的出场顺序是按照递进的顺序展开的，是从"女教师""律师"到"官员""总理"这样层层递进的。

（二）横向维度的层进

层进在横向维度的展开，我们称之为因果展开，顾名思义就是几个分论点之间存在某种因果关系，可以简单理解为由A产生B，由B产生C。在因果展开中，分论点之间存在一定的依赖关系，后面的论点在前面一个论点的基础上发展而来；而递进的分论点之间互不依赖，只是后面的分论点与前面的分论点相比，程度上逐步加深，是进一步说明或强调。我们通过两个文言文中的短句来说明一下：

（1）君子博学而日参省乎己。

（2）扣而聆之。

这两个句子中都有连词"而"，但是"而"在这两句话中所表达的逻辑关系并不相同。例句（1）的意思是说"君子广泛地学习，并且经常把学到的东西拿来检查自己的言行"，这里的"而"是指而且，后者较之前者是程度的加深，所以它属于递进结构。例句（2）的意思很简单，就是"敲击它，而后听它发出的声音”，这里的“而”是指而后，后者是前者发生之后所产生的结果，所以它属于因果结构。

下面的句子结构都属于因果结构：

（1）不一则不专，不专则不能。

（2）湖水滋润着湖边的青草，青草喂肥了羊群，羊奶哺育着少女的后代子孙。

（3）不努力读书就考不上好大学，考不上好大学就找不到好工作，找不到好工作就娶不到好媳妇。

这三个句子中的因果关系，如图4–7所示。

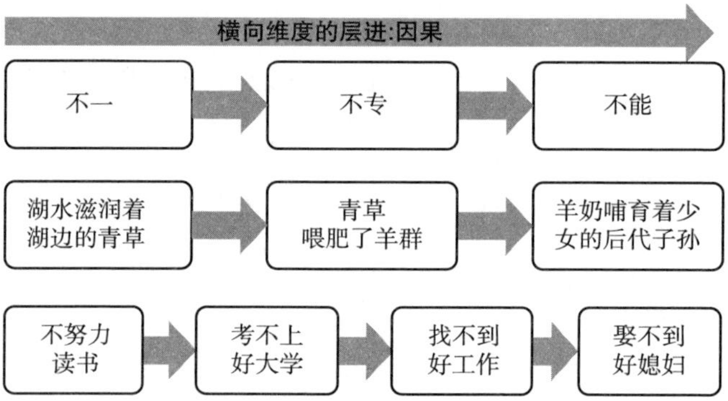

图4–7　三个句子中的因果关系

从上面的例子中不难看出，因果关系有时就是一系列连锁反应，由一件事引发一系列事情并最终导致一个意义深远或影响巨大的结果。例如，莫言在第二届“东亚文学论坛”上的发言中就谈到这样的一系列连锁反应：“在普希金的《渔夫和金鱼的故事》中，渔夫的老婆起初的欲望只是想要一只新木盆，但得到了新木盆后，她马上就要木房子，有了木房子，她要当贵妇人，当了贵妇人，她又要当女皇，当上了女皇，她又要当海上的女霸王，让那条能满足她欲望的金鱼做她的奴仆，这就越过了界限，如同吹肥皂泡，吹得过大，必然爆破。”①

在这里，我们还需要将因果结构与前面谈到的时间结构予以区分，虽然两者都是按事情发生的先后顺序逐一展开的，但是两者存在本质的区别。

通过图4–8可以清楚地看到，在时间结构中，虽然分论点也是按事情发生的先后顺序逐步展开的，但是每个分论点之间不一定存在必然的因果联系，即如果分论点A不发生，分论点B和分论点C仍然可能发生并且成立。例如，在史蒂夫·乔布斯的演讲中，“1984年革命性的Macintosh”如果没有被研发出来，并不一定影响“ 2001年革命性的iPod”和“今天三款革命性产品”的推出和上市。所以时间逻辑只是单纯强调几个分论点在时间上的先后顺序关系，并不强调其相互之间的必然联系，这里的时间路标更大程度上是为了让读者或者听众更容易识别、理解和记忆而加上去的。然而因果逻辑更强调分论点之间的必然联系，如A导致B，B导致C，当然这种因果关系注定三个分论点之间也存在时间先后的顺序，但这不是因果结构想突出的重点。正如上面所举的例子一样，读书、上大学、找工作、娶媳妇之间虽然有时间上的先后顺序，但是作者显然是在强调这一系列事情的必然联系。

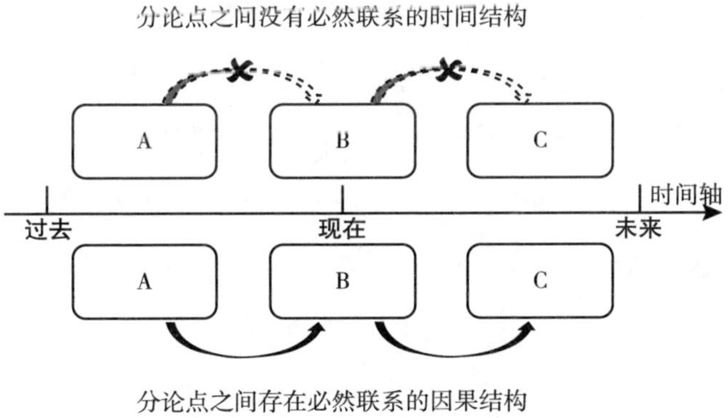

图4–8　因果结构与时间结构的区别

① 莫言.悠着点，慢着点——在第二届“东亚文学论坛”上的发言［J］.中国青年，2011（4）.

因果结构在写作与演讲中的运用经常以一种形式呈现，那就是我们所熟知的“现象—原因—解决方案”。“现象—原因—解决方案”的论述结构应用非常广泛，尤其是在问题解决、建议号召、推进行动等情况下。这主要是因为因果结构既符合听众或者读者思考的习惯（当我们遇到问题时就想知道其原因，之后才有可能接受相应的解决方案），也符合演讲者或者作者层层推进、逐步透过现象看本质的表达习惯，同时由于其最终落实在解决方案上，更容易促进读者或听众的反思和行动。

因果结构是现行通用公文写作中运用量居于首位的结构形式，无论是指挥性公文、知照性公文，还是请求性公文，其最主要的内容组合模式都是因果式结构，有的甚至是唯一的结构形式，如行政令、指示、布置工作的决定事项（通知）、请示、公函等。在公文写作中，因果结构可以简要表示为：缘由+事项+要求。

如《国务院关于在我国统一实行法定计量单位的命令》，第一段陈述了三条缘由：一是1959年以来，全国推广米制取得了显著成绩；二是“为贯彻对外开放，对内搞活经济的方针”，三是“国家计量局制定的有关法规意见，已经国务院通过”。接着用四小段提出命令事项：一是“我国的计量单位一律采用法定计量单位”；二是现行的计量单位至1990年年底完成向法定计量单位过渡；三是要周密计划，保证完成；四是由国家计量局负责贯彻执行。最后一小段写明执行要求：“本命令自公布之日起生效。过去的有关规定，与本命令有抵触的，以本命令为准。”这是典型的三层因果式结构。《中共中央办公厅、国务院办公厅关于解决当前机关作风中几个严重问题的通知》也是此种结构形式：开头三小段陈述三条缘由，接着用六小段说明事项，最后一小段写明执行要求。又如农业部《关于加强群众渔港建设的报告》，教育部《关于妥善处理高等学校学生退学后有关问题的请示》都是三层因果式结构。

资料来源：百度经验（www.jingyan.baidu.com）

因果结构在写议论文的时候也经常用到，我们分析一下下面这篇文章《谈坚持》是怎样使用因果结构的。

人们都希望驻足金碧辉煌的“罗马宫城”，到达魂牵梦萦的“象牙之塔”，实现自己长久的梦想，这就需要不懈的努力，因为坚持就是胜利。

坚持是对极限的挑战，是对心血和汗水的慷慨挥洒，是对理想的执着，是不到长城不止步的豪迈。刘翔在汗水里争渡，在“苦海”里泛舟，最终登上奥运会冠军的宝座，是坚持；阿姆斯特朗战胜癌症，连续七次获得环法自行车冠军，这种奇迹的产生也是源于坚持。没有坚持，刘翔就无法登上冠军的宝座；没有坚持，阿姆斯特朗就无法战胜癌症。

绳锯木断，水滴石穿，成功往往就诞生在再坚持一下的努力之中。爱迪生的风骨令人折服，他发明蓄电池历时十年，进行了五万次实验，才取得了成功。这就是坚持的力量。有幅漫画，画中那位老兄挖了四口井没有见到水便扬长而去。其实有的井距水层只有一锹之遥，如果再坚持一下，胜利便属于他了，然而他放弃了，于是与成功失之交臂。丢弃恒久长远的坚持，捡起浅尝辄止的遗憾，当然摘不到金灿灿的苹果了。

坚持需要七擒孟获的韧性，需要六出祁山的不坠之志，需要耐得住寂寞的孤独，更需要知其不可为而为的大智大勇。张海迪从小便患了脊柱瘤，胸椎以下的肢体永远失去了知觉，然而她却以惊人的毅力自学了英语、日语和德语，甚至翻译创作了几十万字的小说：这就是坚持。坚持使她只有三分之一的躯体放射出灿烂的光彩，坚持使她终于托起了一轮不落的人生太阳。当然，坚持不是固守，更不是画地为牢。试想，如果蔡伦在造纸的多次失败之后，仍坚持原来的做法，而不是大胆改进原料，那么我们引以为自豪的“四大发明”恐怕就要改写成“三大发明”。鲁迅若不是认清形势，弃医从文，中国现代史上恐怕就要多一个平凡的医生，而少一个文豪。那种只知在陈迹斑斑的老路上挥汗如雨，不撞南墙不回头的人，是莽夫，是懦夫，其结果势必南辕北辙，头破血流。远方的诱惑是我们之所以忙碌，之所以奋斗，之所以拼搏之所在。当我们遇到困难，遭受挫折的时候，当我们汗流浃背，精疲力竭的时候，我们应该在心中默念一声：再坚持一下。

资料来源：出国留学网（www.liuxue86.com）

快速浏览这篇文章，不难发现，文章在提出主题“坚持就是胜利”之后，从坚持是什么、为什么要坚持，以及如何坚持（怎么做）三个层次，采用因果结构进行了论证。“是什么—为什么—怎么办”就是我们通常所说的“现象—原因—解决方案”的一种通俗说法。

演讲中的因果结构也十分普遍，如2015年年初引起轰动的柴静自筹资金拍摄的反映雾霾问题的纪录片《穹顶之下》，其主体结构就是因果结构。柴静在讲完自己的故事之后，就抛出了这个103分钟演讲的结构框架：“这一年当中我做的所有的事情，就是为了回答将来她会问我的问题：雾霾是什么？它从哪儿来？我们怎么办？”“是什么—从哪儿来—怎么办”，就是典型的“现象—原因—解决方案”式的论述。

下面这篇《做自己尊重的人》是北京大学生命科学学院教授饶毅在北京大学2015年毕业典礼上作为教师代表进行的致辞。4分钟的演讲，饶教授赢得全场9次掌声，其演讲之成功不言而喻。特别值得一提的是，饶教授演讲的成功绝不是靠“走秀”式的花哨的演讲技巧，他甚至全程没有使用任何手势辅助演讲，饶教授演讲成功的关键在于其演讲的逻辑。

在祝福裹着告诫呼啸而来的毕业季，请原谅我不敢祝愿每一位毕业生都成功，都幸福；因为历史不幸地记载着有人成功的代价是丧失良知，幸福的代价是损害他人。

从物理学来说，无机的原子逆热力学第二定律出现生物是奇迹；从生物学来说，按进化规律产生遗传信息指导组装人类是奇迹。超越化学反应结果的每一位毕业生都是值得珍惜的奇迹，超越动物欲望总和的每一位毕业生都应做自己尊重的人。

过去、现在、将来，能够完全知道个人行为和思想的只有自己；世界很多文化借助宗教信仰来指导人们生活的信念和世俗行为；而对于无神论者——也就是中国大多数人——来说，自我尊重是重要的正道。在你们加入社会后看到各种离奇现象，知道自己更多弱点和缺陷，可能还遇到大灾小难后，如何在诱惑和艰难中保持人性的尊严、赢得自己的尊重并非易事，但却很值得。

这不是自恋、自大、自负、自夸、自欺、自闭、自缚、自怜，而是自信、自豪、自量、自知、自省、自赎、自勉、自强。

自尊支撑自由的精神、自主的工作、自在的生活。

我祝愿：退休之日，你觉得职业中的自己值得尊重；迟暮之年，你感到生活中的自己值得尊重。

不要问我如何做到，50年后返校时告诉母校你如何做到：在你所含全部原子再度按热力学第二定律回归自然之前，它们既经历过物性的神奇，也产生过人性的可爱。

资料来源：北京大学官方网站（www.pku.org.cn）

从饶教授的演讲中，我们得到了这样简单而且清晰的逻辑线索，那就是“为什么要自尊”“什么是自尊”和“如何做到”。“为什么—是什么—怎么做”

也是因果式层进的一个很普遍的应用。

四、变焦

这里借用摄影技术中众所周知的术语“变焦”来描述分论点之间的展开关系和顺序。回想一下拍摄照片时的情景，我们可以这样操控手中的镜头：一是将镜头拉近，镜头中看到的画面范围不断缩小，但是所聚焦的那一点却会更加清晰；二是将镜头推远，这样镜头中的画面就会不断变大，我们就可以看到更广阔的范围。因此，变焦可以用来描述分论点在外延上不断扩大或缩小的一种展开关系。

所谓外延的改变或者视野的改变，通常指程度上的显著变化，或者说可以带来质变的量的变化。这种变化能够为我们思考问题提供不一样的视角和方法，从而导致最终思考结果的变化。

在此，需要区分变焦和前面提到的递进的差别。递进指三个分论点之间在程度上逐步加深，而变焦指三个分论点之间在范围或外延上不断扩大。简单来说，在变焦式展开中，三个分论点在概念上存在相互包含关系，如家、国、天下，公司、部门、个人等；但在递进式展开中，三个分论点在概念上不必存在这种包含关系。

根据所呈现的视野范围的变化，具体可以分为由大到小（拉近镜头）和由小到大（推远镜头）两种变焦式展开，如图4–9所示。

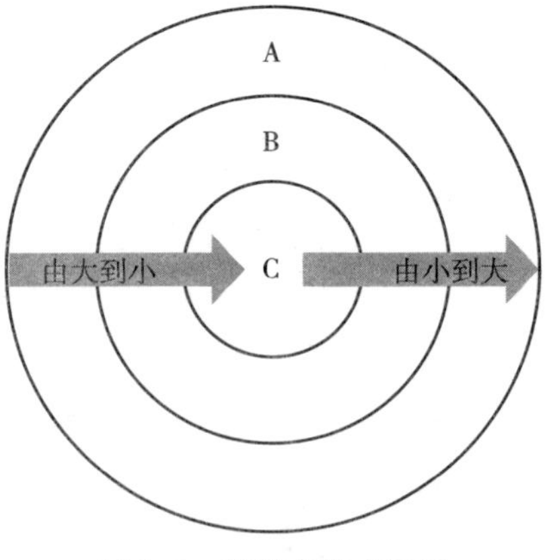

图4–9　两种变焦式展开

（一）由大到小

在此种情况下，各个分论点呈现给观众或听众的视野范围由大到小，最后聚焦到某一个点上。例如，在介绍公司的战略重点时，可以先从全球经济发展趋势开始，然后介绍这些发展趋势所带来的行业发展变化，最后谈到公司为应对这些变化将采取的措施。这三个分论点“全球经济”“行业发展”“公司战略”就是在外延上由大到小的一种展开方式。

又如，《孙子兵法·谋攻篇》中的“凡用兵之法，全国为上，破国次之；全军为上，破军次之；全旅为上，破旅次之；全卒为上，破卒次之；全伍为上，破伍次之。是故百战百胜，非善之善者也；不战而屈人之兵，善之善者也”，从国、军、旅、卒到伍就是由大到小的变焦式展开。

类似的由大到小的展开还包括：各行各业都受到互联网技术的影响—培训行业也不例外—例如网络微课；整个时尚行业发展趋势—服装业发展趋势—女装发展趋势；公司整体目标—部门目标—团队目标—个人目标；总体来说—某一方面—具体来说；一般说来—其中—举例来说；宏观—中观—微观；关注的范围—可影响的范围—可控制的范围。

由大到小的变焦式展开，论述的重点在于最后所聚焦的部分，所以经常应用于以下场景。

1. 着眼于具体解决方案或行动计划

我在培训课程的最后一部分，经常会带领学员制订行动计划。通常情况下，我会请学员先回顾课堂上所讲到的知识点，让他们将这些知识点串联起来，用自己觉得容易理解的方式进行图形化展示；然后会请大家各自反思这些知识点中那些让他们印象深刻或者眼前一亮的部分；最后我会请学员就具体的1~3个知识点制订他们回到工作岗位上进行实践应用的行动计划。这就是一个从大到小变焦的过程。

从柴静《穹顶之下》的最后一部分“我们该怎么办”当中，也可以看到这样的变焦逻辑。

但是在等待一个国家，建立和完善一个庞大的体系之前，我们究竟能够做什么？世界上再强大的政府，也没有办法独立治理好污染。它要依靠每一个像你我这样的普通人，我们的选择、我们的意志。

2003年报道非典的时候，我得到的最宝贵的经验是，只有信息公开才是一切公众参与的基础。

…………

但是1月1日开始，新环保法已经规定了，只要你从事环境公益活动五年以上，没有违法记录，你就可以承担这个诉讼主体的资格，现在700多家环保组织，它们已经有人在试，提出的标语是“新环保法给力不？小伙伴们正在试”。

像我们这样的普通人，如果你没有时间去参加一家环保组织，那么你还可以做什么？我们跟自然之友合作，做了一个小的动画。

你可以做这些：

如果你在五公里范围内出行，试试公交、骑自行车或拼车，如果开车，发动机空转不超过30秒；

路上看到冒黑烟的柴油车，试试拨打12369电话举报，柴油车的“黑尾巴”含有大量PM2.5，危害公众健康；

如果看到有餐馆直排油烟，试试要求他们安装过滤装置，或在美食网站打差评，看到裸露工地尘土飞扬，试试向城管部门举报，怀疑加油站有油气泄露，试试打电话给12369；

如果你家在烧煤，在能够负担的情况下，试试尽量不烧劣质煤炭，给妈妈更换清洁炉灶，保护家人的健康；

你还可以试试随手拍定位工业污染源，监督举报违法行为，在微博中@当地环保部门。试试关注污染企业名单，不购买它们的产品。大气政策法规的制定和修改时，试试参与公众意见征集，表达你的声音。

一念之间，改变雾霾。

当我以前看到类似的宣传片的时候，我只把它们当作一个口号。我很难想象，我在生活当中会受到感染，会愿意去尝试一下。之前，我路过家门口裸露的工地的时候，我经常就是捂着鼻子就过去了，但现在我知道在北京PM2.5当中至少15%左右是来自扬尘的时候，我决定试一试。

我去了一个扬尘漫天的工地，成功说服了工地领导将裸露的土堆给盖上，前后这个过程不超过5分钟。然后我临走的时候，那个让我找他们大领导的工人对我说："你知道我们领导怕你什么吗？"他指着我手里的手机，他怕你公开。

我们家楼下有个餐馆是做肉饼的，然后每到吃饭的时候，这个家里头和身上都是油烟的问题，以前我不觉得有什么问题，世界上中餐馆不都这样吗？但后来我知道，在北京餐饮带来的PM2.5的污染占到至少6%，而北京的餐饮业占到全国的12%。以前我觉得没有办法，后来等我到伦敦之后，去中餐馆吃饭的时候，我发现他们那儿没有味，为什么？这个老板就把我带进了他们的阁楼，然后看到这么一个东西，这个东西就叫油烟净化器，伦敦政府要求他们强制安装，而且有人定期来检查。我觉得这个是不是高科技啊？后来我回北京一问，不光北京有，而且北京是要求餐馆装的，我就打了12369举报的电话，然后一个星期之后，我们家小区里面运来了我在伦敦看到的东西，安装前后不超过半个小时。我拍的时候，这个餐馆老板就过来了，说："谢谢您这个监督，欢迎您以后多吃我们肉饼。"这一年我们的工作餐吃的全是肉饼。

有的时候我路过楼下加油站的时候，我们楼下就有加油站，我会闻到很强的那个汽油呛人的味道，但我以为全世界加油站都是这样，一直到我在洛杉矶的加油站，我在他们的油枪上看到了这个东西，一种叫油气回收装置的东西，我以为这是什么高科技。但回到北京我才发现，我们早就有了，2008年之后都要求装，只不过有的人根本就不维修，才让它排放出来很多气体。然后，我也给12369打了一个电话。所以他承诺100%会来，真的会来吗？我们不知道，但我们把这句话放在这里，视为一个检验，我们可以记住这几个数字，12369，如果你不打，它就永远只是一个数字。

资料来源：凤凰财经（www.finance.ifeng.com）

从柴静这段演讲中，可以看到这样的由大到小变焦逻辑："国家""环保组织""普通人""我自己"，先从大的问题入手，最后落实到个体行动上。

2. 将泛泛的概念或认知具体化

例如，当想谈一谈"新常态"这个概念时，由于这个概念比较抽象，那么就可以从"全球经济的新常态"谈起，然后介绍"中国经济的新常态"的表现，最后对"本公司发展的新常态"进行具体解释，这样通过从大到小的变焦式展开，就可以将"新常态"这样一个抽象的概念具体化，让听众更容易理解。

3. 反驳以偏概全的说法

例如，客户可能对某公司的产品或者服务有一种普遍的认识误区，那就是觉得它们都比竞争对手的贵。该公司这样反驳："一般来说我公司同等产品的市场价格略高于竞争对手，这会造成我公司产品采购成本高这一假象；实际上，我们应该核算项目的整体成本，如把服务成本和后期使用成本也考虑在内。具体说到这个项目，如果综合考虑三年的厂商服务费用和后期的维护费用（电力、人工、机房租金等），本公司产品方案的总成本比竞争对手至少低15%。"

（二）由小到大

由小到大，就是逐步将镜头推远，各个分论点在范围内由小到大地呈现出来，类似一个逐步打开眼界的过程，让观众或听众可以感受到一幅全景图。

众所周知的“修身、齐家、治国、平天下”，就是典型的由小到大的例子。

类似的由小到大的展开还包括：具体地看—更大维度地看—整体来说；个人—部门—公司—行业；对个人发展影响—对家庭的影响—对社会的影响；一对一沟通—小组/会议发言—公众演讲；北京—中国—世界。

由小到大的变焦式展开，论述的重点在于最后的宏观或整体部分，所以经常用于说明某件事意义重大，或者证明方案非常合理，具有普遍意义。

1. 扩大影响，提炼升华，强调重要性

当强调某个社会问题亟待解决时，如不正确的教育方法应予以纠正，就可以由小到大地展开论述：这一问题不仅影响到一个孩子的成长与发展，而且成为社会普遍现象之后会带来社会整体发展水平滞后等问题，最终会成为影响民族兴衰成败的大问题。

2. 证明方案的合理性

例如，当需要写一份建议在员工福利方案中增加免费健身活动的提案时，就可以从“调研显示，本公司员工对于免费健身福利的需求日益增多”开始，而后介绍“我们的主要竞争对手已经开始提供这样的福利以吸引人才”，最后强调“整个行业中，为员工提供免费健身福利是增加员工满意度的一种重要方法”，这样就通过由小变大的变焦式展开说明了提案是势在必行的。这也是在设计很多商业演讲或者公司内部方案时，需要考虑市场标杆企业水平的原因。

五、折中

折中式展开，就是指分别描述三个分论点：观点一、观点二、介于观点一和观点二之间的折中观点。折中式展开为听众提供“第三种”思路，避免非黑即白的思维，它以黑格尔的“正、反、合”的哲学理论为依据，与中国传统文化中的中庸之道不谋而合。

白岩松在《幸福了吗？》的序言中写道：“如果是简单的坏，或是极端的好，也就罢了，可惜，这是一个人性最复杂的时代。医生一边拿着红包，一边接连做多台手术，最后累倒在手术台上；教师一边体罚着学生，坚决应试教育，另一边多年顾不上家顾不上自己的孩子，一心扑在工作上；官员们，也许有的一边在腐败贪污着，另一边却连周末都没有，正事也干得不错，难怪有时候百姓说：'我不怕你贪，就怕你不干事！'其实，说到我们自己，怕也是如此吧。一半海水一半火焰，一边是坠落一边在升腾，谁，不在挣扎？对，错，如何评价？好，坏，怎样评估？岸，在哪里？"[①]这段文字所描述的就是现代社会中的很多现象都不是非黑即白的，有时人们无法简单地定义它的对错，因为情况远比想象的复杂，所以结果往往都是一种折中，对中有错，错中有对。

在现代企业管理中，很多情况也不是非黑即白的，最终更加有效的方法都是折中的方案。例如，就企业管理决策而言，一些传统企业的"领导一言堂"模式有非常大的弊病，容易造成决策错误，也不能调动员工的积极性，于是参与式管理模式开始盛行。参与式管理就是指在不同程度上让员工和下属参加组织的决策过程及各级管理工作，与企业高层管理者平等地研究和讨论组织中的重大问题，这样他们就可以感到自己被信任，从而因体验出自己的利益与组织发展密切相关而产生强烈的责任感；同时，参与管理为员工提供了一个取得别人重视的机会，从而给人一种成就感。然而，参与式管理虽然与"一言堂"式的粗暴管理相比，有很多好处，但是在具体实行的时候必须根据应用场景加以区分和界定。一些特定的任务、情景和事件，仍然需要采取一人决策的方法，如紧急情况、需要专家决策的技术问题、需要明确责任人的情况等。在一些企业中，由于长期实行参与式管理方式，企业管理人员已经被企业文化和管理流程束缚住了，从而无法自己做决定，或者已经不习惯自己做决定。长此

① 白岩松 . 幸福了吗［M］. 武汉：长江文艺出版社，2010.

以往，这容易导致企业内部流程复杂、效率低下、责任不明确等管理问题。总之，“一人决策”与“参与式管理”在企业管理工作中需要平衡使用，根据具体的管理场景因地因时制宜。

折中式展开为什么要先描述两个对立，甚至是两个极端的观点，再提出折中的方案，而不是直接抛出明显更加合理的方案呢？因为对两个对立观点的描述，让听众“看”到了它们的明显弊端，引起了听众对避免这些弊端的渴求，激发了听众的兴趣，从而可以赢得听众对折中方案的潜在支持。

类似的折中式展开还包括：政府完全管控经济不可取—完全市场化不可取—适当必要的管控；太热—太冷—刚好；从一方面看—反过来看—平心而论；完全没有—全部都是—部分/有些；五星级酒店价格不亲民—小旅馆卫生和住宿体验得不到保障—民宿成为深度旅游者的普遍选择。

折中式展开在实际运用中，通常会有两种推进形式，即激进式和温和式。

（一）激进式

此种形式的表现为，推翻两个极端，只留下中间立场。例如，在建议项目延期时，可以说：如果取消项目，那么项目的前期投入都将付诸东流；如果立即开展项目，由于项目人员不到位，项目失败的风险非常大；因此建议暂时搁置项目，待项目人员到位后再予以启动。

又如，在建议将培训选在租赁的培训中心进行时，可以说：

培训地点选在公司内部的会议室，不仅培训时间会由于会议室资源紧张受到影响，而且会由于有些人员不时需要返回工作岗位而造成培训中断。此外，会议室中的设备不能完全满足培训需要。

培训地点选在公司附近酒店进行，场地成本过高，超出培训预算。

因此，建议培训选在公司附近写字楼出租的培训中心进行，那里资源充足、设施完善、价格合理，非常适合进行培训。

（二）温和式

温和式的折中，并不试图推翻两个极端，而是尽力调和，从在某种程度上对立的两个方面来论述所选方案的合理性。如果你很清楚方案的核心优势在于其可以平衡和满足两个维度的需求，而听众并不清楚，你就可以用温和式折中的方式展开。例如，前面提到的培训地点选择的案例，也可以这样展开：

一方面，培训中心设施完善，非常适合开展培训，而且时间灵活，不容易出现培训中断的情况（性能方面）；

另一方面，培训中心价格合理，培训预算可以接受（价格方面）；

所以，从性能和价格两个角度综合考虑，建议将培训地点选在附近的培训中心。

折中式展开无论在写作、沟通还是演讲中，应用都非常普遍，它可以用来论证观点的合理性，说服听众接受提案，还可以证明观点是采用辩证思维经过充分论证的。

在写作中的一个著名的应用，就是毛泽东的文章《论持久战》。这篇文章在总结抗日战争初期经验的基础上，针对中国国民党内部分人的“中国必亡论”和“中国速胜论”，以及中国共产党内部分人轻视游击战的倾向，系统地阐述了中国实行持久战以获得对日胜利的战略。

如果你还对本章第一节展开的三角形结构有些印象，就不难发现，这一节也是通过折中的逻辑展开的：

（1）1~2个分论点论证不够充分；

（2）分论点过多，听众无法记住；

（3）三角形结构被证明是有效的。

其实本书中还有其他部分运用了折中式展开的方法，有心的读者不妨找一下。

在2012年国内热播的电视剧《甄嬛传》中，雍正身边的大太监苏培盛就通过使用折中的方式，说服雍正前往甘露寺进香祈福，最终成功带雍正前往凌云峰与甄嬛相见。这是一个折中式展开在沟通方面的成功应用。下面是剧中人物的对白，我们分析一下苏培盛是如何进行折中式展开的。

背景：在御花园，眉庄带着胧月玩得正高兴，苏培盛陪着皇帝走来，老远苏培盛就通报："皇上驾到！"眉庄听了带着众人迎驾。

皇帝："起来吧。朕刚去看了皇额娘，她的气色还是不太好，听说你一直照顾着。"

沈眉庄："臣妾孝敬太后是应该的。"

苏培盛："皇上，您瞧这天气多好啊！连惠嫔娘娘都带着小公主出来踏春了。"

皇帝："是啊！再过几日就是二月二龙抬头的日子了。"

苏培盛："按理说是要踏春还要祈福敬香的，皇上可还是要在宝华殿祈福？"

皇上："年年都在宝华殿，连宫都没出过，算什么踏青春游？朕可听说京城里的百姓在这日都要出游踏春赶庙会的。"

苏培盛："是啊。"

皇帝："与其如此，朕还是省省心在养心殿看折子吧。"

苏培盛："哎哟，皇上，龙抬头可是大日子呀，俗话说二月二龙抬头，大仓满小仓流啊，这可是祈求一年风调雨顺的大日子，皇上您可别含糊着过了。这一天，民间的百姓最爱去拜花神迎春了，可要数花神庙里边最热闹。嘿哟，那人山人海啊，去年奴才还被挤得满身是汗，脚趾头都差点没踩烂了。皇上可是想去那儿？”

皇帝：“人多，太闹，朕可不想凑这个热闹。”

苏培盛：“奴才是想要是把踏青游春和祈福敬香搁到一块儿，倒是有一个地方最合适。”

沈眉庄：“臣妾倒是记得小时候，去凌云峰赏春，风景秀美，再去甘露寺烧香祈福，一日时间倒也是正好。”

苏培盛：“欸，还是惠嫔娘娘知道，奴才正想提这个地方呢。现今甘露寺春色正美，也不失是一个清静散心的好地方。再加上甘露寺又是皇家的地方，闲人少啊！”

资料来源：电视剧《甄嬛传》第53集

从这段对话中可以看到，苏培盛巧妙地使用了折中式展开的方式，先提供“年年都去的宝华殿”和“拥挤不堪的花神庙”两个极端选择，让雍正自己否定，而后再顺势提议“春色正美的皇家之地甘露寺”，从而不着痕迹地说服了雍正前往甘露寺进香踏青。由此可见，折中式展开是在向听众推荐方案时一个非常有效的展开方式。

在演讲中，你既可以用折中式展开向听众说明你的观点的合理性和方案的优势，同时也可以就某一部分论述使用折中的方式，以体现出这一内容已经被充分论证过。

1982年，英国女首相撒切尔夫人访华，邓小平和“铁娘子”在北京会晤就1997年香港回归问题进行了谈话。在邓小平下面这篇就香港问题发表的著名讲话（节选）中，我们也可以看到很多折中式逻辑的影子。

我们对香港问题的基本立场是明确的，这里主要有三个问题。一个是主权问题；再一个问题，是1997年后中国采取什么方式来管理香港，继续保持香港繁荣；第三个问题，是中国和英国两国政府要妥善商谈如何使香港从现在到1997年15年中不出现大的波动。

关于主权问题，中国在这个问题上没有回旋余地。坦率地讲，主权问题不是一个可以讨论的问题。现在时机已经成熟了，应该明确肯定：1997年中国将收回香港。

…………

现在人们议论最多的是，如果香港不能继续保持繁荣，就会影响中国的四化建设。我认为，影响不能说没有，但说会在很大程度上影响中国的建设，这个估计不正确。如果中国把四化建设能否实现放在香港是否繁荣上，那么这个决策本身就是不正确的。人们还议论香港外资撤走的问题。只要我们的政策适当，走了还会回来的。所以，我们在宣布1997年收回香港的同时，还要宣布1997年后香港所实行的制度和政策。

至于说一旦中国宣布1997年要收回香港，香港就可能发生波动，我的看法是小波动不可避免，如果中英两国抱着合作的态度来解决这个问题，就能避免大的波动。

…………

我们建议达成这样一个协议，即双方同意通过外交途径开始进行香港问题的磋商。前提是1997年中国收回香港，在这个基础上磋商解决今后15年怎样过渡得好以及15年以后香港怎么办的问题。

资料来源：邓小平. 邓小平文选（第三卷）[C]. 北京：人民出版社，1993

邓小平在讲话中谈到“如果香港不能继续保持繁荣”是否会影响中国四化建设时，就是在辩证地分析问题后采取了折中的观点，既不会“没有影响”，也不会“影响太大”，而是有一些影响。在谈到“一旦中国宣布1997年要收回香港，香港就可能发生波动”时，邓小平也采用了折中式的观点，即没有波动不可能，大波动可以避免，“小波动”是正常的。

在这一节中，我们用了比较大的篇幅介绍了分论点之间的展开逻辑：时间、列举、层进、变焦、折中。实际运用中，你会发现有时这些逻辑是非此即彼的，即采取了这种逻辑就必须放弃另外一种；有时这些逻辑又是重叠甚至穿插使用的，如前面提到的诗歌《乡愁》，它是以时间逻辑展开的，但是同时你在其中也可以读出递进逻辑的味道。

这一节不仅是第四章的重点，其实也是整个演讲构思的重点。清晰、严谨的逻辑是演讲成功的基石，是让听众能够听懂你的演讲的前提，是赢得听众支持的必要条件。清晰严密的逻辑解决的是演讲中“晓之以理”的问题，那么怎样让我们的演讲“动之以情”呢？接下来的内容将提供相应的方法。

第三节　提高论据的冲击力

前一节主要介绍演讲的结构，即图4-1中的横向展开；这一节主要介绍演讲的内容，即图中的纵向展开，通过让每一个分论点更具有冲击力，提高整个演讲的影响力和震撼力。

让论据更具冲击力的方法有很多，“话”图纸在此只推荐最常用并且效果最好的四种，那就是故事、数据、细节、修辞，毕竟，Less is More。

一、故事生动化

谈到让论据更有冲击力，也许第一个跳入你脑海的词语是“数据”而不是“故事”。这源于我们初入职场就被培养和植入的一个观念“用数据说话”。因为在商业环境中，任何结论的得出、任何决策的制定都是建立在大量的数据分析和预测之上的。在演讲中，数据固然能为论点提供强有力的支持，但是不难发现，数据给听众带来的多是客观、理性的思考和判断，而故事则更能直达人心，让听众产生情感上的共鸣。TED演讲嘉宾布琳·布朗曾经说“故事就是有灵魂的数据”。随便找一本类似演讲大全集之类的书，或者在互联网上搜出几十篇演讲稿，浏览一下就会发现，几乎没有一个演讲没有故事，而且很多演讲几乎只有故事。所以，故事是现代商业演讲中最普遍、最有效、最受推崇的方法。

既然如此，在这一节，就让“数据”先稍事休息，首先欢迎“故事”登场。

（一）为什么要讲故事

为什么故事瞬间登上“头条”，超越数据，赫然成为现代商业演讲中最普遍的方法呢？想回答这个问题，需要先回顾一下本书中多次提到的一个观念，就是演讲势必以听众为中心，听众掌握演讲成功与否的最终判决权。在演讲中讲故事充分体现了为听众服务，以听众为中心的原则，因为首先，听众喜欢听故事；其次，讲故事可以让听众产生情感共鸣；最后，讲故事可以促使人行动。

1．听众喜欢听故事

想设身处地地了解听众喜欢什么，办法很简单，就是把自己当成听众，回想那些你作为听众听过的演讲。无论是商业演讲还是政治演讲，无论是励志型演讲还是号召型演讲，演讲过程中你最感兴趣的是什么？最吸引你的是什么？是什么让你捧腹大笑？又是什么让你潸然泪下？是的，就是演讲中的那些故事，那些情节出乎意料、结果让你大跌眼镜的故事，那些或激动或喜悦或幽默或悲伤的故事，那些让你的大脑中闪现出人物与画面的故事。

《玩具总动员》编剧安德鲁·斯坦顿说过：“我们与生俱来喜欢听故事，故事可以证明我们是谁。我们都想证明自己的生活是有意义的，没有什么比故事更能做到这一点。它能够跨越时间的障碍，无论过去、现在还是未来；它允许我们体验我们和其他人、真实与幻想之间的各种相似之处。”

听众可能记不住一连串的数字，但他们会记住一个故事，因为大脑的运转方式，使得我们愿意全神贯注地聆听任何故事，无论这个故事多么匪夷所思。[①]例如，“不到两岁的儿子已经十分顽皮。有一次姥姥给他换纸尿裤，结果尿裤脱下来他就满床爬，姥姥怎么也穿不上。姥姥着急了，就象征性地在他的腿上拍了两下以示惩戒。儿子大概觉得自己的主权受到了侵犯，但是他没有哭闹抗议，也没有直接质疑姥姥，而是问了一个问题……”虽然这个故事到这里告一段落，但是你的大脑并没有停止思考，你一定在想，他问了个什么问题呢。这就是我们大脑运转的方式，大脑对于事情发展的结局总是充满期待，对于悬而未决的问题总是充满好奇。

2. 让听众产生共鸣

在作为听众时，我们以前可能都有类似的体验：在某个演讲中，当演讲者讲述某个故事的时候，你可能在心里暗暗地说“是的，我也是这么想的”“对，就是这样，我也有过类似的经验”“那个孩子太可怜了，我能帮帮他吗？”能有这些体验，实际上就是因为演讲者成功地通过故事，与作为听众的你产生了某种连接。

在一项心理学的实验中，这种连接被予以证实。通过对受试者的脑电波进行分析，科学家发现故事能够使听众和演讲者的大脑产生耦合现象，“呈现出结合的、暂时对接的、互动的模式”。简单地说，就是“观众的大脑映射了演讲者的大脑反应”，这就是我们所说的共鸣。

想象一下这样的情景，就会发现，这相当于演讲者通过讲故事，把听众

---

① ［美］彼得·迈尔斯，肖恩·尼克斯．高效演讲［M］．马林梅，译．长春：吉林出版集团有限责任公司，2013.

的大脑变成了演讲者大脑的一种映射，相当于演讲者把自己的观点、感受、想法植入了听众的大脑中。

3. 好故事促人行动

好故事之所以可以促人行动，是因为一个好的故事为听众提供了两个重要信息：如何行动的方法和开始行动的动机。

在故事中，主人公都在替听众试验一种行动方案。如果这是一个成功励志的故事，主人公的做法必然是成功且有效的，于是听众可以直接借鉴；如果故事是一个令人反思的"反面教材"，主人公的做法必然不可取，听众则需要反其道而行之。采取行动的动机其实是靠故事的结果引发听众的思考或触动其心灵来实现的。知道了怎么做，又解决了为什么做的问题，听众接下来的行动当然就水到渠成了。

下面的这个故事节选自开心麻花总裁刘洪涛在北京大学中文系2014年毕业典礼上的致辞，从这个故事中，我们就能够看到行动的方法和动机。

第一个故事是拿得起放得下。

我的同学于川，1988年毕业于北京大学中文系，90年代中期已经拥有一家规模可观的科技公司，在世俗的眼光中，他无疑是令人艳羡的成功者。但他却惊世骇俗地关闭公司，彻底回归文学梦想。也许是纪伯伦提醒了他：不要因为走得太远，以至于忘记自己为什么出发。

为了挽回此前所有蹉跎的岁月，他以超常的真诚、勤奋、热情投入写作，转型的阵痛剧烈并且持久，他却甘之如饴，终于大器晚成，迄今已发表12部长篇小说、3部电视剧本，其中，小说《最后一个贝勒》2012年创造了影视改编授权费用的全国纪录，电视剧《青果巷》今年3月在央视八套黄金时段播出，并获得广电总局首届年度优秀剧本奖，全国只有18部剧本获奖。

拿得起放得下是很难到达的人生境界，于川做到了，相信他在追求梦想的道路上会给我们带来更多的惊喜。

资料来源：刘洪涛．在骨感中走向丰满［J］．课外阅读．2014（20）

这个故事中，主人公于川其实就是通过自己的实际行动向听众展示了如何做到“拿得起，放得下”。同时，于川因此获得的成就，就是听众付诸行动的动机。

《让创意更有黏性》[①]中提到：“《心灵鸡汤》的巨大成功打破了‘知识的诅咒’，这也让我们明白了一个道理——故事具有模拟和鼓舞的双重力量。”这里提到的《心灵鸡汤》指在出版界红极一时的杰克·坎菲尔德的作品，它通过无数催人泪下的励志故事吸引读者；而“知识的诅咒”源于一个心理学的实验，指人一旦获得了某一知识或经验，就不能体会没有它的感觉，在这里指已经知道某个知识或信息的人会经常以说教的方式进行传播。对于这一点，作为一名培训讲师，作者深有体会。一名讲师固然是那个已经掌握知识的人，但是讲师必须打破“知识的诅咒”，深刻地体会和了解学员（还没有掌握知识的人）的感受，而讲故事就是最好的办法之一。培训中的故事其实就是案例、培训师自身的经验，以及一些社会热点等。

既然你的听众喜欢听故事，对于故事欲罢不能；你又能通过故事与听众建立起连接，将你的想法映射到听众的大脑中；故事还可以为听众提供行动的方法和动机，那么，别犹豫，赶紧为你的演讲设计故事吧。

（二）设计你的三幕故事

讲故事人人都会，但是讲好故事却不容易。大多数电影都是在讲故事，然而有的电影卖座，有的则不然，除了电影本身的市场运作之外，故事讲得好

---

① ［美］奇普·希思，丹·希思．让创意更有黏性［M］．姜奕晖，译．北京：中信出版社，2014.

不好、精彩不精彩是一个重要原因。

那么，什么样的故事才是好故事呢？好莱坞著名编剧丹·奥班农（作品包括《异形》《全面回忆》《黑星球》等）在《剧本结构设计》[①]一书中提出了写出好故事的公式，那就是将故事分为三幕：第一幕设置冲突；第二幕升级冲突；第三幕解决冲突。设置冲突，即交代故事产生的背景：时间、地点、人物等。升级冲突，即让冲突呈现在听众面前，并且变得“无可挽回”。解决冲突，即冲突最终如何得以解决，也就是故事的结局。

《金字塔原理》中也介绍了讲故事的SCQA模型（情景、冲突、疑问、回答），可以看出这与丹·奥班农的三幕式说法如出一辙：S就是第一幕，C就是第二幕，QA就是第三幕。

用三幕的方式讲故事，在电影中的例子比比皆是，如2015年热映的电影《夏洛特烦恼》就是典型的三幕结构。第一幕短小而精悍，不到10分钟，表现出夏洛现在对人生不满意，想换老婆。第二幕中，在梦境或者说美梦成真的段落里，先是夏洛重返校园的闹剧，接下来夏洛投机取巧走向人生巅峰。下半段本性难移，夏洛还是麻烦缠身，幸好幡然悔悟，虽然人生落魄，情感上却得到正面升华。第三幕同样短小精悍，因为故事的结局在第二幕结尾就已经定性了，只要做到首尾呼应就大功告成。而且，三幕的切分点也非常清楚，那就是两次穿越。

用三幕的方式讲故事同样被很多成功的演讲者所采纳。说到用讲故事的方式进行演讲，就不得不提到一个人，那就是自称为“讲故事的人”的诺贝尔文学奖获得者著名作家莫言。莫言的每一次演讲几乎都是在讲故事，他的整篇演讲稿几乎都是用故事串联起来的。例如前面提到的，莫言获得诺贝尔文学奖时在瑞典学院发表的演讲，无论是追忆母亲、回顾文学创作之路还是最后留给

① ［美］丹·奥班农．剧本结构设计［M］．高远，译．北京：北京联合出版公司，2015.

听众的思考，都是通过讲故事的方式展开的。下面是这次演讲结束前，莫言讲的三个故事。

我是一个讲故事的人，我还是要给你们讲故事。

上世纪60年代，学校里组织我们去参观一个苦难展览，我们在老师的引领下放声大哭，为了能让老师看到我的表现，我舍不得擦去脸上的泪水，我看到有几位同学悄悄地将唾沫抹到脸上冒充泪水，我还看到在一片真哭假哭的同学之间，有一位同学，脸上没有一滴泪，嘴巴里没有一点声音，也没有用手掩面，他睁着眼看着我们，眼睛里流露出惊讶或者是困惑的神情。事后，我向老师报告了这位同学的行为。为此，学校给了这位同学一个警告处分。多年之后，当我因自己的告密向老师忏悔时，老师说，那天来找他说这件事的，有十几个同学。这位同学十几年前就已去世，每当想起他，我就深感歉疚，这件事让我悟到一个道理，那就是：当众人都哭时，应该允许有的人不哭，当哭成为一种表演时，更应该允许有的人不哭。

我再讲一个故事：30多年前，我还在部队工作，有一天晚上，我在办公室看书，有一位老长官推门进来，看了一眼我对面的位置，自言自语道："噢，没有人？"我随即站起来，高声说："难道说我不是人吗？"那位老长官被我顶得面红耳赤，尴尬而退，为此事，我扬扬得意了许久，以为自己是个英勇的斗士，但事过多年后，我却为此深感内疚。

请允许我讲最后一个故事，这是许多年前我爷爷讲给我听过的：有八个外出打工的泥瓦匠，为避一场暴风雨，躲进了一座破庙，外边的雷声一阵紧似一阵，一个个的火球，在庙门外滚来滚去，空中似乎还有吱吱的龙叫声，众人都胆战心惊，面如土色，有一个人说："我们八个人中，必定一个人干过伤天害理的坏事，谁干过坏事，就自己走出庙接受惩罚吧，免得让好人受到牵连。"

自然没有人愿意出去，又有人提议道："既然大家都不想出去，那我们就将自己的草帽往外抛吧，谁的草帽被刮出庙门，就说明谁干了坏事，那就请他出去接受惩罚。"于是大家就将自己的草帽往庙门外抛，七个人的草帽被刮回了庙内，只有一个人的草帽被卷了出去，大家就催这个人出去受罚，他自然不愿出去，众人便将他抬起来扔出了庙门，故事的结局我估计大家都猜到了，那个人刚被扔出庙门，那座破庙轰然坍塌。

资料来源：莫言.盛典——诺奖之行［M］.武汉：长江文艺出版社，2013

从莫言的三个故事中，都可以看出三幕式结构。例如，在"哭与不哭"的故事中：

第一幕："上世纪60年代，学校里组织我们去参观一个苦难展览"，我和其他同学如何假哭。

第二幕：有一位同学不哭，我举报了他，他受到了处分。

第三幕：多年后逝者已矣，我追悔莫及。

另外两个故事，大家可以自己试着分析一下，然后在原文中标注出来。

（三）设计好故事的关键

在演讲中设计出好的故事除了要遵循三幕的结构，还应该注意把握一些关键，那就是背景叙述要完整、冲突设置存悬念和故事结局有意外。

首先，在交代故事背景的时候，要把故事发生的时间、地点、人物等信息给予必要的介绍，以免听众一头雾水不知所云。记得有一次，我在课堂上讲一个案例（教学中的案例其实就等于演讲中的故事），教学的内容是关于《结构性思维》中的分类的概念，知识点是"分类应该先想清目标再分类"。案例是我的一位老师，年近五旬眼睛已经有点儿老花了，他好友故意捉弄他，将手机的APP全部按图标的颜色进行分屏了。这下可糟了，手机打开后，一屏一屏的APP都是一个颜色的，倒是挺漂亮的，但是由于他根本看不清APP图标下面的小字，基本上什么APP都找不到了。我觉得这个案例非常好，证明了不是所有的分类都是有效的分类，如果不考虑清楚使用人群的特点以及分类的目标，分类有可能会“帮倒忙”。但是我第一次在课堂上讲了这个案例后，学员们却一头雾水，还有的学员觉得这样分类挺好的，这让我非常困惑，不明就里。后来，经过自我反思，我才发现，我在讲这个案例的时候少交代了一个重要的背景信息，那就是这个分类是我这位老师的朋友为了捉弄他才弄成这样的，并不是他的本意。由于没有交代这个信息，很多同学都以为这是我老师故意这么分的，那么按正常逻辑，这位资深的老师这么做一定是有原因的，所以这种分类不会是错的。由此可见，一个背景信息的疏漏，会让故事的效果大打折扣，甚至南辕北辙。

其次，冲突设置要有悬念。故事中的冲突主要是在第二幕中完成的。在设置和描绘冲突的时候，反差越大越好，越让冲突显得不可调和越好。要让听众感觉这是不可能解决的问题，故事可能的发展和结局对听众来说是个极大的悬念。悬念制造得越大，故事的吸引力就越大，所产生的效果也就越好。例如，俞敏洪在中央电视台《创业榜样》的演讲中讲过一个故事：“就像我在大学的时候，总是帮一个女生去打包，她上火车我给她打包，下火车给她打包，后来发现这个女生在校园里跟另外一个男生在散步。”讲到这里，俞敏洪没有让冲突止步，反而又进了一步：“我就问她，我说，这个男生是谁，她说‘是我的男朋友’。我就很生气，‘既然你有男朋友，为什么上火车、下火车还要我给你打包’。她说‘我为了让我的男朋友休息一下’。”如果说前半个故事在说明青春就是不计得失、无怨无悔的主题时算是个及格的故事，那么加上后半个故事，就是个很好的故事了。

最后，故事的结局越意外越好。其实，这类似于说相声时的“包袱”，如果故事全程没有包袱，那就是平平淡淡的流水账，如果听众在开头时就猜到了结局，那么听众就会觉得索然无味。相反，故事结局或者情节发展越出乎意料，听众就越有兴趣，并且津津乐道，甚至事后还能转述给别人。这样的故事产生的效果自然就越好。还记得莫言在瑞典学院最后讲的三个故事吗？尤其是第三个，最后“众人便将他抬起来扔出了庙门。那个人刚被扔出庙门，那座破庙轰然坍塌”。这就是意外的结局。

二、数据可视化

对于数据的重要性，相信已经无须多言，从现在市场上颇为流行的关于数据的新概念就可窥见一斑，如大数据、数据营销、云数据等。由于数据的客观性、无可辩驳性，在商业演讲中，它绝对是不可忽视的一个重要部分。

数据呈现的第一步当然是在你的演讲中使用真实准确的数据。虽然我们都知道数据的重要性，但也许是这种意识还不够根深蒂固，也许是还没有养成习惯，也许是嫌麻烦而故意舍弃，很多时候数据往往没有被融入演讲之中。

最为常见的“舍弃”数据的做法，是我们经常在演讲中使用不准确、不具体的词汇，如大多数、少数、很多、很少、概率高、概率低、成本高很多、成本低很多、效果好、效果不好、效率高、效率低。

类似的词语很多，不可能在一次演讲中拒绝使用所有的类似的语意模糊的词语，但是对于那些影响听众理解和决策的重要信息，必须做到具体。从现在开始，从使用“话”图纸开始，请务必时刻提醒自己，为你的论点提供数据支持。

当然，只是有数据是远远不够的。冷冰冰的数据无法真正让听众产生共鸣，而且绝大多数听众在演讲之后都不会记得那些数字。所以，真正用好数据，赋予数据生命，让数据不仅仅是数据，而且还是具有冲击力的证据，为此你需要从以下两个方面加以磨炼。

（一）可视化类比

使用类比的方法，再一次印证了我们演讲的一个核心原则就是要以听众为中心。数据呈现，绝不是简单地将数字写入你的PPT然后字体加粗、加大那么简单，我们应该更进一步挑战自己。听众能看懂这些数字吗？能够理解数字所代表的含义吗？能够让自己产生共鸣吗？能够记住它吗？会因此而采取行动吗？所以我们不仅要把数据提供给听众，更需要向听众解释这些数据背后的意义，并且这些解释需要与听众产生连接，从而引起他们的共鸣。用可视化类比的方法解释数据就能够帮你做到这些。

数据的可视化类比是指，为你的数据找到一个形象的、具体的参照物，用这个参照物来进一步解释你的数据。例如：（1）2015年中国出生人口数据1 655万，相当于增加了两个香港。（2）每包黄油爆米花饱和脂肪酸含量高达37克，比一顿培根鸡蛋早餐，一个巨无霸炸鸡午餐和一顿牛排晚餐加一起还要多。[①]

这里，“两个香港”和“一顿培根鸡蛋早餐，一个巨无霸炸鸡午餐和一顿牛排晚餐”就是这个参照物。如果没有这样的参照物，1 655万和37克只是两个数据，而且大多数人不会对这两个数据到底是多少有任何概念。现在为了说明这两个数据，在引入了这两个参照物之后，效果就完全不同了。由于听众对这两个参照物本身已经有了一定的认知，将数据与它们进行对比，便能够让这些数据在听众的大脑里鲜活起来。

再来看一下马云在第九届网商大会上的演讲，这位阿里巴巴的掌门人也使用了类比的方法来对数据予以说明。

我记得2003年第一次开始有思考做网商大会的时候，2003年整个淘宝的

---

① ［美］奇普·希思．丹·希思．让创意更有黏性［M］．姜奕晖，译．北京：中信出版社，2007.

交易额不到一亿元，今年淘宝网的交易会过一万亿元，变化一万倍，网商从一个概念到今天落地，变成中国主要的一个商帮力量，在改变着、影响着中国，大家知道一万亿元是什么概念，它意味着中国排名第17个省的GDP，全中国超过万亿元GDP的省只有18个，去年陕西省的整个GDP就一万亿元。

资料来源：百度文库（www.wenku.baidu.com）

“一万亿”这个数字太大了，听众在生活或者工作中很少会接触到这样的数字，所以听众在听到这个数字时只会觉得很大，但是到底有多大，就没有概念了。然而有了“中国排名第17位的省的GDP，陕西省的GDP”来作为参照物，对于现场听众——网商代表们来说，“一万亿”就变得形象具体了。

在使用可视化类比的方法来提升数据的冲击力时，有两点必须引起注意：

1. 参照物要形象具体，并为听众所熟悉

将数据进行可视化类比，究其根本就是要将抽象的概念具体化、形象化，目的就是让听众可以听得懂，让听众觉得这个数字是看得见、摸得着的。所以，这时候我们选择的“参照物”本身就不能再是一个抽象空洞的概念，而必须是一个形象具体的概念。

例如，史蒂芬·柯维在他所著的《高效能人士的第八个习惯》一书中，谈到了一项针对各大行业共2.3万名员工所做的调查访问，其结果是：

- 仅有37%的人表示自己清楚了解所在公司的工作目标和宗旨
- 仅有20%的人对于自己所在团队和公司的目标充满热情
- 仅有20%的人表示对于自己手头工作与团队（或公司）目标之间的关联持有清楚的认识
- 仅有15%的人觉得公司能够完全信任他们达成重要目标
- 仅有20%的人完全信任自己任职的公司

这一系列的数据虽然清晰准确，但是概念却相当抽象。读者看到后，只会留下“大多数公司都存在很多不满和混乱”这么一种大致印象。柯维当然没有止步于此，他为这一系列数据选择了一个非常形象生动而且为读者所熟悉的参照物“一支足球队”。他说：“假设一支足球队的调查结果是这样的话，那就意味着场上11名球员中只有4人知道哪个球门是自己球队的；11名球员中只有2人会在乎球赛的输赢；11名球员中只有2人知道自己踢哪个位置，完全明白自己该做什么；而11名球员中除了2人以外，剩下的9人或多或少都会对抗自己的队友，而不是对方球员。”①

除了具体形象外，参照物还需注意为听众所熟悉。在前面提到的例子中，“两个香港”“陕西省的GDP”都是这样的形象化、具体化并为听众所熟悉的参照物。而“一顿培根鸡蛋早餐+一个巨无霸炸鸡午餐+一顿牛排晚餐”这个案例出自两位美国作者所著的畅销书《让创意更有黏性》，由于其面对的沟通对象是西方的听众，所以它选用听众所熟悉的“培根鸡蛋早餐、巨无霸炸鸡午餐、牛排晚餐”作为参照物。如果在中国的文化语境当中套用这种方式，应将参照物换为中国听众更为熟悉的，如“一笼小笼包+一盆2斤的水煮鱼+3人份的麻辣烫”。同理，对于中国听众来说，“香港”“陕西”就熟悉得多，如果换成“米兰”和“布宜诺斯艾利斯”显然就削弱了原有的效果。

2. 参照物本身的冲击力越强，最终的效果越好

《让创意更有黏性》书中还提到一个例子“鲨鱼攻击恐惧症”，即由于鲨鱼袭击总是能够引起媒体报道的热潮，于是引发了民众的过度恐慌。而实际上去海边游泳被鲨鱼袭击的概率非常低，平均每年只有0.4人死于鲨鱼袭击。如果你想说服你的听众不必过分恐慌和担忧，你将选择下面哪一个“参照物”向

---

① ［美］史蒂芬·柯维．高效能人士的第八个习惯［M］．陈允明，王亦兵，梁有昶，译．北京：中国青年出版社，2013.

他们解释0.4人这一数字呢？

- 海上溺死的概率
- 被鹿杀死的概率

需要说明的是，这一论述的目标是“鲨鱼攻击致死”的概率非常低，从这个方向考虑，选择的参照物概率越低，论证的效果就越好。由此可见，选择“被鹿杀死的概率”作为参照物会让你的论证更具说服力，因为“被鹿杀死”和“海边溺死”相比，前者的概率更低，对听众的冲击力更大。

柴静在《穹顶之下》也运用了很多类比来向观众进一步解释大量的统计数据背后的含义，如在谈到中国的用煤总量时，柴静说：“2013年的时候我们已经是36亿吨了，但你知道全世界其他国家烧了多少煤吗？我们比全世界其他国家加起来烧的煤还要多。”36亿吨这个数据本身在普通观众的脑海里不具有任何意义，然而柴静用“全世界其他国家加起来烧的煤”这一非常具有冲击力的参照物进行对比之后，就产生了震撼的效果。

（二）视觉化呈现

除了可视化类比，还有一种常用且有效的方法可以让数据鲜活地出现在听众面前，那就是视觉化呈现你的数据，从而不仅让观众听到这些数据，还能够看到这些数据。

1. 用图形代替表格和数字

在商务演讲中经常提到的“用图表说话”其实就是将数据视觉化呈现的一种方法。“相比表格，利用数据图展现数据的方法有可观的优势。庞大的数据令人厌烦，普通人在其中根本获取不到有用的信息，就像从黄瓜里面汲取不到阳光一样。”[①]PPT是现代商务演讲中经常使用的辅助媒体工具之一，它可以

① 李华芳．用数据演讲，必须记住这6步［OL］．http://lihuafang.baijia.baidu.com/article/433348.

将数据的图形化呈现变得非常容易。

例如，在《穹顶之下》中，柴静就使用了大量的数据图，如图4–10~图4–12所示，充分调动了观众的视觉感官，让数据活灵活现地以图像的方式呈现在观众面前。

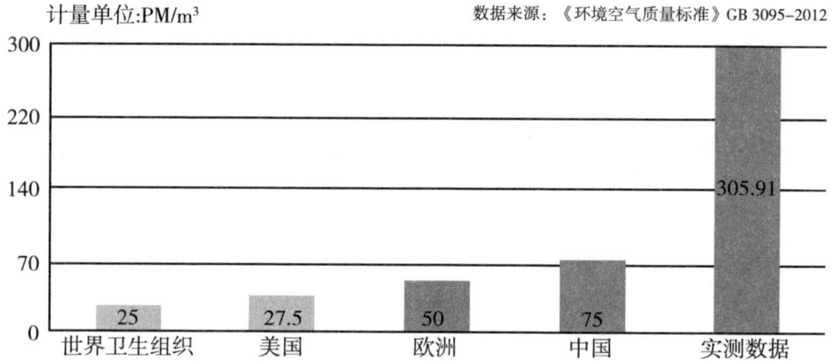

图4–10　PM2.5日平均浓度安全值

资料来源：柴静《穹顶之下》演讲全文：一位母亲与雾霾的私人恩怨［OL］，http://news.163.com/15/0301/09/AJK3BOC600014SEH.html，2015–03–01

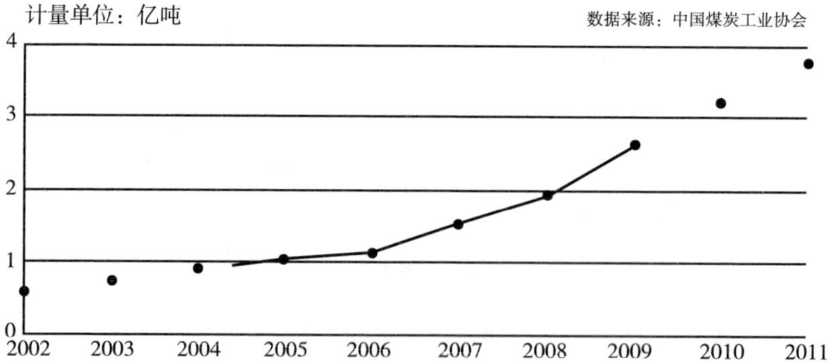

图4–11　褐煤产量曲线

资料来源：柴静《穹顶之下》演讲全文：一位母亲与雾霾的私人恩怨［OL］，http://news.163.com/15/0301/09/AJK3BOC600014SEH.html，2015–03–01

将数据进行视觉化呈现的另一个经典例子是汉斯·罗斯林在TED发表的

题为"宗教与新生儿"的演讲。演讲中，罗斯林不仅使用了我们常见的静态数据图，还让他的数据图动了起来，清晰地呈现了从1960年到2010年这50年间全球人口变化与宗教和经济水平之间的关系。建议大家可以到TED的网站上或者网易公开课中看一下这个演讲，会对数据的视觉化有更加深刻的体会和印象。

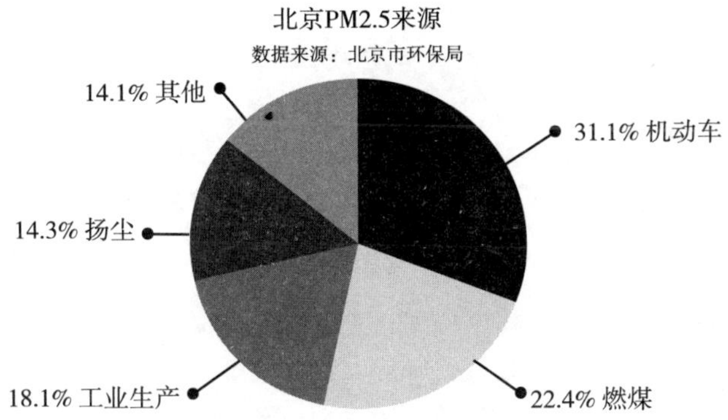

图4-12　北京PM2.5来源

资料来源：柴静《穹顶之下》演讲全文：一位母亲与雾霾的私人恩怨［OL］，http://news.163.com/15/0301/09/AJK3BOC600014SEH.html，2015-03-01

2. 用实物呈现数据

除了使用数据图的方式视觉化呈现数据之外，还有一种在演讲中更具有冲击力的视觉化呈现方法，就是用实物呈现你的数据。

例如，当你想表现一杯全脂牛奶所含饱和脂肪总量相当惊人时，你可以用前面说的可视化类比法，即它所含饱和脂肪总量相当于5片培根；你也可以通过实物予以呈现，如现场展示一根盛满脂肪的管子，其中的脂肪即相当于一杯全脂牛奶所含的饱和脂肪。

这种使用实物道具进行视觉化呈现的方式，虽然使用起来会受到一定的限制，而且准备起来有时可能会稍显费力，但是其带给听众的新鲜感、冲击力，以及在听众脑海里留下的深刻印象，也是单纯的数据或者图片展示所无法比拟的。因为它能让那些数据对观众来说不仅仅是“纸上谈兵”，而是真实可见的。

前面提到的那位汉斯·罗斯林，在解释为什么从现在到本世纪末，新生儿出生率不会增加，并且人类寿命也不会延长的情况下，世界人口总量会从现在的70亿上升到100亿时，非常形象地借用几个盒子展示了这一动态的演变过程。

首先，他向观众说明，一个盒子代表10亿人口。而后，他先在桌子上摆上两个盒子代表15岁以下的人口，这部分人口大约20亿。接着，他在刚才的两个盒子上面再放上两个盒子，代表15岁到30岁之间的20亿人口。最后，他依次放上了代表30岁到45岁之间的一个盒子、45岁到60岁的一个盒子和代表60岁以上的一个盒子。盒子摆完的效果如图4-13所示，罗斯林用这几个盒子形象地将当今世界上人口的年龄分布展示给了观众。然而，这只是他的第一步。

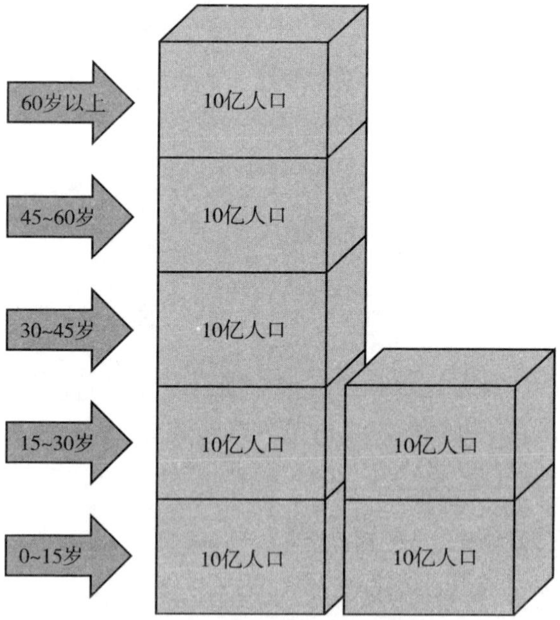

图4-13　当今世界人口总量及分布

然后，他开始通过移动盒子，来表示随着时间的推移，人口年龄分布结构开始发生变化，以及相应的人口总数增加的这一过程，他将其称为“伟大的补充”（great fill up）。他从顶端拿下一个盒子，这表示老龄人口离世；而后将现有的盒子向上抬起来，这表示现在的人们逐步变老；最后放在两个新的盒子上面，这两个盒子表示新出生的儿童。如图4–14~图4–16所示，通过三次移动，世界人口总量从现在的70亿，变成了100亿。当他进行到第三次移动的时候，现场观众向其报以热烈的掌声。

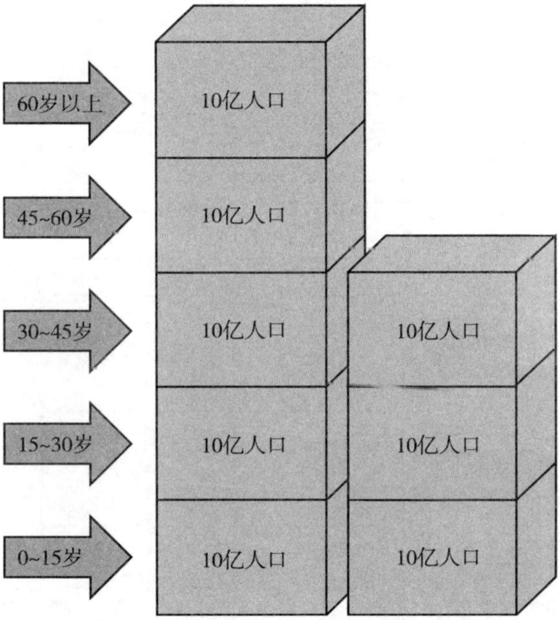

图4–14　第一次“伟大的补充”后世界人口总量及分布

通过这一形象的动态展示过程，罗斯林向所有观众简单清晰地揭示了，为什么在新生儿出生率没有增加，死亡率也没有下降的情况下，世界人口仍然会呈现上升趋势，而且这一趋势预计的目标是100亿人口。

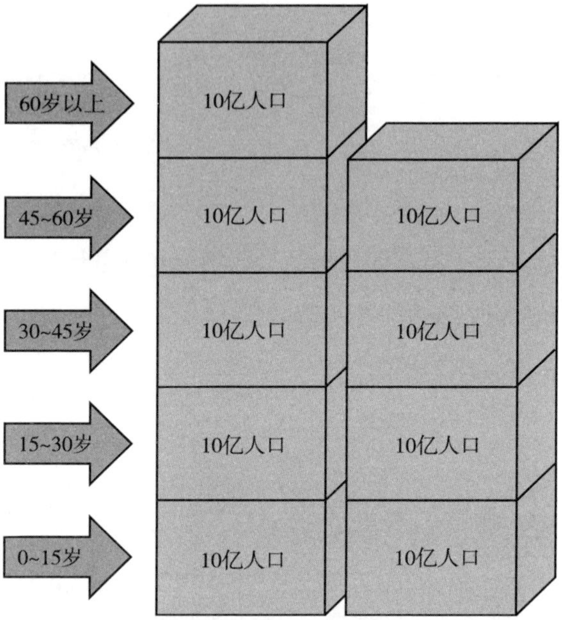

图4-15 第二次“伟大的补充”后世界人口总量及分布

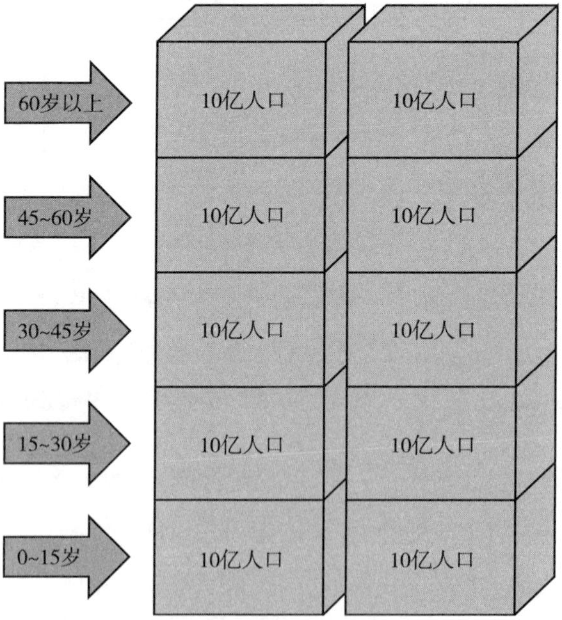

图4-16 第三次“伟大的补充”后世界人口总量及分布

《让创意更有黏性》中也介绍了一个采用类似方法的例子。“远离战争”是历史上美国公民发起的公益组织，他们通过宣传，希望引发反对当时美苏两国核武器竞赛的声浪。他们面临的第一个问题就是让大家相信竞赛已经失控。怎样解释清楚现有核武器骇人的破坏力呢？想要说清楚失控，就必须谈到规模，想说清规模，就必须有数据，但是这些枯燥的数据应该如何呈现在前来参加家庭聚会（“远离战争”会时不时组织家庭聚会以向普通民众宣传他们的观点）的普通民众面前，并让他们理解和动容呢？“远离战争”的发起人之一杰夫·艾因斯科，找到了绝妙的办法。首先，在适时的时机，他会将一粒BB枪（仿真枪）塑料子弹丢入一个铁桶，子弹弹跳的声音会持续一会儿。而后，他会跟大家解释说：“这是那颗广岛的原子弹。”他会花几分钟具体描述一下广岛原子弹带来的巨大的灾难和痛苦。接下来，他会往桶里扔下10枚BB枪子弹。撞击声更响，更混乱，更久。“这是单单一艘美国或苏联核潜艇上导弹的火力强度。”最后他会请大家闭上眼睛，然后说“接下来是世界上目前所有核武器的综合”，说完他就把5 000颗BB枪子弹倒进桶里。声响非常惊人，甚至是吓人。[①]艾因斯科采用BB枪子弹与铁桶的方式，让听众不仅看到并且听到了，过剩的核武器所带来的毁灭性的灾难。而且，通过对听众多感官的刺激，这些数据在听众脑海里烙下了深深的烙印。

三、描述细节化

即便是一套PPT文稿，不同的演讲者演示的效果也可能大相径庭。除了演讲者的演讲技巧和演讲风格差异之外，还有另外一个原因，那就是演讲者对文稿的了解程度不同，或者说他们掌握的文稿背后的事情的详尽程度不同，以

① ［美］奇普·希思．丹·希思．让创意更有黏性［M］．姜奕晖，译．北京：中信出版社，2007.

至于他们在演示时，在细节的描述上会有很大出入，而这将在很大程度上影响演讲的感染力和说服力。

（一）什么是细节描述

我们可以借鉴文学创作中细节描写的概念来一探究竟。细节描写是指抓住生活中细微而又具体的典型情节，加以生动细致的描绘，它具体渗透在对人物、景物或场面描写之中。[①]演讲中的细节描述，也就是指演讲者在准备和呈现论据的时候，选取与主题相关的、典型的细小情节，加以生动的描述，并融入演讲的过程当中。

（二）细节描述让演讲真实可信、生动感人

心理学实验表明，人们在接收信息时，信息中所包含细节的多少，能够影响人们对这一信息的认知以及由此产生的判断。

文学作品中成功的细节描写会让读者印象深刻，从而提高文章的可传读性。例如，在中小学时期学习过的许多课文，我们很难记住其全文，但是那些生动的细节描写却在我们的大脑里留下深深的烙印，如《孔乙己》中的孔乙己，“穿的虽然是长衫，可是又脏又破，似乎十多年没有补，也没有洗”，在孩子们再来要茴香豆时“伸开五指将碟子罩住”，最后在付钱时“排出九文大钱”。而《背影》中父亲“戴着黑布小帽，穿着黑布大马褂，深青布棉袍，蹒跚地走到铁道边，慢慢探身下去”，然后“用两手攀着上面，两脚再向上缩；他肥胖的身子向左微倾，显出努力的样子”的画面深深地烙在每个读者的脑海里，而且由此表现出的无私的爱，更让每个读者感动不已。

---

① 细节描写［DB/OL］. http://baike.baidu.com/link?url=-45b4SMVW35qMcgzYLFmpvTZQlNL1CV86dqpGXrrXqdu-olY-VPbyPoY8EEiH7-8jd6jN2FFF3cXYltpbjSTIq.

这种作用在演讲中也不例外。设想一种场景，如果有两位演讲者分别向你讲述同一个故事，他们都说是自己亲身经历的，但是显然其中有一个人“盗用”了别人的故事。

A的描述是这样的：“……我记得他身上的衣服破烂不堪，我不知道它是否还有任何保暖的作用。那是北京冬天最冷的时候，哪怕只是用手轻轻地碰一下铁门，它就能粘掉你一层皮。然而我看到他双手一直紧紧地抓住铁门的栏杆，好像怕失去世界上最珍贵的宝贝一样。过了一会儿，里面有人走出来淡淡地说了一句‘那狗没救了’。‘不可能，不可能，不可能……’他连说了好多‘不可能’，然后突然转过身来用手指着我们，歇斯底里地咆哮着：‘你们这些刽子手，你们这些魔鬼……’我不敢看他的眼睛，我只记得他脖子上突起的青筋。”

B的描述是这样的：“……他在那儿等着，当听说狗救不活了，就指责我们……”

谁的描述能给你那种身临其境的感觉呢？谁能让“他”好像就坐在你面前一样呢？谁的描述更能让你感受到“他”那矛盾的心理呢？这是谁亲身经历的故事？

成功的细节描述能够让演讲更有感染力，让演讲中的观点和内容深入人心，并最终帮助演讲者说服听众接受他的观点和建议。这是因为成功的细节描写能够在听众的大脑里展开一幅生动的画面，让听众能够“身临其境”，“看到”主人公脖子上“突起的青筋”和身上“破烂的衣服”，“听到”主人公“歇斯底里地咆哮”，“摸到”“冰冷的铁门”。这种身临其境将听众置身于演讲者所描绘的场景、事件及人物的情感之中，让他们感同身受并为之动容。

同样，如果有两位演讲者分别向你讲述了下面的故事，你会觉得谁的故事更让你“毛骨悚然”呢？

A：“一对儿情侣在男朋友的车上约会。车行驶到一条荒无人烟的路上时，在一棵树下没油了。男朋友决定步行到最近的人家去寻求帮助，女孩留在原地。他走了很久，这个女孩被一阵来自车顶的刮擦声吓到了，有可能是被一根低矮的树枝擦到了。经历了几个小时令人焦虑的等待后，女孩下车发现——那个可怕的声音来自她的男朋友，他被吊在车上方的树上，风中摇摆时，脚擦到了车顶。”①

B：“一对儿情侣在车上约会。车在一棵树下没油了。男朋友去寻求帮助，女孩留在原地。几个小时后，女孩下车发现——她的男朋友被吊死在车上方的树上。”

（三）如何选择细节

表现对象富有特色的细节，来自人物、环境、事件的方方面面，在纷繁复杂的细节中，选取合适的细节进行细致描述，是细节描述的关键。细节描述不是事无巨细，逐一描述；也不是随随便便，可有可无；更不是胡编乱造，凭空想象。诗词中的用词是最精简的，但是人们也不会放过那些典型的细节，如李清照的《如梦令》“常记溪亭日暮，沉醉不知归路。兴尽晚回舟，误入藕花深处。争渡，争渡，惊起一滩鸥鹭”中“常记”“沉醉”“兴尽”“误入”等细节，一下子使情节更加生动了。所以，选择那些典型的、有特点的细节加以描述，才能真正服务于演讲的主题。

细节的选择应该遵循以下三个原则：

（1）与主题相关，为主题服务。

（2）具有典型性和代表性。

（3）少而精。

大家还记得柴静在《穹顶之下》开头讲的那个故事吗？相信至少每一个

① ［美］奇普·希思．丹·希思．让创意更有黏性［M］．姜奕晖，译．北京：中信出版社，2007.

看过的母亲都还记得它，每一个看过的母亲都对这个故事感同身受。

回到北京之后，我知道我怀孕了，这是我第一次见到她的样子，那时候我就觉得她应该是小女孩，因为我觉得她是个童花头，听到她的心跳的那一瞬间，我觉得对她没有任何期望，健康就好。

但是，她被诊断为良性肿瘤，在出生之后就要接受手术，做麻醉之前，医生对我说，她这么小的年纪做全身麻醉是有可能醒不过来了，你要有个心理上的准备，我还没有来得及抱她一下，她就被抱走了。

后来护士在我手里放了这只小熊，那是用来安慰小孩的，她用来安慰我。我再见我女儿的时候，她还在昏迷，医生对我说手术很成功，但有一件事情你要原谅我，她说她太胖了，所以刚才麻醉的时候，我们扎了好多针眼才找着静脉。我把她满是针眼的小手放在我脸上，叫她的名字，一直到她睁开眼睛看我一眼。

资料来源：凤凰财经（www.finance.ifeng.com）

柴静选择的这些细节，充分体现了孩子的可爱、弱小，以及“我”的无助和怜爱。正是这些描述的细节，让每个妈妈都觉得，好像那就是自己的孩子。

2008年，贝拉克·侯赛因·奥巴马毫无悬念地击败了竞选对手，当选为美国历史上第一位黑人总统，之后发表了题为“美国的变革”的获胜演讲。在描述此次选举具有不同以往的意义之时，奥巴马选择了以下与主题相关的、典型的细节进行描述。

排队的人数之多，在美国历史上前所未有。为了投票，他们排队长达三四个小时。许多人一生中第一次投票，因为他们认为这一次大选结果必须不同以往，而他们手中的一票可能决定胜负。

…………

劳动大众从自己的微薄积蓄中掏出5美元、10美元、20美元，拿来捐助我们的事业。年轻人证明了他们绝非所谓“冷漠的一代”。他们远离家乡和亲人，拿着微薄的报酬，起早摸黑地助选。上了年纪的人也顶着严寒酷暑，敲开陌生人的家门助选。

…………

这次大选创造了多项“第一”，诞生了很多将流芳后世的故事，但今晚令我最为难忘的却是一位在亚特兰大投票的妇女：安妮·库波尔。她和无数排队等候投票的选民没有什么差别，唯一的不同是她高龄106岁。在她出生的那个时代，黑奴制刚刚废除。那时路上没有汽车，天上没有飞机。当时像她这样的人由于两个原因不能投票——第一因为她是女性，第二个原因是她的肤色。

资料来源：宋洪洁.世界名人演讲大全集［M］.上海：立信会计出版社，2010

在众多候选人中，奥巴马选择了这位在亚特兰大投票的妇女——安妮·库波尔予以特别介绍，“第一因为她是女性，第二个原因是她的肤色”，第三个是安妮的年龄，历经了106年美国的变迁，这一切都使安妮足以成为众多候选人中典型的、与主题密切相关的代表。

四、修辞情感化

如果谈到使用修辞让我们的演讲更具感染力，你一定会想到马丁·路德·金的《我有一个梦想》。

我梦想有一天，这个国家会站立起来，真正实现其信条的真谛：“我们认为真理是不言而喻的，人人生而平等。”

我梦想有一天，在佐治亚的红山上，昔日奴隶的儿子将能够和昔日奴隶主的儿子坐在一起，共叙兄弟情谊。

我梦想有一天，甚至连密西西比州这个正义匿迹，压迫成风，如同沙漠般的地方，也将变成自由和正义的绿洲。

我梦想有一天，我的四个孩子将在一个不是以他们的肤色，而是以他们的品格优劣来评价他们的国度里生活。

资料来源：百度百科（www.baike.baidu.com）

是的，马丁·路德·金成功地运用了排比的修辞手法，让“I have a dream（我有一个梦想）”这一思想不仅深植美国人民心中，推动了美国黑人民权运动，而且也在全世界人民口中代代相传，激励着全世界各地为民族平等不懈努力的人们。

汉语“修辞”这个词语，最早见于《周易·乾·文言》的“修辞立其诚，所以居业也”一语中。在这句话里，“修辞”是“修理文教”的意思，与人的修业有关，不是今天“修辞”这个词的意思。

在现代汉语里，“修辞”这个词从字面讲，可理解为“修饰言辞”，再广义一点，可理解为“调整言辞”。因此，“修辞”本义就是修饰言论，也就是在使用语言的过程中，利用多种语言手段以收到尽可能好的表达效果的一种语言活动。已知的修辞手法（修辞格）有六十三大类，七十八小类。[①]很显然，我们不可能也没有必要在演讲中使用所有的修辞手法，还是本书一贯推崇的方法，我们只需要选择其中最常用、最容易用、效果最好的方法加以练习和强化，就能够达到提升演讲效果的目的。

① 修辞［DB/OL］，http://baike.baidu.com/view/5432.htm.

（一）排比

如果说排比是演讲中最常用并且效果也最震撼的修辞手法，恐怕不会遭到质疑，如像《我有一个梦想》就是这样一个成功的、深入人心的例证。由于演讲是一种以“说”为主的传播和沟通形式，而排比句说起来朗朗上口，听起来节奏感强，能产生一股强大的力量，从而增强演讲的传播效果。

1. 排比的作用

在演讲中运用排比，绝不是为了用而用，一定是为演讲的主题而进行服务的。简单来说，运用排比可以达到以下几方面的作用。

（1）用排比抒发情感，坚定信念、感人至深

1940年5月8日，由于前首相张伯伦遭到不信任质疑动议，被迫辞职。5月10日下午6时，英国国王召见丘吉尔，令其组阁；1小时后丘吉尔会见工党领袖艾德礼，邀请工党加入内阁并获得支持。3天后丘吉尔首次以首相身份出席下议院会议，发表了著名的演讲《热血、辛劳、眼泪和汗水》，并赢得了下议院381票对0票的绝对支持。以下是丘吉尔这篇演讲中核心内容的节选，通过使用排比的手法，丘吉尔让英国民众坚定了对抗德国法西斯的决心。

若问我们的政策是什么？我的回答是：在陆上、海上、空中作战。尽我们的全力，尽上帝赋予我们的全部力量去作战，对人类黑暗、可悲的罪恶史上空前凶残的暴政作战。这就是我们的政策。

若问我们的目标是什么？我可以用一个词来回答，那就是胜利。不惜一切代价，去夺取胜利——不惧一切恐怖，去夺取胜利——不论前路如何漫长、如何艰苦，去夺取胜利。因为没有胜利就不能生存……

资料来源：宋洪洁. 世界名人演讲大全集［M］. 上海：立信会计出版社，2010

2008年奥巴马在总统竞选获胜演讲中，也运用了排比的方法，其中最为人熟知的就是台上台下共同说“Yes, we can!（是的，我们能）”时振奋人心的场景。

今天晚上，我想到了安妮在美国过去一百年间的种种经历：心痛和希望，挣扎和进步，那些我们被告知我们办不到的年代，以及我们现在这个年代。现在，我们坚信美国式信念——是的，我们能！

在那个年代，妇女的声音被压制，她们的希望被剥夺。但安妮活到了今天，看到妇女们站起来了，可以大声发表意见了，有选举权了。是的，我们能。

安妮经历了上世纪30年代的大萧条。农田荒芜，绝望笼罩美国大地。她看到了美国以新政、新的就业机会以及崭新的共同追求战胜了恐慌。是的，我们能。

二战时期，炸弹袭击我们的海港，全世界受到独裁专制的威胁，安妮见证了一代美国人的英雄本色，他们捍卫了民主。是的，我们能。

安妮经历了蒙哥马利公交车事件、伯明翰黑人暴动事件、塞尔玛血腥周末事件。来自亚特兰大的一位牧师告诉人们：我们终将胜利。是的，我们能。

人类登上了月球、柏林墙倒下了，科学和想象把世界连成了一块。今年，在这次选举中，安妮的手指轻触电子屏幕，投下自己的一票。她在美国生活了106年，其间有最美好的时光，也有最黑暗的时刻，她知道美国能够变革。是的，我们能。

资料来源：宋洪洁.世界名人演讲大全集［M］.上海：立信会计出版社，2010

（2）用排比阐释道理，条理分明、层层深入

前面提到的饶毅教授在北京大学毕业典礼上的致辞，就用排比的方法将什么是自尊剖析得层层深入，淋漓尽致。

这不是自恋、自大、自负、自夸、自欺、自闭、自缚、自怜，而是自信、自豪、自量、自知、自省、自赎、自勉、自强。

自尊支撑自由的精神、自主的工作、自在的生活。

白岩松2011年在重庆大学发表的题为“青春、信仰与幸福”的演讲中，在谈到该怎么看待“这代青春所面临的压力与挑战”时，也用了排比句逐层深入地解释了他对这一问题的看法。

该怎么看待这代青春所面临的压力与挑战？我的理念历来是几句话。第一句话，全社会一定要关爱年轻人，但不是用溺爱的方式。第二句话，没有一代青春是容易的。你们的痛苦在我看来是带着羡慕的同情，因为没有一代青春是容易的，相比之下，你们青春的不容易，其实已经是进步中的不容易。第三句话，如果青春那么顺当，没有任何的奋斗和挣扎，没有那么多的痛苦、眼泪以及理想甚至破灭，青春还能叫青春吗？如果青春不是为了让将来回忆当中，充满了各种各样跌宕起伏的色彩的话，回忆有什么意义？如果青春没有经历过绝望和希望的交织的话，青春在人生中又有什么意义呢？所以这就是换个角度的三句话。

资料来源：360个人图书馆（www.360doc.com）

2. 排比的几种形式

本书之所以推荐排比作为常用的修辞手法，还有一个主要的原因是，排比相对其他修辞手法来讲更简单易用。简单来说，如果你在原来的演讲稿中，没有使用修辞方法，现在发现某个部分的内容需要加强语气或者增加感染力，就可以通过以下的方法，将你的演讲稿“升级”。

（1）词语或短语的排比

这就是指针对原来讲稿中的一些词汇或者短语，找到一系列结构相同或相似、意思密切相关、语气一致的词语或短语，然后将它们排列起来使用。例如：

- 自尊支撑自由的精神、自主的工作、自在的生活
- 长久以来，很多人说：我们对自己的能量应该冷漠，应该恐惧，应该怀疑

（2）**分句排比**

这就是指找到原来演讲稿中某个重要的分句，根据它的结构和意思，写出其他类似的分句。例如：

- 我们将战斗到底。我们将在法国作战，我们将在海洋中作战，我们将以越来越大的信心和越来越强的力量在空中作战，我们将不惜一切代价保卫本土，我们将在海滩作战，我们将在敌人的登陆点作战，我们将在田野和街头作战，我们将在山区作战
- 无论年龄，无论贫富，无论民主党人或共和党人，无论黑人、白人，无论拉美裔、亚裔、印第安人，无论同性恋、异性恋，无论残障人、健全人，所有的人，他们向全世界喊出了同一个声音：我们并不隶属“红州”与“蓝州”的对立阵营，我们属于美利坚合众国，现在如此，永远如此

（3）**整句排比**

这就是指将原来演讲稿中的某个重要的句子，无论是单句还是复句，按照其结构和语义再创建出类似的句子。例如，“如果青春那么顺当，没有任何的奋斗和挣扎，没有那么多的痛苦、眼泪以及理想甚至破灭，青春还能叫青春吗？如果青春不是为了让将来回忆当中，充满了各种各样跌宕起伏的色彩的话，回忆有什么意义？如果青春没有经历过绝望和希望的交织的话，青春在人生中又有什么意义呢？”也可以找到一些具有代表性的句子，如奥巴马的

"Yes，We can!"以重复的方式使用，这适合篇幅比较长时的演讲。

（二）对比

对比，是指把具有明显差异、矛盾和对立的双方安排在一起，进行对照比较的表现手法。这种手法可以突出好与坏、善与恶、美与丑的对立，给人极鲜明的形象和极强烈的感受。①例如，"政之所兴，在顺民心；政之所废，在逆民心""朱门酒肉臭，路有冻死骨""先天下之忧而忧，后天下之乐而乐"。

对比给演讲带来的效果显而易见。首先，以对比的方法解释概念，或者抛出观点，会让观点更加清晰，如饶毅教授对自尊的解释："这不是自恋、自大、自负、自夸、自欺、自闭、自缚、自怜，而是自信、自豪、自量、自知、自省、自赎、自勉、自强。"又如2015年12月31日罗振宇在《时间的朋友》的演讲中说道："去年董明珠给股东一百多亿元，没人知道，但是刘强东生孩子全国都知道；王健林去年的资本拼命往海外铺，没人知道，他的公子发微博，天下皆知；汽车产业去年最热闹的人是贾跃亭，要做超级汽车，其实谁在真正关注汽车500强企业？是吉利汽车的李书福。我们看到最热闹的新闻未必是这个世界的真相。"②通过一组例子之间的生动对比，罗振宇向观众抛出了他的观点："最热闹的新闻未必是这个世界的真相。"

其次，以对比的方法来描述矛盾中的双方，这样通过双方对比产生的巨大差异和冲突，能够向听众传播鲜明的立场和观点，并且引起听众的共鸣。

例如，卡斯特罗在其著名演讲《历史将宣判我无罪》中说："诸位法官先

① 对比［DB/OL］http://baike.baidu.com/subview/6129/8021449.htm.

② 罗振宇．罗振宇跨年演讲全文——时间的朋友2015［DB/OL］. http://mt.sohu.com/20160104/n433363853.shtml.

生，这里所发生的现象是非常罕见的：一个政府害怕将一个被告带到法庭上来；一个恐怖和血腥的政权惧怕一个无力自卫、手无寸铁、遭到隔离和诬蔑的人的道义信念。”[1]这种对比鲜明地描绘出了此处所发生的现象是多么的不合常理。

再比如，第二次世界大战中丘吉尔在德国纳粹入侵俄国时发表的广播演讲中也运用对比的方法描述了德国入侵俄国的残暴：

此刻我眼前看到的是俄国的士兵昂然挺立于自己的国土，英勇地捍卫着他们祖祖辈辈自古以来一直辛勤耕耘着的土地。我看到他们正在守卫着自己的家园，在那里母亲和妻子正在向上帝祈祷——是啊，任何人都总有祈祷的时候——祈求上帝保佑她们的亲人的平安，并保佑她们的壮劳力、她们的勇士和保护者胜利归来。我看见成千上万的俄国村庄，那儿的人们虽然要靠在土地上辛勤耕作才能勉强维持生计，却依然能够享受到天伦之乐，那儿的姑娘在欢笑，儿童在嬉戏。我看到这一切正面临着凶暴的袭击，正杀气腾腾地扑向他们的是纳粹的战争机器同它的那些全副武装、刀剑当当有声、皮靴咚咚作响的普鲁士军官以及它的那些奸诈无比、刚刚帮它征服并奴役了十多个国家的帮凶爪牙。我还看到那些呆头呆脑、训练有素、既驯服听话又凶残野蛮的德国士兵像一群蝗虫般地向前蠕动着。我看见天空中那些屡遭英军痛击、余悸未消的德国轰炸机和战斗机此时正庆幸终于找到他们以为是无力反抗、可手到擒来的猎物。（注：这既是对比，也是排比）。

资料来源：小e英语（www.en8848.com.cn）

此外，还可以用对比的手法描绘理想状况和现实的差距，让听众深刻地

① 宋洪洁．世界名人演讲大全集［M］．上海：立信会计出版社，2010.

意识到问题的严重性。例如，在2015年热播的电视剧《芈月传》中，芈月在励军演讲的一开始就说：

今日站在这里的，都是大秦的佼佼者。你们是大秦的荣光，你们是大秦的依仗，是耶不是？我大秦曾被人称为虎狼之师，令列国闻风丧胆。可就在前不久，五国陈兵函谷关外，可我们却束手无策，任人勒索宰割，这是为什么？我们的虎狼之师呢，我们的王军将士呢，都去哪儿了？大秦的将士，曾经是大秦的荣光，可如今却是大秦的耻辱。当敌人兵临城下的时候，你们不曾迎敌卫国而战，却在王位相争中自相残杀，这就是你们的作为？

资料来源：《芈月传》第70集

这样前后情景的对比，让三军将士能够充分认识到当前政局混乱所带来的问题。

柴静在《穹顶之下》中也使用了对比的方法，先是描绘我们理想或者理应的生活环境和生活状态，然后描述了现在的生活状态，而且两种描述都通过细节描述的方法，以点带面展现全景。

一个人，别说是一个人了，一个活物，在我看来应该这么活着，春天来的时候门开着，风进来、花香进来。有雨、有雾的时候，人忍不住想要往肺里面深深地呼吸一口气，那种带着碎雨的凛冽的、清新的感觉。秋天的时候你会想跟你喜欢的人一起，就一个下午什么都不干，懒洋洋地晒一会儿太阳，到了冬天你跟孩子一块出门，雪花飘下来，她伸着舌头去接的时候，你会教给她什么是自然和生命的美妙。

但现在呢？这一年每天醒来我做的第一件事情就是先看一下手机上的空气质量指数，用它来安排我一天的生活。我就靠盼着一点西北风过日子，我每天戴着口罩上街，戴着口罩见朋友。我用胶条把我们家的门窗每个缝都给它粘上，带着孩子出门打疫苗的时候，她冲我笑我都会感到害怕。

（三）比喻

比喻是一种常用的修辞手法，著名文学理论家乔纳森·卡勒为它下了定义：比喻是认知的一种基本方式，通过把一种事物看成另一种事物而认识了它。也就是说找到甲事物和乙事物的共同点，发现甲事物暗含在乙事物身上不为人所熟知的特征，而对甲事物有一个不同于往常的重新的认识。[①]比喻从文辞上可以分为三个成分，即本体（被比喻的事物或情境）、喻词（表示比喻关系的词语）、喻体（打比方的事物或情境）。

用比喻法描写事物，可使事物形象生动，从而能够加深读者的印象。具体而言，比喻在演讲中，可以起到以下几方面的作用。

1. 从复杂到简单

对于演讲中的那些概念复杂，或者晦涩的专业术语，不妨尝试用比喻的方法给它找到一个具体的、通俗易懂的喻体。例如，在医学上，潜水病又被称作减压病。因为在深水中，潜水员受到的海水压力非常大，水深每增加10米，人体上受到的压力就要增加一个大气压（1个标准大气压=1 010.8帕）。在这种情况下，空气中的氮气就会大量溶解到人体组织中。之后，如果潜水员上浮速度太快，海水压力一下子减少了，溶解在人体组织的氮气就会在肌肉、血液、关节等处形成许多微小的气泡，从而引起关节疼痛、头疼、神经障碍、组织坏死，严重的会引起瘫痪甚至死亡。这样的解释即便为听众所理解，也会因为不生动形象而难以让其产生深刻印象。但是如果用“因潜水而得‘减压症’，就

---

① ［美］乔纳森·卡勒．当代学术入门：文学理论［M］．李平，译．沈阳：辽宁教育出版社，1998.

好比是摇晃一瓶可乐，然后未等泡沫平息就快速拧开盖子”的比喻来解释这一概念，效果就截然不同了。听众不仅能理解这个概念，而且恐怕当他们以后看到摇晃过的可乐，就会想起减压症来。

2. 从抽象到具体

在第二届东亚文学论坛上，莫言在他的《悠着点，慢着点》的演讲中，也使用了大量的比喻，如“人类的欲望是填不满的黑洞，穷人有穷人的欲望，富人有富人的欲望”“要控制人类的贪欲，最直接最有效的手段还是法律，法律如同笼子，欲望如同猛兽。人类社会千百年来所做的事，也就是法律、宗教、道德、文学与人的贪欲的搏斗。尽管不时有猛兽冲出牢笼伤人的事件，但基本上还是保持了一种相对的平衡”[①]。这些“黑洞”“笼子”“猛兽”就将抽象的“欲望”和“法律”等概念通俗易懂地描绘出来了。

刘洪涛也在他的演讲《在骨感中走向丰满》中用过这样的比喻：“个人就像是机器上的零件，日复一日，年复一年，风华正茂、理想远大的青年熬成了中年，黑发熬成了白发，经历了多年现实的压迫和生活碎片的磨砺，理想逐渐模糊，碌碌一生似乎是命定的归宿，很多人认命了。但是我不相信！”[②]这样的比喻让抽象的“理想磨灭”，变得像机器上的零件一样，真实、具体、直观。

3. 从深奥到浅显

有些道理或者观点是深奥的，晦涩的，在通过语言进行传播的时候，受众理解起来可能就比较“费力”。如果采用比喻的方式，为道理找到听众所熟悉的简单喻体，那么枯燥的道理就会变得生动，深奥的道理就会变得浅显

---

① 莫言．悠着点，慢着点［J］．语文教学与研究：教师版，2015（2）．

② 刘洪涛．在骨感中走向丰满［J］．课外阅读，2014（20）．

易懂。

毛泽东在《为人民服务》中，提到张思德同志之死，是这样说的："人固有一死，或重于泰山，或轻于鸿毛。为人民利益而死，就比泰山还重；替法西斯卖力，替剥削人民和压迫人民的人去死，就比鸿毛还轻。张思德同志是为人民利益而死的，他的死是比泰山还要重的。"

李克强在莫斯科大学发表演讲时对国际形势做了深入分析，并就中俄在新形势下如何继续加强合作提出了一系列高瞻远瞩的看法。在谈到如何认识新时期的中俄合作时，李克强运用了这样的比喻："这就像中国人喜欢的围棋和俄罗斯人喜欢的象棋，都讲究谋事布局。我们现在谋的是中俄合作的大局，顺应的是世界和平、发展、合作的大势。这不是权宜之计，必须着眼长远，脚踏实地。"①

俞敏洪在中央电视台《创业榜样》的演讲说："青春最大的标志是坚决不承认失败，历经挫折，初心不改……被踩到泥土里，你依然能像种子一样，长出一棵大树来。"用踩在泥土里的种子来比喻历经挫折、初心不改的道理，让抽象的道理变得鲜活而具体了。

除此之外，比喻还是演讲者用来表达情感的重要方法，有时它是轻松幽默的，有时它是"尖锐刻薄"的；有时它是饱满真挚的，有时它是慷慨激昂的。

卡斯特罗在《历史将宣判我无罪》中也使用了比喻的方法："检察官的起诉只限于念一念社会保安法的一条五行字的条文，难道他们以为，我也只纠缠在这一点上，像一个奴隶围着一扇石磨那样，只围绕着这几行字打转吗？"②

① 张海法，李学才．巧用比喻通俗易懂——析李克强总理演讲时比喻手法的运用［J］．秘书之友，2014（1）．

② 宋洪洁．世界名人演讲大全集［M］．上海：立信会计出版社，2010.

他用“奴隶围着石磨”生动地讽刺了检察官只会念念社会保安法的愚蠢做法。

至此，提高论据冲击力的四种常用方法——故事生动化、数据可视化、描述细节化和修辞情感化已经介绍完了。最后与大家分享几点注意事项。

首先，这些方法可以交叉使用。如前面看到的很多例子，很多成功的演讲，即便在同一个论点展开或者一个论据的提供时，仍然会将故事、数据、细节、修辞等多种方法结合使用。这几种方法不是非此即彼的，不是排他的，而是相辅相成的，可以优势互补的。

其次，当为分论点准备好论据之后，需要遵从“提出分论点—提出论据—再次重复分论点”这样的顺序向听众进行介绍。这一点非常重要，它源于古希腊辩论术。其认为，演讲总是可以分为三部分，分别是：“告诉他我要告诉他什么”“告诉他”“告诉他我曾经告诉他什么”。如果大家现在再回顾一下“话”图纸就不难发现，其实本书推荐的整篇的演讲就是遵循了这样的一个逻辑框架：开场提出主题—展开论述主题—结尾回顾总结。

第五章
一锤定音：承诺式收尾的要点

是电影总要有结局，是音乐总要有尾声，演讲也一定要有个完美恰当的收尾。“最后一部分”对于所有的艺术作品来说都是提升高度的重要环节，演讲更是如此。就像“银瓶乍裂”“掷地有声”一样，我们对收尾的要求是：“一锤定音”，既要有力度又要有深度。所谓“一锤定音”是指在制造铜锣时由最后一锤决定锣的音色，借指凭一句话做出最后决定，也比喻做事干脆利索，说话算数。实际上，所有演讲的收尾都是演讲者的一种承诺，既是对听众的承诺，向听众确保自己说的是对的；也是对自己的承诺，坚持自己的观点，深信不疑。

第一节　收尾两动作

当初研发《荣耀时刻》课程的时候，阅读了大量的名人演讲合集，其中不乏幽默机智的开场、感人至深的故事、入木三分的刻画，但是优质的收尾并不多见。近几年做过很多路演的辅导，发现大家对演讲的开场和内容展开精益求精，但对收尾设计显然不够用心。而在实际演讲中，也存在很多无法明确区分收尾部分的演讲，总、分、总的框架并不明显。演讲收尾需要具备可传播的生命力，同时“收尾的重量”还需匹配“整场演讲的重量”。

一、理性总结+感性升华=有生命力的收尾

收尾是一场演讲的关键环节，它的存在让演讲更具生命力。一场演讲如果没有收尾或者收尾不得法，就算内容再精彩、含金量再高，也难以让听众付诸行动。

（一）让你的演讲再“飞”一会儿

收尾的能量就好像物理学中的“惯性”，收尾越有分量，演讲在听众心中滑行的惯性越大，达成演讲目标的可能性也越大，那如何增加这个“惯性”呢？

在中国文学史上，传播时间最长、范围最广的是诗歌，而在诗歌中最易让大家传诵的就是绝句，绝句的特点是短小精悍、朗朗上口、寓意深刻，一般只有4个句子。绝句是诗人情感、思想观点的高度凝结，而最为人熟知的是其中最精华的句子，如“鞠躬尽瘁，死而后已”，“长风破浪会有时，直挂云帆济沧海”，“海内存知己，天涯若比邻”等。因此，要想让演讲能够拥有这种“惯性”，就必须拥有能统领通篇思想的语句，而且必须放在结尾处，如果这种语句出现在演讲的中间部分，就很可能被听众忽略、遗忘。

总之，如果你希望演讲能够在听众心中继续“飞”下去，高度凝结核心思想的收尾是必不可少的。

（二）理性总结与感性升华并重

什么样的结尾才是好的结尾？第一，要保证演讲结尾绝不能是名言警句的堆砌、诗词歌赋的罗列，它必须服务于演讲目标，支持核心观点；第二，既不能一味煽情，也不能仅仅回顾全文，只有虚实结合，理性、感性同时兼顾才是完美的结尾。试想一下，如果收尾只是回顾主要内容的理性总结，演讲就会成为说教，冗长乏味；如果收尾只是感性升华，用华丽的语言一味煽情，那么

这样的演讲一定是虚无缥缈、华而不实的。

所以，理性总结与感性升华具有完全不同的作用，缺一不可。先重复观点，强化目标，让听众更清晰地记忆你想表达的内容，明确演讲中对听众未来的期待。再利用语言的魅力画龙点睛，升华核心思想，以引起共鸣，激发行动。这样的演讲收尾才是有助于实现演讲目标的收尾。

二、收尾的“重量”需匹配整场演讲的“重量”

什么样的专业是最好的专业？适合你的专业才是最好的。什么样的婚姻是最好的婚姻？适合你的婚姻才是最好的。“适合”二字，在演讲中也同样重要。什么样的演讲收尾是最好的？适合你的演讲、适合你的风格就是最好的。那么，怎样收尾才能做到“适合”呢？

（一）收尾过“重”，挑战听众耐心

上学的时候，我们一定很害怕听到老师在课程结束的时候和大家说“最后用几分钟强调一下……”，因为可能结束的时间就是下节课开始的时候。工作以后，我们也会很抵触领导在会议最后说“我简单总结一下……”，因为这往往意味着新的会议的开始。

不管何种场景，只要你明确引导听众进入了收尾环节，就必须在适宜的时间内收住，在演讲的场景中怎么界定是否“适宜”？一般来说，对于18分钟的演讲，结束语不应超过2.5分钟；对于半小时以上的演讲，结束语不应超过5分钟；对于10分钟以内的即兴演讲，结束语在1分钟左右较为合适。收尾绝不能过“重”，太长的收尾会挑战听众的耐心。

（二）收尾过“轻”，观点无法立足

相比收尾过“重”，过“轻”的收尾对演讲者而言实在是“暴殄天物”，

它浪费了一个让听众记住你演讲观点的机会。在很多场合，我们听过类似的演讲收尾："今天我就讲这么多，希望能给大家带来一些帮助，最后祝大家工作顺利！谢谢！"这样的收尾不能起到任何作用。演讲对语言的要求是严格的，每一句话都应当是有目的、有作用的，收尾承担的作用就更大了，类似于我们常说的"扶上马，送一程"，即收尾就是把核心思想在听众心中扶上马，再送一程。

聪明的演讲者都善于利用收尾部分，因为这是整场演讲中最后一次让观点在听众心中立足的机会。

第二节　总结概括

在演讲中，总结概括是必要的环节，如果演讲是即兴的，那么这个环节可以帮助听众整合重要内容；如果演讲是学术类的，那么总结概括可以让听众更清晰地记忆演讲者想传达的知识；如果希望通过演讲激励听众，那么总结概括就是整场演讲的重音；如果希望通过演讲改变人们的行为，那么总结概括能让听众更明确演讲者希望他们做什么。总而言之，演讲中的总结概括，一定要能够支持演讲目标达成，为听众服务，以最终成就演讲者。

一、绝不放过强调核心观点的机会

简单来说，演讲就是为了让观点被记住，我们之前在"银瓶乍裂""掷地有声"讲的那些方法，都在为这个目标服务，收尾环节中的总结概括，就更是要为这个目标而服务。收尾环节作为演讲的最后一个部分，也是演讲者最后一次强调核心观点的机会，所以绝不能放过。

（一）重复核心观点

这用2015年的一句网络流行语来说就是"重要的事情说三遍"，我们并不要求一定要重复这么多遍，但核心观点必须重复。有一本书叫《重复的力量》，通过实际例子证明了重复的重要性，也鼓励更多人去重复。其中有一段话令我深有感触："不断重复的话语会长久地驻扎在我们脑中无意识的深层区域，这里正是我们行为动机形成的地方。虽然过了一段时间，我们会忘记是谁说了这些话，但是我们会对这些话深信不疑。"①

2005年6月12日，史蒂夫·乔布斯受邀参加美国斯坦福大学毕业典礼，并做了主题演讲，在他的演讲收尾处重复了3次演讲的核心观点："求知若饥，虚心若愚"。

我年轻时有一本非常好的刊物，叫《全球概览》（*The Whole Earth Catalog*），这是我那代人的宝书之一，创办人名叫斯图尔特·布兰德（Stewart Brand），就住在离这儿不远的门洛帕克市。他用诗一般的语言把刊物办得生动活泼。那是20世纪60年代末，还没有个人电脑和桌面印刷系统，全靠打字机、剪刀和宝丽莱照相机（Polaroid）。它就像一种纸质的Google（谷歌），却比Google早问世了35年。这份刊物太完美了，查阅手段齐备、构思不凡。斯图尔特和他的同事们出了好几期《全球概览》，到最后办不下去时，他们出了最后一期。那是20世纪70年代中期，我也就是你们现在的年纪。最后一期的封底上是一张清晨乡间小路的照片，就是那种爱冒险的人等在那儿搭便车的那种小路。照片下面写道：求知若饥，虚心若愚。那是他们停刊前的告别辞。求知若饥，虚心若愚。这也是我一直想做到的。眼下正值诸位大学毕业、开始新生活之际，我同样愿大家：求知若饥，虚心若愚。

资料来源：360 doc个人图书馆（www.360 doc.com）

---

① 胡硕匀.重复的力量［M］.台北：大是文化有限公司，2012.

白岩松在美国耶鲁大学的演讲堪称经典，他的主题是“我的故事以及背后的中国梦”，在他演讲的收尾部分以“我有一个梦想”为核心观点进行了重复：

所以最后我只想再说一句。40年前，当马丁·路德·金先生倒下的时候，他的那句话“我有一个梦想”传遍了全世界。但是，一定要知道，不仅仅有一个英文版的“我有一个梦想”。在遥远的东方，在一个几千年延续下来的中国，也有一个梦想。它不是宏大的口号，并不仅仅在政府那里存在，它属于每一个非常普通的中国人，而它用中文写成“我有一个梦想”。

（二）强调演讲目标

如果你希望别人知道，那么最好的方法就是用直截了当的方式说出来。有时我们期待通过演讲能够改变些什么，在内容展开的部分我们已经大量论述了为什么要这样做、好处是什么、如何做等，那么在收尾的部分就不如直接说清楚自己的目标是什么、到底要做些什么。有很多著名的演讲正是如此结束的。

美国第39任总统詹姆斯·厄尔·卡特于1977年1月20日发表题为“美国理想”的就职演说，就在收尾部分直接表明其演讲目标：

我同大家一样希望，在我担任总统届满时，人们会这样论及我们的国家：我们记得弥迦的话，我们重新寻求谦卑、怜悯和公义；我们已经把不同种族、不同地区和不同信仰的人们相互隔开的障碍拆除，我们以尊重多样化的方式使缺乏信任的地方建立起团结；我们已经为能够从事工作的人们找到了工作；我们已经巩固了美国的家庭，这是我们的社会基础；我们已经确保尊重法律，无论弱者还是强者，富人还是穷人，在法律面前一律平等；我们已使人民重新对自己的政府感到骄傲。我希望世界各国都会这样说：我们不是在武器之上而是在反映我们最珍视的价值观的国际政策之上，建立起持久的和平。这些不仅仅是我个人的目标。它们也将不是我个人的成就，而是对我国持续不断的道德力量的一种肯定，也是对我们从未减弱的、不断发展的美国理想的一种肯定。

资料来源：宋洪洁．最精彩的演讲［M］．上海：立信会计出版社，2010

安德鲁·卡内基的著名演讲《成功之路》，在收尾部分非常清楚地将他的期望，也就是他的演讲目标告知听众，后来很多人评说，这篇演讲之所以成功，结尾部分功不可没：

总结一下，我所说的：要志存高远；不要出入酒吧；要滴酒不沾，要喝也只在用餐时喝少许；不要投机；不要寅吃卯粮；要把公司的利益当作你自己的利益；要专注，把所有的鸡蛋放在一个篮子里，然后小心地看好它；要量入为出；最后一点，要有耐心，就像爱默生所言："除了你自己，没人能真正阻止你成功。"

资料来源：小e英语（www.en8848.com.cn）

二、常见句型：让总结概括变成填空题

如果你希望用最简单的方式完成演讲的总结概括，或者对一场即兴演讲根本来不及思考如何结尾，在此提供三种常见的总结概括句型，虽然不见得是最好的方式，但一定有助于快速备稿，并能清楚全面地进行总结概括。

（一）如果……那么……

这有些像小学生造句，如果你的演讲是根据"掷地有声"中的内容进行展开的话，这个句型就比造句还简单，因为你不用创造，拿来即可填写。

“如果”的后面连接核心内容，而这个核心内容务必用最简练的语言表达出来；“那么”的后面连接演讲的核心观点或者最终目标。

在英国著名哲学家、数学家罗素的著名反战演讲《置人类于末日，还是弃绝战争》中，他明确指出了人类面临着被自己发明和使用的核武器所毁灭的可能，他从生死存亡的严峻态势向人类发出警告：要么是人类的幸福、知识和智慧不断增进，要么是普遍的灭亡。这篇演讲也被称为“科学家要求废止战争宣言”，在他的收尾处，就是利用了“如果……那么……”句型：

我们中间的大多数人在感情上并不是中立的。但作为人类，我们必须记住，如果东方和西方之间争端的解决，对于无论是共产主义者还是反共产主义者，无论是亚洲人还是欧洲人或者美洲人，无论是白种人还是黑种人，都能给以可能的满足，那么就绝不可用战争去解决这些争端。我们希望东方和西方都了解这一点。

如果我们这样做出抉择，那么摆在我们面前的就是幸福、知识和智慧的不断增进。难道我们由于忘不了我们的争吵，竟然要舍此而选择死亡吗？作为人，我们要向人类呼吁：记住你们的人性而忘掉其余。要是你们能这样做，展示在面前的是通向新乐园的道路；要是你们不能这样做，那么摆在你面前的就是普遍死亡的危险。

资料来源：必读网（www.beduu.com）

（二）只要……就能（一定）……

这个句型和“如果……那么……”类似，使用方式也几乎是一样的。“只要”的后面连接核心内容，“就能（一定）“后面连接演讲的核心观点或者最终目标。例如，只要我们能够在平时以身作则，能够带领团队共启愿景、挑战现状，能够科学有效地激励人心，就一定可以成为一名真正的领导者。

第三节　点睛升华

演讲的收尾环节包含两个部分：先理性总结，再感性升华。理性总结部分只要我们有明确的观点和演讲目标就很容易完成，但是感性升华部分就要依靠一些技巧，包括对文字的驾驭能力、在呈现中的号召力等。如果现在还不能确定我们拥有这些能力或者在这些方面我们完全没有自信，那就需要靠前期的精心设计了。如何设计呢？下面有四种方式供你选择，分别是“故事”“箴言”“展望”“行动”。这其中的任何一种都可以起到对整场演讲点睛的作用，既可单独使用，也可以将其中的两种结合使用。

一、故事：可承前也可启后

“故事”是常用的让人们快速理解道理的工具，我们从小就看过许多蕴含道理的故事，如《伊索寓言》《格林童话》《安徒生童话》《一千零一夜》等。其实每一部电影又何尝不是通过“故事”让大家明白道理呢？“故事”只是工具，它是真是假对背后的道理毫无影响，在演讲中，我们可以在结尾处放置一个小故事。故事根据功能不同可以分为两类，第一种是“启后”，即故事中蕴含的道理是用来激发听众未来行动的；第二种是“承前”，就是将演讲的主题再用故事生动地讲述出来。

（一）启后：优秀演讲者常备结尾小故事

有一位非常著名的讲师，在他课程结束的时候总会送给学员们一个小故事，而他的故事有两个不同版本，如果是针对管理层的“管理技能培训”，他会送给大家一个关于从自己做起、改变自己的小故事；如果是针对基层人员的

“通用技能培训”，他会送给大家一个关于真正的学习始于行动的故事。虽然始终是这两个小故事，但学员听后都很有感触。

这两个故事的主题即“改变自己”“立刻行动”，对于大多数的演讲也是适用的。优秀演讲者会常备几个类似主题的结尾小故事，至少也应有一个，以用于整场演讲的点睛升华。故事不需要与演讲内容高度结合，其主要的目的是激发听众未来的行动和改变。所以，建议各位演讲者提前准备好这两个主题的小故事。下面给大家举三个例子，故事的长短可以参考示例。

关于从自身做起、改变自己的故事：

著名的哲学家柏拉图在上课的时候告诉他的学生们：“我能够把对面的山移过来。”学生们一下子炸开了锅，觉得非常羡慕，然而又非常好奇，于是纷纷向老师请教方法：“老师，你是怎样做到的呢？能不能教教我们？”这时柏拉图就笑了，说：“很简单的，山若不过来，我就走过去！”在场学生一片哗然！

资料来源：学优网（www.gkstk.com）

关于立刻行动的故事：

有一个中年人，经常去教堂祈祷。第一次到教堂时，他跪在圣坛前开始祈祷：“上帝啊，请念在我多年来敬畏您老人家的份上，让我中一次彩票吧！阿门。”几天后，他又垂头丧气地来到教堂，同样跪在圣坛前祈祷：“上帝啊，您老人家为何不让我中彩票？我愿意谦卑地服从您，求您让我中一次彩票吧！阿门。”又过了几天，他再一次来到圣坛前跪地祈祷：“我的上帝，为何您老人家不聆听我的祈祷呀？我再次求您老人家就让我中一次彩票吧，我不贪财，中一次就行，我愿意终身侍奉您……”就在此时，圣坛上空发出一阵庄严的声音：“我是上帝，一直聆听你的祈祷，我也是真想帮你，可是，最起码，你也该先去买一张彩票吧？”

资料来源：学优网（www.gkstk.com）

关于综合这两个主题的故事：

托尔斯泰写过一则小寓言，说有一个国王每天都在思考三个最最终极的哲学问题：在这个世界上：什么人最重要？什么事最重要？什么时间做事最重要？

就这三个问题，举朝大臣，没人能够回答得出来。他很苦闷，后来有一天，国王出去微服私访，走到一个很偏远的地方，投宿到一个陌生的老汉家。半夜里，他被一阵喧闹声惊醒，发现一个浑身是血的人闯进老汉家。那个人说，后面有人追我。老汉说，那你就在我这儿避一避吧。然后就把他藏起来了。国王吓得不敢睡，一会儿看见追兵来了。追兵问老汉，有没有看到一个人跑过来？老头说，不知道，我家里没有别人。后来追兵走了，那个被追捕的人说了一些感激的话也走了。老汉关上门继续睡觉。第二天国王问老汉说，你为什么敢收留那个人？你就不怕惹上杀身之祸？而且你就那么放他走了，你怎么不问他是谁呢？老汉淡淡地跟他说，在这个世界上，最重要的人就是眼下需要你帮助的人；最重要的事就是马上去做；最重要的时间就是当下，一点不能拖延。那个国王恍然大悟，他那三个久思不解的哲学问题，一下都解决了。

资料来源：学优网（www.gkstk.com）

（二）承前：用小故事升华观点

作为一名普通人同时也是一名普通的演讲者，我们一定讨厌被人洗脑，也不愿意去给别人洗脑。所以在演讲中通过不断呐喊来说服听众恐怕不是我们要做的事情。那该如何让听众自然地接受我们的观点，使演讲的收尾有质量、有深意呢？我们可以将演讲的主题用一个生动的故事讲述出来，这个故事一定要包含着我们希望通过演讲传达的思想或观点，此类故事的作用是“承前”。

1943年，宋美龄女士在美国参议院大厅做演讲，在收尾处讲了“磨镜台”的故事：

两千年前，台址近旁有一座古老的佛寺。一名年轻和尚来此修行，他整天盘腿坐禅，双手合十，口中喃喃念着“阿弥陀佛！阿弥陀佛！阿弥陀佛”他唱念佛号，日复一日，因为他希望成佛。寺里的住持于是拿一块砖去磨一块石头，时时刻刻地磨，一天又一天地磨，一周又一周地磨。小和尚有时抬眼瞧瞧老和尚在做什么。住持只是一个劲儿拿砖磨石。终于有一天，小和尚对住持说：“大师，您每天拿这块砖磨石头，到底为什么呢？”住持答道：“我要用这块砖做镜子。”小和尚说：“可砖块是做不成镜子的呀，大师。”“没错，”住持说，“就像你成天光念阿弥陀佛，是成不了佛的。”（掌声）

因此，朋友们，我觉得，我们不但必须有理想，不但要昭告我们有理想，我们还必须以行动来落实理想。（掌声）所以，我要对诸位参议员，以及旁听席上的女士先生们说，没有我们大家的积极协助，我们的领袖无法落实这些理想。诸位和我都必须谨记“磨镜台”的教训。

美国陆军四星上将乔治·巴顿，人称“铁胆将军”，他的演讲中虽然语言有些粗俗，但生动、有趣，还善于编撰小故事。他的著名演讲《真正的男子汉都喜欢打仗》就以一个他自己杜撰的小故事结束，但就是这个小故事，感染了千千万万的战士和民众。

凯旋回家后，今天在座的弟兄们都会获得一种值得夸耀的资格。二十年后，你会庆幸自己参加了此次世界大战。到那时，当你在壁炉边，孙子坐在你的膝盖上，问你：“爷爷，你在第二次世界大战时干什么呢？”你不用尴尬地干咳一声，把孙子移到另一个膝盖上，吞吞吐吐地说："啊……爷爷我当时在路易斯安那铲粪。"与此相反，弟兄们，你可以直盯着他的眼睛，理直气壮地说："孙子，爷爷我当年在第三集团军和那个狗娘养的乔治·巴顿并肩作战！"

资料来源：吴秀辉.乔治·巴顿（1885–1945）[M].哈尔滨：哈尔滨出版社，2015

莫言的诸多演讲，都是以一个又一个小故事为主要内容展开的，其中有一场在法兰克福"感知中国"论坛上关于文学的演讲，他便以故事来对演讲内容进行点睛升华：

最后，我讲一个小故事。听说法兰克福是歌德的出生地。在中国，流传着一个非常有名的关于歌德的故事。有一次，歌德和贝多芬在路上并肩行走。突然，对面来了国王的仪仗。贝多芬昂首挺胸，从国王的仪仗队面前挺身而过。歌德退到路边，摘下帽子，在仪仗队面前恭敬肃立。我想，这个故事向我们传达的就是对贝多芬的尊敬和对歌德的蔑视。在年轻的时候，我也认为贝多芬了不起，歌德太不像话了。但随着年龄的增长，我慢慢意识到，在某种意义上，像贝多芬那样做也许并不困难。但像歌德那样，退到路边，摘下帽子，尊重世俗，对着国王的仪仗队恭恭敬敬地行礼反而需要巨大的勇气。谢谢大家！

资料来源：学优网（www.gkstk.com）

二、箴言：送给听众的第二份礼物

如果说演讲的核心观点是送给听众的第一份礼物，在结尾处的"箴言"就该是演讲者送给听众的第二份礼物了。在演讲收尾处的"箴言"，是和演讲内容相关的一句对听众有劝谏之意的话语，它应当言辞恳切、饱含演讲者的情感，同时也要体现演讲者的自信和坚定，最重要的是这句话要能触及听众的情感与思想。

(一)箴言不是名言警句

有很多人会错误地认为，箴言一定要是名人所说的话，是那些流传很广的名言警句，其实完全不必如此。“箴言”一定是演讲者在本次的演讲主题下最想对听众说的一句话，或者是最想送给听众的一句寄语，它可以是名人名言，但同样可以是演讲者自己想说的一句话。它可以出现在点睛升华的最后位置，也可以出现在中间位置，但务必是令人振奋、令人颇有感触的有力量的语句，另外应注意“箴言”不能太长，过长的句子会影响传播度。

2010年，俞敏洪在中国计量学院发表题为“不要低估自己，不要低估别人”的演讲，在收尾部分，他送给全场的同学们一句箴言：

失恋不可怕，失业不可怕，我们要坚定地相信：你拥有的痛苦全世界所有人都拥有过，你没有拥有过的更加深刻的痛苦，这个世界早就有过。这个世界容不得抱怨，充满抱怨的情绪，充满复仇的情绪，充满对别人仇恨的情绪永远无法成功，唯一要做的是解放自己，解放思想，要自己跟自己比，永远不要和别人比，让自己长出隐形的翅膀飞向遥远的高空。

最后两句话送给大家：相信你的飞翔，相信你能找到理想的天空。

资料来源：百度文库（www.wenku.baidu.com）

在著名的青年励志节目《开讲啦》中，万达集团董事长王健林先生受邀发表题为“坚持才能成功”的励志演讲，他在收尾部分中将自己常说的话作为箴言，而这段话也成为这场演讲中最令人动容的话：

我们这些都是同学，绝大部分是大学生，可能很多刚刚毕业。很多人都想创业，都梦想成功，每个人都有成功的机会。首先你要研究你跟别人不一样的地方，要有创新的精神。除了这以外，更重要的品质是要有执着的精神。要不怕失败，要千锤百炼、百折不挠。我经常讲两句话，“我到了黄河心也不死，撞了南墙也不回头”。为什么？到了黄河，搭个桥就过去了，撞了南墙，搭个梯子翻过去了。所以只有这种精神，才能够获得所谓的成功。我的演讲就到这里，谢谢！

资料来源：万达集团（www.wanda.cn）

（二）箴言要与演讲内容相关

作为普通的演讲者，我们可能一生都不会创造出流传百世的警句，所以我们才更喜欢在演讲中尤其是收尾部分引用名言警句，来提升我们演讲的思想高度，但要注意“箴言”可以引用经得住考验的名言，但一定要和演讲内容相关，否则就失去了意义。假如你做了一场关于“幸福到底是什么”的演讲，你的观点是“幸福就是知足”，那么在收尾处送给人家的箴言可以是：“永远不要凝视你没有得到的东西，祝每个人都能再长一双只看得见‘拥有’的眼睛。”这句箴言就很好地升华了观点。

习近平主席非常擅长结合演讲内容引用名言，他的很多令人赞叹的演讲都是以名言作为结束的。在莫斯科国际关系学院的演讲中他是这么说的：

老师们、同学们！

俄罗斯有句谚语：“大船必能远航。”中国有句古诗：“长风破浪会有时，直挂云帆济沧海。”我相信，在两国政府和人民共同努力下，中俄关系一定能够继续乘风破浪、扬帆远航，更好造福两国人民，更好促进世界和平与发展！

资料来源：新华网（www.news.xinhuanet.com）

在墨西哥参议院的演讲：

女士们、先生们、朋友们!

中墨两国有句共同的谚语，叫作“有志者，事竟成”。

我们两国关系未来发展的宏伟目标已经确定，关键是付诸行动。

让我们携起手来，以两国建立全面战略伙伴关系为契机，把握方向，开拓进取，共同开创中墨关系更加美好的未来!

谢谢大家。

资料来源：新华网（www.news.xinhuanet.com）

在巴基斯坦议会发表题为“构建中巴命运共同体，开辟合作共赢新征程”的演讲：

女士们、先生们、朋友们!

构建中巴命运共同体，是中巴两国政府和人民从两国根本利益出发做出的战略抉择。巴基斯坦国父真纳说：“只有通过团结一致的努力，才能把我们的理想变成现实。”让我们携起手来，共同开创两国更加美好的未来!

谢谢大家!

资料来源：新华网（www.news.xinhuanet.com）

在英国议会的演讲：

培根说过：“智者创造机会，而不是等待机会。”中国也有一句名言：“机不可失，失不再来。”我坚信，富有改革创新精神的中英两国人民，一定能够创造出更多机会推动两国合作再上新的台阶，中英关系的明天，一定会更加美好，谢谢大家。

资料来源：新华网（www.news.xinhuanet.com）

2015年诺贝尔生理学或医学奖得主、中国女药学家屠呦呦在卡罗琳医学院诺贝尔大厅用中文做了题为“青蒿素的发现：中国传统医学对世界的礼物”的演讲，在结尾处，她引用唐诗向全世界推广中国医药学的魅力：

在结束之前，我想再谈一点中医药。中国医药学是一个伟大宝库，应当努力发掘，加以提高。青蒿素正是从这一宝库中发掘出来的。通过抗疟药青蒿素的研究经历，深感中西医药各有所长，二者有机结合，优势互补，当具有更大的开发潜力和良好的发展前景。大自然给我们提供了大量的植物资源，医药学研究者可以从中开发新药。中医药从神农尝百草开始，在几千年的发展中积累了大量临床经验，对于自然资源的药用价值已经有所整理归纳。通过继承发扬，发掘提高，一定会有所发现，有所创新，从而造福人类。

最后，我想与各位分享一首我国唐代有名的诗篇，王之涣所写的《登鹳雀楼》：“白日依山尽，黄河入海流，欲穷千里目，更上一层楼。”请各位有机会时更上一层楼，去领略中国文化的魅力，发现蕴含于传统中医药中的宝藏！

资料来源：新华网（www.news.xinhuanet.com）

三、展望：听众需要有意义的观点

现在的听众对新鲜事物的关注度恐怕比10年前要翻了几倍甚至几十倍，如果你给听众一个所有人都知道的观点，你又凭什么要求大家兴致勃勃、认认真真地听你讲呢？所以，听众需要有意义的观点，需要明确地知道你的演讲、你的观点对未来有怎样的意义或价值。当需要在收尾处进行展望升华之时，必须注意：千万别只顾仰望星空，而忘了脚踏实地。

（一）展望式升华

观点有生命，演讲才能有生命。展望式的升华不单是在提升演讲的高度，更是在延续演讲的生命、激发未来的无限可能。演讲者需要告诉听众，其观点会导致怎样的可能，当听众接受其观点，改变了思想和行为之后会有怎样的未来。

人民日报社副总编辑卢新宁在北京大学的毕业典礼上发表演讲，主题是“在怀疑的时代依然需要信仰”，但由于演讲收尾处的展望式升华太精彩了，很多媒体在转载此篇演讲时便将标题改为了这句展望：

梁漱溟先生写过一本书《这个世界会好吗？》。我很喜欢这个书名，它以朴素的设问提出了人生的大问题。这个世界会好吗？事在人为，未来中国的分量和质量，就在各位的手上。

最后，我想将一位学者的话送给亲爱的学弟学妹——无论中国怎样，请记得：你所站立的地方，就是你的中国；你怎么样，中国便怎么样；你是什么，中国便是什么；你有光明，便不再黑暗！

资料来源：百度文库（www.wenku.baidu.com）

马丁·路德·金在他的著名演讲《我有一个梦想》中也运用了展望式升华作为收尾：

当我们让自由之声响起来，让自由之声从每一个大小村庄、每一个州和每一个城市响起来时，我们将能够加速这一天的到来，那时，上帝的所有儿女，黑人和白人，犹太人和非犹太人，新教徒和天主教徒，都将手携手，合唱一首古老的黑人灵歌：“终于自由啦！终于自由啦！感谢全能的上帝，我们终于自由啦！

资料来源：宋洪洁.世界名人演讲大全集［M］.上海：立信会计出版社，2010

阿里巴巴集团董事长马云在上海市浙江商会第九次会员大会上发表演讲

《今天的“新常态”是你的最大机会》：

最后，周会长讲的，静能生定，定能生慧，很有哲理。但是另外一句话，人定胜天，天是有规律的，天可能是天灾人祸，但是这个定是镇定的定，而不是一定的定。在任何经济状况下，考验的是你的能力，而你的能力体现在员工的能力，你组织的能力，文化的能力，对未来预判的能力。所以，在新常态下我们只有镇定了，才能躲过。就像发生地震的时候，越镇定越有机会。

今天是商人的机会，是我们可以展示自己能力的时候。今天我们更能展示企业家是这个社会发展过程中最重要的脊梁，只有企业家强大，中国才能强大；只有企业家昌盛，整个中国市场才能昌盛。我深以为傲，如今能与大家一起。感谢大家！

资料来源：第一财经（www.yicai.com）

（二）“仰望星空”的同时不要忘了“脚踏实地”

展望未来固然重要，但绝不能忽略三个关于展望的基本条件：

第一，必须和你的观点有关——演讲者切忌跟听众展望与你和你的演讲无关的未来。

第二，对于展望，抬头、踮脚、伸手即可“够到”，不要太过遥远，不建议大家过分夸张。

第三，一定和听众有关系，你展望的是你和听众共同的未来。

如果我们在展望式升华部分忽略这三个基本条件中的任何一个，你的展望就会变成“忽悠”。

四、行动：展现演讲者的号召力

很多演讲都是以号召某项行动为最终目标的，如果你希望听众真正有所行动，那么请在演讲收尾处用你希望听众做的最具体的行动来升华整场演讲。

（一）最实用的点睛升华

一般来说，用行动点睛升华，对普通演讲者而言是最常用的，也是最好用的，当然也可以结合其他点睛升华的方式。

莫言在广州大剧院做过一场以“喧嚣与真实”为题的演讲，在收尾处他以作家应有的行动来侧面说明他的核心观点：

总而言之，面对当今既喧嚣又真实、万象风云的社会，一个作家应该坚持这样几个原则，或者说几个方法来面对社会现实。

首先，我们要冷静的观察，要透过现象看本质。我们过去说，我们要研究一个人，就要听其言、察其行，我们要察言观色，观察会让你获得外部大量信息。然后我们要运用我们的逻辑来进行分析。我们要考量现实，我们也要回顾历史，我们还要展望未来。通过分析得到判断，最后在这样的观察、分析、判断的基础上，展开我们的描写，然后给读者一个丰富的文学世界。谢谢大家！

资料来源：经理人分享（www.managershare.com）

著名作家毕淑敏在参加电视节目《开讲啦》时以“别给人生留遗憾”为主题做了一场演讲，在收尾处，她明确表达了对年轻人的期望：

所以如果你有愿望，如果你真的还有力量去实行它，我觉得你一定要即刻就出发，去完成自己的愿望，让自己少一些遗憾。人生是一个漫长的过程，年轻是多么的好，但是请你们记得，记得有很多的东西，当你不懂的时候，你年轻，当你懂得了以后，你已年老。

那么让我们的理想不要变成化石，让我们现在就行动起来，去实践我们的理想，让我们的人生少些遗憾，谢谢大家！

资料来源：央视影音（www.tv.cntv.cn/video）

（二）“行动”要与实际相结合

用行动来升华整场演讲的收尾好处很多，但也有一些地方需要注意。这个行动必须是基于你演讲观点的行动，它可以更为细致，也可以把具体的行动上升一个层次，同时这个行动务必是听众可以通过努力做到的。如果这两点没能做到，那么你就不要奢望这场演讲的行动式收尾能激发出任何行动了。因此，收尾处的行动，不但要与内容相结合，也要与实际相结合。

第六章
声音训练：赋予内容生命

早在胎儿时期，人类听觉器官的发育速度就远超其他感觉器官，胎儿7个月左右的时候，听觉器官就已经发育完全了。美国太平洋路德大学心理学教授克丽丝汀·摩恩表示："我们在30年前就已经知道婴儿出生前通过倾听妈妈的声音开始学习说话，新研究表明婴儿出生前就开始学习妈妈说话时特有的语音、语调。"①

孩子后天的学习，可以分为听觉学习型、视觉学习型和触觉学习型等，但人类最初的学习是始于听觉的。声音对于人类有着不同寻常的吸引力，拥有"好声音"的人总是很受欢迎，我们喜欢某些歌手的原因就是他们拥有独特的"好声音"。即使演讲内容精彩绝伦，辅助幻灯片做得美轮美奂，你仍需要声音赋予演讲新的生命。

第一节 演讲中的"好声音"

什么样的声音才是"好声音"呢？这个问题没有标准答案，但演讲中对"好声音"的要求却十分明确。很多人认为，如果先天的声音条件不好，再怎么努力练习也是浪费时间。还有人花费大量精力财力，去学习专业的发声技

① 江延姣，王正平.胎儿听力发育及对声音的感知和意义［J］.国外医学（妇产科学分册），2006（6）.

巧，到头来理论知识学到不少，可声音却没有什么大的改变。事实上，演讲对于声音的要求并不同于歌唱、朗诵、播音等，声音只需要满足听众的需求和契合演讲内容即可。本章在声音训练方面给大家提供了很多简单实用的小技巧，完全可以满足演讲者的普遍需求。演讲中的发音就像在KTV唱歌不走调就可以了，没有必要去专业院校进行学习。

一、演讲不同于说话

即便对演讲者的声音要求没有其他艺术形式那么高，但也绝不能用平时说话的声音状态面对听众，演讲中的声音可以放松但绝不能松散。声音是最重要的传播媒介，我们平时靠声音来传递语言和情感。但在演讲台上，除了传递语言、情感，还需要靠声音营造气氛、引领听众、强化观点、推广思想等，声音应当是我们完成演讲目标的重要推手。

（一）音量要大

演讲者无论在怎样的环境中演讲，演讲内容是什么，声音都要洪亮。对音量的要求并不因内容的调整而有所变化，而是始终要比平时说话声音大，即便是有麦克风，也要用比平时更洪亮的声音。对于有些朋友而言，“大声说话”并没有那么简单，内向的人说话声音会比较小，就算外向的“大嗓门”声音也可能会时高时低、时强时弱，即可能因为情绪紧张，而导致呼吸节奏紊乱、气息不匀畅。

如果只是说话声音小，可以在演讲中提高音量；如果是因为紧张而气息不稳，就需要进行一定的训练。对于即将要上台的演讲者，可以通过两种方法来提高音量。

第一种方法是练习“打哈欠”，但必须用非常夸张的方式完成三个步骤，一是呼吸夸张，要比平时更深地吸气；二是口型夸张，要让口腔彻底打开；三是声音夸张，呼气的时候用力发出声音并拉长，此时一定要让声音在喉咙的位置，把自己想象为一名美声歌唱家。以上动作连续做3次，可以让声带放松，音量得以提高。

第二种方法是利用腹部的力量帮助发声，好像咳嗽一样，但是小腹要更加用力。小腹振动的频率基本上是两秒一次，随着小腹振动，口中像练习武术的人一样喊“哼”或“哈”，务必大声、用力，重复次数不限，一般20次左右即可。

（二）语速要慢

请注意，这里说的“语速要慢”强调的是整体比平时慢。例如，本场演讲共计2 000字，演讲完毕所用的时间应当比平时的正常语速念完这2 000字的时间长。这绝不是强调每一句话甚至每一个词语都要比平时慢，没有听众喜欢听语速过于拖沓的演讲。在一场精彩的演讲中，根据内容和情感的不同必然是有快有慢，不断起伏的。

无论演讲者怎样炫耀自己的呈现技巧，演讲仍然要以内容为主。让听众听清楚是对演讲声音最基本的要求，整体速度放缓，才能使听众随着演讲者的思路进行思考，从而更好地理解演讲者想表达的核心观点。

二、听众需要的“好声音”

演讲者需要“好声音”来呈现好内容，听众同样也需要“好声音”来更好地接收内容，但演讲者和听众都不需要那些经过专业的艺术加工的声音，太过专业的声音可能会疏远演讲者和听众之间的关系。听众需要“好声音”只是为了让自己听得更清楚。

（一）清晰

听众接受演讲者的演讲要从听清楚开始，因此演讲者要注意发音准确、清晰，要避免浓重的口音。千万不要让听众花精力“翻译”你的语言。我们并不要求每一位演讲者都能说出标准流利的普通话，只要能够让听众轻松理解你在说什么，即便有些口音、带些方言也无妨，有时富有“地方特色”的演讲会更受欢迎，更亲切随和，也更风趣自然，但要注意比重，重要的内容和观点坚决不能用方言。

方言常常导致某些字无法正确拼读，这里有一个小的方法可以帮助大家：利用汉语拼音连续拼读。例如，有些人后鼻音发音困难，heng（横）\hen（痕）无法读清楚，当他想读“横”的时候，就用小学生读汉语拼音的方式去读：h（呵）eng heng（横）。如此重复几十遍，以后在发类似字音的时候多加注意，便可以得到改善。前鼻音、后鼻音相对而言比较容易纠正，平翘舌音有一定难度，但只要坚持练习还是可以改善的，不过也无须过于纠结，更多的精力还应放在演讲内容上。

（二）不要“演读”，要演讲

有时候听众不喜欢你的演讲不一定因为演讲的内容枯燥、形式单一，而是因为没有一个成年人愿意听演讲者念课文、读报告。在练习演讲的过程中一定要脱稿，脱稿演讲更尊重听众，能更好地呈现演讲内容，千万不要让演讲变成“演读”。

“演讲”和“演读”差别究竟有多大呢？这需要读者们自己去体会一下，大家可以先从网络上找出类似于《丑小鸭》《小红帽》这类耳熟能详的童话故事，自己试着读一遍，再下载这则故事的有声读物（专业播音）听一下，就能明显感觉到“讲”和“读”的差距。

演讲中的声音呈现，必须有对象感，同时还要把真情实感“演”出来。如果想改变读课文式的演讲，除了必须脱稿演讲外，平时的练习也是必不可少的。第一，建议大家选择一部自己喜欢的普通话电影，从中选出对话比较集中的桥段，然后戴上耳机跟着演员们一起读台词，与此同时，最好能把自己读的声音录下来，听一听差距在哪里，而后再继续跟读。第二，大家应该都看过《动物世界》，其内容基本上属于说明文，也用刚才的方法进行跟读练习。这两种练习可以帮助大家增强声音的对象感，将演“读”变成演讲。

第二节　口型训练，锻造好声音的基础

在一些文学作品中，会形容那些说话声音震撼人心的人“声如洪钟”，形容那些清亮悦耳的声音“脆如银铃”，钟和铃有什么区别和相似之处呢？最简单的区别就是一大一小了。相似之处呢？它们都是中空的。再如乐器中弦乐组的小提琴、中提琴、大提琴，从名字上就能明白它们之间的区别，那演奏出来的声音有何不同呢？小提琴属于高音乐器，通常担任高音的演奏，而中提琴担任中音，大提琴则是负责低音部演奏。小提琴的音色是最细、最明亮的；大提琴的音色更加成熟沉稳、深邃悠扬。在大多数情况下，我们需要大提琴般的音色来增加演讲的“重量”与“质感”。所以，我们必须把嘴张得更大一些，口腔就是我们与生俱来的乐器，而口型决定了我们“属于”哪种乐器。所以，打造演讲所需要的好声音，就要从口型训练开始。

一、说话不清楚的原因

很多人都有过类似的经验，总有一些人说了半天，我们也没听懂他到底想要说什么，大家可能会认为这些人说话逻辑不清、条理紊乱。但可能还上升不到逻辑的层面，只是口齿不清楚，即便他逻辑再清晰，别人也很难听清楚他到底在说什么。在工作中，说话清楚的人号召力一般比较大，

也更受他人重视；在生活中，说话清楚也能避免很多误会的产生，还能给别人留下积极正面的印象。那么，导致说话不清楚的原因都有哪些呢？在此，我们暂且抛开一些地域口音的问题和病理性的问题不做探讨，导致说话不清楚的原因有两个，一个是主要原因，说话不张口；一个是次要原因，说话不用力。

（一）主要原因：说话不张口

发出声音需要依靠声带的振动，但决定我们发出怎样的声音、说出怎样的话语，更多依赖于我们的口齿唇舌。试想一下，说话的时候不张开嘴，双唇如何做出不同形状？舌头如何能做出平翘动作？如果你希望每一个字都能发音正确，就必须给足唇舌运动的空间。

我们可以做个小实验：首先面对镜子，嘴唇微微闭合，然后尝试保持这种微微闭合的状态说出26个英文字母；其次，保持嘴唇本来的宽度，可以随意上下开合，说出26个英文字母；再次，用大拇指和食指做出一个圆圈的形状套在嘴唇上，保持这个姿势再说出26个英文字母；最后，没有任何限制，只要求用最大的力量说出26个字母。我们可以明确感觉到，前三种方式是根本无法说清楚的。所以，导致说话不清楚的主要原因就是嘴没有张开，或是张开的幅度不能满足这些话语的发音标准。

（二）次要原因：说话不用力

“说话不用力”是次要原因，如果我们能够把嘴张开再说话并且双方处于一个相对安静且不大的空间内，即便你说话不用力，对方也能听清你在说什么，只不过你话语呈现的感染力会差一些，但如果并不安静或空间很大，即便你嘴张得再标准，不用力也是不行的。

有些时候由于情绪的起伏可能会导致我们说一些话的时候“咬牙切齿”，

其实“咬牙切齿”就是说话用力的极端表现，这样说话一定会比平时说得更清楚，但并不是要求我们所有的时候都咬牙切齿地说话。在演讲中，为了让声音更有震撼力，把观点更好地传递给听众，说话一定要比平时用力些。但是千万别把“用力”理解为“咬牙切齿”，仅是下颚用力即可。

二、有效的发声技巧

有很多学员都抱怨在一些关于发声技巧的书籍或课程上都会提到各种共鸣，什么头腔共鸣、胸腔共鸣、腹腔共鸣，这些专业的技法对于普通的学员而言实在是太难了，既不好掌握，又不好练习。甚至有些学员会认为《荣耀时刻》的课程也是教大家这些共鸣，于是就不愿学习，反正也学不会。在我们的课程中，发音技巧并不是通过共鸣训练提升的。中国语言博大精深，有一些文字只要你张大嘴念出来，就自然可以实现共鸣。所以，我们只需要通过两首小诗，便可以做最有效的声音训练。

（一）“咧开嘴”的训练

所谓“咧开嘴”，其实是希望大家在说话的时候口腔横向开合的幅度增大，看上去就像是咧开嘴笑，也可以理解为提笑肌或提咬合肌，但是这在学术上并不十分严谨，最正确的理解应当是提颧肌。这个训练不光可以帮助我们训练发声技巧，还可以帮助我们纠正一些平翘舌发音不标准的问题。训练的方法非常简单，即通过对一首小诗的朗诵来进行。《时间是一把剪刀》是著名诗人汪静之先生的得意之作，也曾被收录在初中教材之中。这首诗里运用的大部分文字都是需要咧开嘴才能读正确的，所以非常适合用来进行这项训练。

时间是一把剪刀，
生命是一匹锦绮；

一节一节地剪去，
等到剪完的时候，
把一堆破布付之一炬！

时间是一根铁鞭，
生命是一树繁花；
一朵一朵地击落，
等到击完的时候，
把满地残红踏入泥沙！

在练习朗读这首诗的时候，要注意两点：第一，要真的把嘴咧开了，用力去读每一个字；第二，一定不能读得太快，且务必注意读音正确。念三遍左右休息一下，如果是应付临时的公众讲话，练三遍可以起到打开口腔的作用。如果平时也能坚持练习，那么一定会有助于提高发声和吐字的效果。

（二）“立腔膛”的训练

同“咧开嘴”类似，“立腔膛”的练习是希望大家在说话的时候口腔纵向开合的幅度增大，看上去就像是美声歌唱家的口型，也可以想象成在口腔内立置一颗鸡蛋。这个训练可以帮助我们打造更浑厚、更具穿透力的声音，同时也可以帮助我们纠正一些前后鼻音发音不标准的问题。训练也和咧开嘴类似，是朗诵宋代著名词人苏轼的《江城子·密州出猎》，它需要口腔上下大幅开合才能读出气势磅礴之感。

老夫聊发少年狂，左牵黄，右擎苍。锦帽貂裘，千骑卷平冈，为报倾城随太守。亲射虎，看孙郎。

酒酣胸胆尚开张，鬓微霜，又何妨？持节云中，何日遣冯唐？会挽雕弓如满月，西北望，射天狼。

当你用力打开口腔来朗读这首词的时候，你的声音会自然而然变得立体饱满，其实和运用共鸣技巧后发音的感觉非常类似。在教学中，很多学员在做这项练习的时候都有过这样的疑惑：我们是为了训练演讲技能，或者只是锻炼当众说话的技巧，有必要以这种朗诵的方式进行练习吗？我们的回答是："求其上者得其中，求其中者得其下。"朗诵属于精细、高级的有声语言艺术，而通常情况下大家会涉及的演讲并不能算是艺术表现形式。所以，我们在训练中会融入一些朗诵的元素，以用来强化自己演讲的呈现技巧。在后面的内容中也会有类似的训练。

第三节　增强声音的魅力

为了提升自己的魅力指数，演讲者首先要让自己的声音比平时更加富有磁性，不管男性还是女性都应如此。然后，通过打造轻重音的转换，来增强对听众的吸引程度，引领听众进入不同的情境。

一、听众喜欢有磁性的声音

所谓磁性声音，单从字面上理解就是像磁石一样具有吸引力的声音。演讲需要介于高音与低音之间的中音部分，一般来讲，我们认为一个人的声音有磁性，那个人使用的就是中音。演讲者该如何使自己的声音富有磁性呢？首先，我们必须明确演讲为什么需要有磁性的声音。接下来，要掌握一个令自己声音富有磁性的小技巧。

（一）有磁性的声音，让人更信赖

有磁性的声音，会比其他声音类型更容易让他人产生信赖感，不难发现，

很多访谈类节目主持人、知名记者，他们在工作中运用的声线都是富有磁性的中音，磁性的声音准确清晰、庄重悦耳，并具有使听众不会轻易转移注意力的特质，同时令人舒服并乐于接受。

曾经在电视节目上看到过对著名主持人李湘的采访，其中提到李湘在刚毕业时是播新闻的，但是由于声音太过甜美令很多观众认为专业感、庄重感不足，甚至对新闻的可信程度都产生质疑，无奈之下只能调离新闻频道。可见，甜美动人的声音虽然一般来说更受大家欢迎，但显然不太容易令他人产生信赖感，而信赖感往往决定了演讲是否能在听众心中扎根发芽。

（二）为自己的声音赋予磁性

自古以来形容老虎叫声的成语非常多，如“虎啸龙吟”“虎啸猿啼”“虎啸风驰”“虎啸风生”“虎啸山林”等，如果我们想为自己的声音披上磁性的外衣，就要好好体会老虎的叫声。如果用汉字来描写这个声音的话，大多数人会用“嗷”“呜”，这两个字的发音都是靠口腔后部、接近喉咙的位置，简言之，就是发音的位置靠后、靠下。所以，打造磁性嗓音的第一步就是在发音的时候尽量靠后靠下，当然是在能正常发声的基础上，没有必要为了靠后靠下而忽略语言呈现的清晰度。

除了发音位置，发音的力度也是重要因素。我们平时说话，腹部一般是软软的，但如果上台演讲，就务必让自己的腹部肌肉紧张起来。此处需注意，不是精神紧张，而是这部分的肌肉紧张，也就是要用力收缩。

除了以上两点，心态也是非常重要的。一个极度紧张的人是很难发出有磁性的声音的；一个对自己都缺乏信任的人，也无法发出让他人信赖的有磁性的声音。

二、用轻重音转换引领听众进入不同情境

演讲中要尤其注意轻重音的转换与设置。在此，不要把轻重音理解为音调的高低，也不能完全理解为音量的高低。“轻重音”是根据读音的响亮程度进行区分的。演讲者可以在一句话中进行轻重音的转换，以让听众更清晰地理解其所表达的含义，这也是让听众与其尽可能达成一致的表达方式。轻重者还可以让演讲者的表达更为生动，更有画面感。从听众的角度来看，有明确轻重音区分的声音听上去就好像音色丰富的交响乐，让人时时刻刻跟随声音去联想也不觉疲惫。在一段演讲中，如果演讲者能对轻重音的转换驾轻就熟，便可以轻松引领听众进入不同的情境之中，同时还可以让听众更好地理解演讲者所表达的内容。

（一）故事案例，适当放轻；观点数据，务必加重

在演讲中，融入故事和案例一定是为了借此说明某项观点，表达某种寓意，在轻重音的设计上，应当明确区分观点和故事案例。一般来说，观点和事实数据类的语句，应当加重一些；故事和案例类的语句，则应适当放轻，这样可以非常清晰且巧妙地引领听众的思想，还能强化你想强调的内容，同时在故事案例放轻的地方，留给听众思考的空间。这种方式，可以为演讲呈现增添一种张力，即便是再没有经验的演讲者，只要在演讲稿完成后简单练习几次便可以掌握，也建议大家在练习的时候进行录音，反复听自己的声音以更细致地进行调整。

需要注意的是，演讲中不建议出现轻重音差别非常大的情况，大多数人是没有经过专业训练的，很难驾驭这种反差极大的呈现方式，容易让听众产生听觉和情绪上的不适感。普通人的演讲内容几乎不需要这种方式，情感上也不会有如此大的起伏，所以，适当区分轻重音，让听众有所感觉即可。

（二）通过不同词性判断轻重音

在演讲中，不但要区分事实、数据、观点、故事、案例的轻重音，还要根据不同词性进行区分。演讲的内容要依照一定的逻辑进行结构化的表达，逻辑连词，用来描写或修饰的名词，表示人或事物性质、状态、特征、属性的形容词要重音表达，还有那些用以修饰动词或整个句子的副词、演讲内容之中的重要名词、一些成语也应用重音表达。

大多数情况下，逻辑连词、形容词、副词、重要的名词，以及一些成语应当用重音表达，但还需要结合演讲内容来进行判断。演讲者对于词性的区分可能会有一定难度，尤其是逻辑连词和副词，下面给大家举一些例子，凡是此种类型的词语，结合你想表达的目的，便可以用重音表达。

1. 体现逻辑关系的连词

因果关系连词：原来、因为、由于、以便、因此、所以、是故、以致等。

选择关系连词：或、或者、还是、亦、非……即、不是……就是等。

假设关系连词：如果、假如、只要、除非、假使、倘若、即使、假若、要是、譬如等。

比较关系连词：好比、如同、似乎、等于、与其……不如、若……则、虽然……可是等。

让步关系连词：虽然、固然、尽管、纵然、即使等。

递进关系连词：不但、不仅、而且、何况、并、且等。

条件关系连词：不管、只要、除非等。

目的关系连词：以、以便、以免、为了等。

2. 用以修饰动词或加强描绘的副词

表示程度：非常、绝对、极度、十分、最、顶级、太、更、极其、格外、分外、一直、才、总等。

表示范围：也、都、全部、总体、总共、共、统统、又、仅仅、只、光、一概等。

表示时间、频率：已经、曾经、早已、刚刚、正、正在、就、就要、将、将要、曾、刚、才、在等。

表示肯定、否定：不、非、没、没有、不用（甭）、必、必须、必定、准、的确、未、别等。

表示情态、方式：忽然、猛然、公然、特意、亲自、大肆、肆意等。

表示语气：难道、决、岂、反正、也许、大约、大概、果然、居然、竟然、究竟。

表示地点：家、这里、那里、每一处、楼上楼下、随时随地、无处不在、国外、在其他地方等。

（三）通过不同目标判断轻重音

本章强调过，演讲中说的每一句话都应当有其目的，以支撑某一个目标的达成。所以，根据演讲中每句话目的的不同，轻重音的设置也应有所区别。

例如，“因为……所以……”这类型的语句，如果希望大家更关注原因，“因为”和“因为”后面的内容就应当比“所以”及其后面的内容语气重一些，而如果想强调结论，也就是“所以”后面的内容，那就要把重音放到后面。

有时在演讲中会引用一些话，这些话能帮助我们说明、传达思想，那么重音就应放置在这些话上；有些人的演讲中会运用一些修辞手法，如排比、比喻等，目的是达到一种加强语势的效果，更生动地呈现内容，所以这一部分也应用重音表达；开场中的断言、提出主题的部分，展开中的分论点和小结，收尾中的箴言、行动、展望、总结回顾部分，都可以用重音表达；一些关键的疑问句、口号类的语句要用重音表达。

第四节　注意演讲的速度

就像快节奏的音乐让听众感觉到热情和振奋、慢节奏的音乐令听众身心舒缓安静一样，演讲中不同的呈现速度也能表现出演讲者的不同情绪，并且还能带给听众不同的感受。所以，速度也是演讲者的重要工具之一。它时刻作用于演讲者与听众之间，令演讲者更好地牵引听众的情感和思考，并且速度设置是完全基于内容需要的。演讲呈现的速度分为“句间速度”和“字间速度”。“句间速度”就是每一句话中间的停顿，“字间速度”就是通常意义上的语速。要想随心所欲并且非常恰当地控制速度，那就需要依靠自身的气息，以下内容不仅会讲如何停顿、如何控制语速，也会讲如何训练自己气息的相关知识。

一、句间速度：停顿的技巧

其实，停顿的存在并不仅为了满足演讲的需要，也是满足演讲者和听众双方的生理需要。演讲者需要停顿来呼吸换气，听众需要停顿来消化理解演讲者的意思，如果演讲过程中没有停顿，大家都会感到异常疲劳、烦躁，甚至引起生理上的不适感。同时，停顿也分为不同类型，应用于不同内容之中，它可以辅助演讲者展现不同的语气，带领听众体会不同的情感。

（一）停顿：利听众、利内容、利自己

在演讲中合理运用停顿技巧同时基于三个方面的需要，即听众、内容和自己，或者说经过思考设计恰当的停顿必须是同时有利于听众、内容和演讲者自己的。

从演讲的角度来看，所有的呈现设计都要为听众服务，演讲中的停顿设计也是如此，它必须符合听众的生理需求，简单来说就是“听起来不累”。长时间没有停顿的呈现会导致听者的听觉疲劳，对声音内容的识别度大幅下降，从而引起心理上的烦躁感，甚至会引发生理上的不适感，如头晕、头痛、胃部痉挛、腹部肌肉紧张等。

设计恰当的停顿有助于演讲内容的正确传递，反之则会导致大家对内容无法理解或产生错误的理解。例如，这个非常经典的断句测试：“下雨天留客天留我不留”，通过不同的停顿可以表达不同的意思，即“下雨天，留客天，留我，不留”，“下雨天留客，天留，我不留”，“下雨，天留客，天留我不?留”。其实这句话远不止这几种停顿方式，但足以看出，不同的停顿完全可以表达不同的内容。

如果演讲者不能合理运用停顿就会出现两种极端情况，第一种是停顿非常少，演讲者会呼吸不畅、非常疲惫，心里越来越紧张，甚至出现身体上的不适感，最终很可能导致演讲不能正常进行；第二种就是停顿过于频繁，会令听众认为你是由于准备不足而导致演讲呈现的不连贯，从而对你的印象会大打折扣，甚至可能直接导致你的演讲失败。所以，合理的停顿对于演讲者极为重要，它不仅是演讲者自身呈现能力的重要体现，甚至可能成为一场演讲成功与否的重要因素。

最后必须注意的是：以上三个方面必须同时满足，有一个方面不满足都会对演讲整体产生很大的负面影响。

（二）技巧型停顿：并列、回味、强调、转折

演讲中的停顿不只是断句，它还要结合语言内在含义的理解、语气语音语调以及轻重音进行设置，通常我们在演讲中会使用四种技巧型停顿：并列、

回味、强调、转折。如何进行区分呢？最简单的方式是识别标点符号，出现标点必须停顿，不同标点处的停顿时间、停顿方法不同。除了这四种技巧型停顿，大多数停顿属于生理型停顿，也就是演讲者在必须呼吸换气的时候停顿一下，一般来讲，大多数逗号、句号处，都是生理型停顿。这种停顿只需把握好时间，进行自然过渡，前后的差异不要过大即可。而其他停顿就有一定的技巧性了，它并不只是因为区分内容和必要的呼吸而存在，而且要起到强化听众对内容的理解、更好地引领听众思考的作用。下面依次为大家介绍四种技巧型停顿。

1. 并列型停顿

这种情况常见于顿号（、）。要求停顿前后的呈现状态完全一致，包括音量、响亮程度、语气、节奏等，简单来说就是说出来的时候除了文字不一样，其他都一样。如果出现不一致的情况，会令人感觉厚此薄彼，听者对内容的理解无法达成一致，就容易产生严重的理解偏差。并列停顿的时间是几种停顿中最短的，能让听众明确区别出前后的内容即可。在下文中，各个顿号处都需要进行并列停顿，并且此类内容对并列停顿的要求更为严格，除了以上要求之外，不允许在停顿时呼吸换气，以保证前后完全一致。

中共中央、国务院6日上午在人民大会堂举行2016年春节团拜会。党和国家领导人习近平、李克强、张德江、俞正声、刘云山、王岐山、张高丽等同首都各界人士2 000多人欢聚一堂，辞旧迎新，共庆佳节。中共中央政治局常委、国务院总理李克强在团拜会上讲话，他代表党中央、国务院，向全国各族人民拜年，向港澳同胞、台湾同胞、海外侨胞拜年，向节日期间仍坚守岗位的劳动者致以诚挚的问候。

资料来源：中国共产党新闻网（www.cpc.people.com.cn）

2. 回味型停顿

这种情况常见于问号（？）、省略号（……）及某些句号（。）。这一类停顿要表现出情感的延续，用于情绪比较强烈的演讲内容中。此类停顿时间较长，并且要求演讲者做到“声断气不断”，也就是虽然声音停了，但是并不重新呼吸，之前的气息贯穿始终，仿佛能听到自己声音的回声一般。很多演讲会在结束语中运用回味型停顿。

“为什么我的眼里常含泪水？因为我对这片土地爱的深沉……”问号和省略号后都应设置回味型停顿。“三十功名尘与土，八千里路云和月。莫等闲，白了少年头，空悲切。”这两个句号处应设置回味型停顿。

3. 强调型停顿

这种情况常见于叹号（！）。这类停顿时间要比并列型停顿略长，比回味型停顿略短。需要明确区分前后的轻重音差别，叹号前重，叹号后轻，以此来强调前面的内容，并建议在此处进行呼吸换气。

大秦的将士，曾经是大秦的荣光，可如今却是大秦的耻辱！当敌人兵临城下的时候，你们不曾迎敌为国而战，却在王位相争中自相残杀。这就是你们的作为！

4. 转折型停顿

虽然常见于逗号（，）、句号（。）、分号（；）、问号（？），但不能只凭标点进行区分，还要依托于内容，标点前后的内容应出现反转，如“虽然……但是……”“尽管……仍然……”等；也有不出现转折词但情感和思想上有明确转折的情况，此类停顿的时间长短和轻重音设置都要与内容相结合，还要考虑演讲者个人对语气、情绪的掌握能力，但无论如何都要让听众在听觉上明确感知到转折的出现。

有的人活着，他已经死了；有的人死了，他还活着。有的人骑在人民头上："呵，我多伟大！"有的人俯下身子给人民当牛马。有的人，把名字刻入石头想"不朽"；有的人，情愿做野草，等着地下的火烧。有的人，他活着别人就不能活；有的人，他活着为了多数人更好地活。（臧克家《有的人》，大部分停顿都应是转折型停顿。）

二、字间速度：语速的掌控

不难发现，生活中人们的语速差异还是很明显的，有的人语速快，有的人语速慢，通常来讲，一个人的语速快慢在非特定情绪和场合下基本都是固定的，也就是说，如果没有重大的情绪波动或持续性的场合，语速是很难改变的，除非经过刻意的训练和设计。我们会感觉到语速快的人，性格也更加直爽开朗，语速慢的人相对文静内敛。但是演讲中的语速并不能完全任由个人性格特质和平时的说话习惯决定，一定要服务于演讲内容，助力于演讲的呈现。

（一）不同语速打造不同情绪

所有的演讲都应当融入演讲者的真情实感，否则绝对无法打动听众。但也不建议演讲中运用过多情感处理的技巧，演讲并不同于朗诵，它的目的是传播观点、激发行动，而朗诵更重视情感的渲染和作品内在魅力的表达。因此，演讲中不应该进行过于厚重的情绪渲染，语气的起伏不应太过夸张。那演讲中的情绪该如何表达呢？简单的语气调整是必要的，通过不同的语速也可以轻松打造不同的情绪。

在演讲中，我们通常会将语速分为三档，分别是"紧""平""缓"，也就是"快速""中速"和"慢速"，但是为什么不用"快中慢"来命名呢？因为"紧""平""缓"不只是形容速度，也包含了情感。"紧"字突出的是节奏相对紧凑且有力量，用来辅助紧迫、激烈、热切等情绪的表现；“平”字突出的是从容淡定、四平八稳，一般适合自信、坚定、轻松的情绪表达；而“缓”，绝不能简单地理解为慢，这是一种情绪的缓缓道来，可能是悲伤的也可能是幸福的，需结合相应的内容和表情。

（二）测算演讲语速的技巧

很多演讲者在准备阶段都会给自己测语速，通常是按照演讲全文或部分段落进行真实演讲并记录时间，但结果无论是否满意都不好调整，并且也无法训练。因此，我们需要一种方法能够让我们稳定地掌握“紧”“平”“缓”三种速度，并且简单，易测量，好调整。

其实这种方法很简单，一共10句话，大家可以瞬间就背下来：如果你是1，那你就是1；如果你是2，那你就是2；如果你是3，那你就是3；如果你是4，那你就是4；如果你是5，那你就是5；如果你是6，那你就是6；如果你是7，那你就是7；如果你是8，那你就是8；如果你是9，那你就是9；如果你是10，那你就是10。

用最真实的状态全部说完，包括要有相应的语气，还应有停顿和轻重音转换。最终的测量结果可以划分出五种语速，如表6–1所示：

表6–1　演讲语速测算表

紧	偏快	平	偏慢	缓
25秒（左右偏差1秒以内）	30秒（左右偏差1秒以内）	35秒（左右偏差1秒以内）	40秒（左右偏差1秒以内）	45秒（左右偏差1秒以内）

这个练习每句话10个字，如果微调每句话的语速，会比上面的标准除以10（一共10句）的结果稍快，因为去除了句与句之间的停顿时间。但我们还

是建议大家能够用10句进行练习，同时进行录音，并且一定要以最真实的状态去对待。

这个练习，不但可以让我们对语速的控制能力进行训练，亦可以进行不同的变型训练，如融入不同的语气，让这10句话变得有丰富的情感。虽然这会显得有些滑稽，但是它可以帮助我们训练自己在保证相应语速的同时驾驭情感的能力。当然还可以进行气息训练，在后面的内容中会详细探讨。

三、气息，随心所欲地控制速度

一辆汽车无论行驶速度快慢，都以燃料为动能，而气息就是演讲中的动能。就算你掌握了演讲呈现中所有能增光添彩的技巧，没有气息作为支撑也是徒劳。但气息的训练绝不是一朝一夕就能速成的，它需要长时间的坚持，像慢跑、游泳、瑜伽这些运动只要坚持下来都可以对我们的气息产生巨大的助力。除此之外，还有两项小技巧可以帮助我们在短时间内更好地稳定气息，并且简单易行。一种是腹式呼吸，这是增加肺活量以更好地控制气息的最佳方式；还有一种方式和练习憋气比较类似，通过“如果你是1，那你就是1……”进行练习。

（一）简易的腹式呼吸法

在任意的搜索引擎内输入“腹式呼吸”，就会找到大量资料，“腹式呼吸”的起源、作用、方法、要领等内容数不胜数。大家可以选择任意一种进行学习，但学员反馈最多的就是：腹式呼吸，要领简单但做起来太难。其实多数男性和小孩都是自然而然地运用腹式呼吸的，而绝大多数女性常使用胸式呼吸。所以对于女性而言，改变呼吸习惯可不是一件容易的事情，而对于男性而言，虽然他们中的大多数都始终在使用这种呼吸方法，但当你刻意要求他进行腹式呼吸的时候，他反而不知该如何呼吸。所以，此处和大家分享一种最简易的腹式呼吸的方法。

首先保持站立，上身挺直，双腿与肩同宽，脚尖的方向与目光平行，一只手轻轻放置胸口上，彻底深呼吸一次，感受胸腔的扩张。然后另一只手放置在肚脐的位置，尝试鼓肚子和收肚子的感觉。之后结合呼吸轻轻地吸气，同时腰腹部用力鼓肚子，另一只手仍然放置在胸口处感受胸部是否在扩张，如果扩张了，就说明错了，胸口是不应该有任何起伏的。然后是呼气，与吸气一样也要缓缓地进行，呼气的同时尽最大努力收肚子，两者速度要一致，胸口也不能有起伏。简单来说，就是吸气时鼓肚子、呼气时收肚子。

（二）气息的训练咒语

还有一种训练肺活量的简便方式就是憋气，憋气的时间是可以通过不断练习而延长的，而这种延长的结果就是肺活量的增加，换言之，就是我们对气息的控制能力增强了。但需要注意的是，做憋气训练的时候绝不能过于强迫自己，要以自己的身体实际感受为准，过度强迫自己会导致肺泡的损伤。我们的练习方法很简单，还是那10句话：如果你是1，那你就是1；如果你是2，那你就是2；如果你是3，那你就是3；如果你是4，那你就是4；如果你是5，那你就是5；如果你是6，那你就是6；如果你是7，那你就是7；如果你是8，那你就是8；如果你是9，那你就是9；如果你是10，那你就是10。

首先深呼吸，然后尝试从“如果你是1”一直说到“那你就是10”，如果这个练习没有问题，就可以增加难度了，第一种方法是，用平速朗读这10句话，并且声音要足够洪亮，模仿演讲的真实状态；第二种方法是，加入不同情绪，训练自己通过气息控制语气的能力。在这些练习中，难以设定数量上的标准，因为个体差异实在太大，所以练习的量要因人而异，因自己的实际感受而异。建议大家长期坚持这项练习，并结合腹式呼吸法，一定会对我们的气息控制有所帮助。

第七章
身体语言：强化表达的效果

英国著名的人类学家德斯蒙德·莫里斯曾在他的著作《肢体行为：人体动作与姿势面面观》中提到："一个人把过多注意力集中在自己的言辞上，会致使他似乎忽略了这样一个事实：他的动作、姿势和表情正讲述着它们自己的故事。"[①]所以在演讲中，演讲者应当时刻关注自己的身体语言，因为它在演讲中也同样肩负着传递信息与情感的重任，并且演讲者的身体语言务必与自己的演讲内容相匹配。虽然有句话叫"沉默是金"，少说必然少错，但从身体语言的角度上来说，完全沉默可绝不是件好事，它会令演讲者显得呆板、紧张，并给听众带来视觉上的不良体验。那如何训练自己的身体语言，让演讲者在台上如鱼得水呢？下文中会从"站姿""移动换位""目光""手势"四个方面详细阐述。但必须注意的是，这四个方面的训练，全依仗一种方式，那就是"录像、回放"，"再录像、再回放"，直到自己的肢体动作自然协调、流畅无碍。

第一节　你的站姿，影响你的演讲

正所谓"站有站相""相由心生"，一个人的站姿往往可以反映出不同的

① ［英］德斯蒙德·莫里斯．肢体行为：人体动作与姿势面面观［M］．刘文荣，译．北京：文汇出版社，2012.

性格特征。例如，习惯于收腹、挺胸、昂首的人往往自信、乐观并且注意自己的外在形象；整体躯干略微后倾、头微扬、不收腹的人会有些傲慢和自我；双脚并拢，双手在腹前交叉站立的人比较有耐心，做事谨小慎微等。对于演讲者而言，在台上的站姿，可不只是显露性格特征那么简单了，它还代表了演讲者的态度，可以帮助演讲者强化演讲观点、营造出不同的情感。如果演讲者忽视了站姿，就等于扔掉了一把强有力的武器。

一、演讲时一定要保持站立

站立讲话是一种挑战，因为站立会让说话的人更加紧张；站立讲话是一种能力，因为在关注自己要说什么内容的同时还要关注自己的姿态是否得当；站立讲话是一种态度，因为可以表现出对自己的信任和对他人的尊重。其实，站立讲话也是一种技巧，因为它可以帮助演讲者成为整场的核心。

（一）站立，是对听众最基本的尊重

曾经在企业内部做过一次关于内部培训师授课满意度的调查，其中有一项是问学员喜欢站着授课的老师还是坐着授课的老师，在收回的327份问卷中，百分之百的学员选择了站着授课的老师。回忆一下学生时代，我们的偏好也是如此，坐着讲课的老师的课堂沉闷无趣。为什么学生喜欢站着讲课的老师呢？因为这体现了老师对学生的尊重。

在演讲中也是如此，如果我们遇到一位坐着讲话的演讲者，可能大家心里都会不舒服，除非这位演讲者是公认的权威或者年长体弱者。站立，是演讲者对听众最基本的尊重。

（二）站立，助你成为整场的核心

松树在中国传统文化中被给予了太多的赞美之词，它象征着坚韧不拔、

刚强正直、淡泊从容。而通常我们把站立定义为“站如松”，就是希望能像松树一样根基稳健、挺拔卓立。

在演讲中，人不可能始终站在原地一动不动，必须移动换位，但站立状态一定是演讲者保持时间最长的状态，“站如松”的要求绝不会变，不因角色而变化，不因环境而变化，更不因形象而变化。只要站在讲台上，你就要调整好自己的站姿，要挺拔英武，要相信自己是最优秀的。这样的站姿，一定可以助你成为整场的核心。

二、不同站姿，不同含义

一个人的站姿不但能体现他的性格特点，也能够体现他在不同场合中对自己的定位，以及他当下要展开的不同主题，听众对这些或明显或细微的变化是十分敏感的，虽然很多人对“气场”的概念将信将疑，但在演讲台上，演讲者的不同站姿的确可以营造出不同的“场域”，而这种“场域”可以增强演讲对听众的感染力。所以，千万不能忽略对自己站立形象的要求。

（一）不同场合下的不同站姿

演讲者可能会在不同场合进行公众演讲，如年会的大舞台、公司的报告厅、常用的会议室，甚至团队出游时的草地上、湖水边，当然也会遇到听众站着听、坐椅子听、坐地上听等种种情况。对演讲者而言，在这些场合中应当调整不同的站立姿态。在这方面，演讲者需要遵循以下两项原则：

第一，必须与听众拉开一定的距离（在会议中的发言不在此列），要与离你最近的观众保持1米以上的距离。

第二，如果场地过于局促，演讲者切忌身体过分前倾。因为如果演讲内容和呈现语气较为强势，会令听众更为压抑；如果语气亲切温和，会令听众感觉过分亲昵。

（二）不同主题下的不同站姿

演讲者的不同站姿还能打造不一样的“场域”，而这种“场域”常常是强化演讲效果的关键。但需要注意的是，不同的主题需要的“场域”也是不一样的，如竞选、竞聘类演讲，立腰挺胸、重心稍向后倾的站立姿态可以帮助演讲者树立自信乐观、斗志昂扬的形象。如果是号召类的演讲，可以身体略前倾，头颈略前探，这样的姿势更有亲和力，有助于听众接受演讲者的观点。

基于此，演讲者必须明确自己演讲的内容需要一个具有怎样品质的人去展现效果更佳、更有说服力，然后再根据这种品质决定自己的站立姿态，基本要求是：身体可以略前倾后倾或其他微调，但要保证躯干是直立的。在讲台上不允许出现歪歪扭扭的演讲者。同时演讲者也要注意，身体不要依靠任何物体，双手别撑在前排的桌子上。

第二节　移动换位

很多人都被这个问题困扰过：在台上的时候，动也不是，不动也不是。不动，就会暴露自己的紧张局促；动，就好像自己又变成了蹒跚学步的婴孩，不知该怎么迈腿。有的人在台上走来走去，令听众眼花缭乱；有的人走过去但不知道怎么回来；有的人在台中间开始，在其他地方结束。动还是不动？确实是个问题。

一、千万不要一动不动

演讲者站在台上时，他的身份并不只是信息传递者、知识给予者、行动号召者等，他还是一个被评价者。听众在认真听演讲的同时，不但会思考演讲的内容，也在评价演讲者的呈现能力。当演讲者站在台上一动不动，或者仅仅做几个不自然的手势时，那么听众一定会把他定位为初级演讲者。没有听众会喜欢一根立在台上的“木头”，即便他会说话，或者可能说出一些对听众有意义的话，但是，他仍然是一根“木头”。

（一）演讲者要吸引听众的眼睛

在听众心中，那些不敢在台上移动的演讲者一定被“紧张”这件事牵绊住了。而一个紧张的演讲者又存在两种可能性，一是准备不足，二是在台上讲话的经验不足。我想没有演讲者愿意给听众留下这样的印象。

也许你会说“我演讲的内容很精彩、很有建树”，但令人遗憾的是，听众不光相信自己的耳朵，他们更相信自己的眼睛。我们曾经在课堂上做过这样的实验：要求学员做动作，这个动作要和讲师的口令保持一致，当讲师说摸耳朵的时候，学员要摸耳朵。这个看似简单的小游戏却让很多学员出了错，当讲师说摸耳朵的时候，讲师在摸自己的下巴，而此时，学员们居然有一大半的人也在摸下巴，而完全忽略了摸耳朵的口令，可见，总有一部分人是所谓的“视觉动物”。所以，演讲者也要吸引听众的注意力，否则，即便你的内容再好，台风不佳也会令听众对你的印象大打折扣。

（二）无须移动换位的情况

移动换位固然重要，但也不是说在台上不移动换位的演讲就注定失败。在有些情况下，无须纠结是否要换位。

如果有固定在台上的演讲台（或称主持桌），即有主办方指定的演讲位置，尽量不要随意走动，除非是演讲中基于内容需要的呈现设计，适当加一些明显且自然的手势即可。如果在台上固定了立式麦克风，也千万别把麦克风拿下来然后在台上移动换位，否则会让听众无法判断视觉上的核心，虽然明知道演讲者是核心，但立在中间的麦克风架总会让人觉得别扭。而当听众们是站着听你的讲话，并且你和听众间距离并不大的时候，也建议你不要换位。移动换位目的是让讲台被演讲者充分利用，如果空间本就不大，演讲者仅需站立并加手势动作即可，无须换位也可以掌控全场。

永远不要以应不应该来决定是否要移动，而是以需不需要来做决定。如果你并不是演讲台上的常客，也没有练就一身炉火纯青的演说技巧，每一次移动换位都应是预先设置好的行为，而不是“跟着感觉走”。

二、立体呈现你的演讲

在台上，从不敢动到敢动是演讲者迈出的一小步，而从不会动到会动，并且还能利用这种移动则是成长的一大步。移动换位最初级的作用是缓解演讲者的紧张与尴尬，用自然的台风面对听众的注目，但稍加设计，移动换位就能让你的演讲更精彩，让台上台下黏性更强。根据移动换位的不同作用，我们将其分为两类：一类是“互动式换位”，演讲者通过移动，达成与听众们的互动；一类是“转换式换位”，演讲者利用自身的移动引领听众转换到另一部分的内容之中。

（一）互动式换位：让台上台下融为一体

当我们希望在演讲中的某一环节能够让听众有所回应，但单靠语言上的互动又担心大家给出的回应不够热烈，这时我们就需要结合移动换位来解决这个问题，而此时的换位，我们称其为“互动式换位”。

当演讲者向观众们提出某些疑问或者做某项小调查时，如果他站在原来的地方一动不动，绝大部分听众会产生“跟我有什么关系”的想法，对演讲者的回应不会很热情。正所谓“山不动，我走向山”，此时演讲者需要做的就是带着问题自然稳健地走向听众，这样就加强了现场的对话交流感，听众们会自然地给予回应，哪怕仅仅是注目或点头。但不要走到某一位听众身边，这样会给他过大的压力，也会冷落了场上其他位置的听众。

同时还需要注意，演讲者的每一次“互动换位”结束后，都应当回到演讲的初始位置，如果走出的距离并不远，可以选择退回初始位置，在退回的过程中可以继续和听众交流，但如果走出的距离较远，就不能用倒退的方式归位了，可以转身健步走回初始位置，速度要快但不能不稳，当演讲者背对听众行进的时候，绝对不能讲话。

（二）转换式换位：让讲台变成你的舞台

对于小孩子而言，看动画片显然比读故事书、听有声读物这些方式有趣得多，因为视觉刺激比听觉刺激更能吸引人，而运动的事物又要比静止的事物刺激性大。如果演讲者能够随着演讲内容的转换而移动起来，一定能更好地牵引听众，也能更充分地利用讲台。这种随着不同内容进行移动换位的方式叫作“转换式换位”。

一般来讲，“银瓶乍裂”部分，是站在初始位置讲述的，当进入“掷地有声”的三个分论点的时候，就可以进行换位了。移动的步伐和内容的讲述一定要同时进行，步速要比平时缓慢许多，但自然放松仍是首要标准；步伐不能过大也不能过小，与肩同宽即可。切忌换位的时候看腿和脚。对女士而言，尽量不出现明显的交叉步，否则会显得做作。演讲者可以随着“分论点”的转换而换位，也可以在“说到这儿，我想给大家讲个故事”此类的话语处进行换位，力求通过这种换位让听众更明确地感受到内容的转换，但务必在“一锤定音”开始的时候回到初始位置。

第三节 眼神，演讲者的第二张嘴

眼神，顾名思义就是眼睛的神态。眼神和声音、语言一样，可以承载、传播不同的内容和情绪，如果一个人的眼睛很有神采，我们通常会形容他的眼睛会“说话”，也许在传递内容的角度上，眼神没有说话那么直接，但在传递情感方面，眼神往往比语言、声音更能抓住对方的心。作为演讲者，在演讲过程中的举手投足、一颦一笑都是要为传递演讲内容、感染号召听众服务，眼神也不例外。所以，当演讲者学会运用眼神的力量时，就相当于为自己增加了一张“嘴”，而这张“嘴”往往更会说话。

一、演讲需要依靠眼神

作为演讲者，总有一些话是想说但又不能说的，如“安静点”“听我说”“跟着我思考”“你们听懂了”等，这些话如果说出来势必会影响演讲的进程，也会令听众产生负面情绪。还有些话是能说但说出来效果恐怕不够好的，如“我很开心”“我很难过”“我很期待”“我很愤怒”“我很幸福”“我不相信”等。因为用语言来说明情绪、态度的效果远没有具体行为更加直接有效、真实可信，所以很多时候演讲者要依靠眼神的力量，这种力量可以帮助他更好地与听众交流、控场、展现内在情感、辅助说明观点。也可以说，会运用眼神的演讲者，说服力和感染力也会更强。

（一）听众需要，内容亦需要

从本质上来讲，眼神的交流也属于沟通，既然是沟通，就应当是双向的。演讲者作为台上的绝对核心，一定是台下听众们的目光聚焦点，但是，如果你长时间不回应听众的目光注视，一定会让对方有备受冷落之感，而这也一定会影响别人对你的信赖程度。所以，在演讲中，听众也希望能和演讲者有适当的眼神交流，我们可以尝试与某些听众短时间对视或让眼神在某个区域适当停留，都可以让听众感受到你的关注与尊重。

很多表演训练班中都会有这样的训练项目：只用眼神去表现各种情绪，

面部不能有除眼神以外的其他表情。你会发现，仅仅是眼神的些许变化就能够精准细腻地展现出不同的情绪。而除了情绪以外，很多内在情感的展现也可以靠眼神来完成。这里可以做一个实验，想象着自己遇到了非常大的挫折，然后对着镜子用面部表情来把这种伤痛表现出来，但眼神不能有明显变化，只能靠其他的展现方式，最后就会发现，对普通人来说如果眼神不变，很难展现出不同的情绪、情感。所以，在演讲中，我们为了展现出不同的内在，尤其是想让这种呈现真实可信又能触及他人的内心深处，眼神就必须与内容相辅相成。

（二）眼神使用说明

根据现场的不同情况，对眼神使用也有一些要求：当会场比较大时，演讲者应当更多地看听众席的中后部，这样后面的听众不会感到冷落；当会场比较小时，演讲者应当更多地看听众席的前中部，因为如果看后部的话，前排的听众会感觉时刻在仰视你。

在台上不要频繁眨眼，这样会让人怀疑你的真诚，也不要看天花板，就是人们常说的翻白眼，这会让听众感觉你忘词了正在回忆。

对台下与你互动积极的听众，应当多给一些眼神上的关注，但也不能始终只关注“捧场”的人。对于对你兴趣不大的人，也应适当地用眼神“唤醒”一下。

当你的眼神准备从A位置移动到B位置时，在移动开始的时候千万不要眨眼，因为如果眨眼会令A位置的听众感觉你在鄙视他。

二、两种功能型眼神

演讲中，有两件事是一定要靠眼神来完成的。第一，让听众听你说，也就是上台后在说开场白之前的眼神控场；第二，让听众感觉每句话都是对他们说的，也就是用眼神互动对话。而这两项技巧，即便是初级演讲者，也必须掌握，因为它决定了你是否能顺利开场，也关系到听众的切身感受。而训练的方法也很简单，就是看录像和回放，然后自己再进行改进。

（一）用眼神掌控全场

无论你是一名怎样的演讲者，上场后至开口前的几秒钟都是一项极大的考验。对于初级演讲者来说，这个时刻也是令其最紧张尴尬的时刻。千万不要刚站到台上甚至还没站稳就开口讲话，你需要先给听众一个“我要开始讲话了”的信号。此时需要眼神来帮助你说出一句潜台词：“我准备好讲了，你们准备好听了吗？”这就是我们常说的用眼神控场。

具体的做法是将听众所在的区域分成左、中、右三部分，用目光依次泛视三个区域，首先，从左边区域的前部看向后部；然后，从中间区域的前部看向后部；接下来看向右边区域，最后回到中间区域。从前部看向后部并不是非常严格的扫视，而是将自己的目光想象成一把大刷子，从前部刷到后部，此时的眼神应乐观、坚定，如果演讲主题并非严肃沉重的话，应当面带微笑。用目光扫视的时候切忌头部过于明显的转动，回到中间区域后再开口说话。整个过程最长不可超过4秒，3秒左右为佳。

（二）用眼神互动对话

当我们的演讲完全不跟听众进行任何形式的互动时，就变成了自说自话，演讲中应加强“对象感”。所谓的“对象感”，就是令听众觉得演讲者是在和他们说话。但是这并不需要演讲者不断地去提问听众，强行地用语言和听众交流，而且对于初级演讲者，更不建议在演讲中融入太多的提问类互动，因为一旦听众没有很好地呼应演讲者，这种尴尬冷场会直接击垮演讲者。而用眼神来增强演讲的对象感就减少了这种风险。

其实用眼神互动交流操作起来并不难。例如，当我们说到“关于这个问题，我想从两方面和大家交流……”时，眼神应当在说出“关于这个问题”时看向左边区域的听众，“我想从两方面”看向右边区域，“和大家交流”看向中间区域的听众。切忌出现按照左中右或右中左的顺序移动眼神，那样会令听众感觉演讲者是在给他们训话。而且这样的交流也不应当太过频繁，否则会令听众眼花缭乱。

第四节　手势，演讲者的“指挥棒”

对于一名极易紧张的演讲者来说：手是最容易感到麻木的部位，而当我们感觉到手指发麻的时候，就会更加紧张。对于大多数演讲者来说，手到底该放哪儿，也是一项重大的课题，不动的话很尴尬，动的话又不知如何才恰当。但从古至今，在著名演说家给我们留下的经典影像资料中，基本上都是有手部动作的。这里可以做一个小实验，在网络搜索引擎中，随意输入和“演讲”相关的字眼，搜索出来的图片几乎全是配有手势的演讲瞬间。手势，的确是演讲训练中非常重要的一环，颇有“成也萧何，败也萧何”的感觉。手势，更是演讲者的“指挥棒”，它能带领听众更紧密地融入情感，还能更形象有力地说明内容。

一、手势：结合内容、体现情绪

演讲中，每一句话要经过设计，每一个停顿、重音要经过设计，每一次移动换位要经过设计，同样，每一个手势也应当经过设计。当然并不是每位演讲者都需要花精力去设计自己演讲的手势的，但如果你不是对自己的肢体展现能力和个人魅力有强大的自信，建议千万别把手势理解为随心所欲的简单动作。那样的手势只会成为台上的笑柄。手势的设计要从两个方面进行考虑：第一，与内容的结合；第二，对情绪的体现。同时还要符合三点要求：高度、力度、幅度。

（一）三个要求：高度、力度、幅度

在演讲中对手势的运用有三方面的要求：高度、力度、幅度。而这三个要求的具体标准跟演讲者的性别、演讲的内容、场合的大小、听众的多少都有关系。

首先，高度的要求是只要抬手做动作，就务必在肘关节或腰际线之上。如果不满足这个标准，就会显得演讲者的动作忸怩局促，无论何种演讲，都不需要这样的手势与之相配。

其次，幅度具体要求有两点：一是上臂与身体要呈打开状，或者可以简单理解为腋下的部分要张开，具体幅度依动作需要而定，但绝不能让大臂紧贴着身体做任何动作；二是大臂小臂要打开，也就是肘关节打开，至少75度。

最后，演讲中所有手势的力度都应当和声音的轻重音相符，也应当和当时的情绪相符。当声音比较嘹亮、情绪比较激昂的时候，手部动作的力度自然要加强。

这三个标准的具体上限我们没有办法界定，但有参考标准，那就是你的演讲内容是否需要如此夸张的动作，如果你认定需要的话，还有一个条件务必满足，那就是你自己是否有信心在面对听众的时候有勇气去驾驭这些动作。同时还需要注意，当演讲场合较小、人数较少的时候，动作不宜过度夸张。手势的高度、力度、幅度，与场合大小、听众多少成正比，同时也要考虑内容、情绪及自身能力等因素。

（二）辅助说明内容或直接体现情绪

在演讲中我们所运用的手势基于不同的作用可以分为两类：一类用于辅助说明内容；另一类可以直接体现情绪。如果你认为自己的手势这两类都不符

合，那就需要思考是否还需要这个手势了。千万不要为了做手势而做手势，手势一定是为演讲效果和听众的现场体验而服务的。

对于辅助说明内容的手势，不要理解为用手势来比画出内容，最后导致演讲者好像在用手语和听众交流。辅助说明内容的手势的关键是辅助。例如，当我们说要和听众分享四个方面的内容时，手势就可以是用于强调“四个方面”。当我们说到“逐年增长”“稳步下降”等内容时，手势就可以用于说明这种趋势。除此以外，手势还可以辅助描绘图形、方位，形容大小、程度等。

当我们需要用手势来展现演讲中的情绪时，常用的手势有向前及向下的砍状手势、向斜上方的削状手势，双臂完全张开的拥抱状手势等。虽然这些手势与演讲内容没有直接联系，但是通过这些手势能使听众更好地体会演讲者希望表达的情绪与态度。这类手势比辅助说明内容的手势要更加注重与声音、表情的结合，演讲者的一举一动包括声音表情都应处于同一情感状态之下。

在此建议大家去观看一些著名演说家的演讲视频，尤其是政治演讲，如总统竞选、战时演说等，他们对手势的使用可谓是炉火纯青，对于普通演讲者而言，手势仅仅是呈现的技巧之一，但对于他们而言，手势有时会成为制胜的关键。

二、导致演讲失败的手势

手势固然能体现一个演讲者的呈现能力，但对于大多数人所面对的商务演讲来说，过分依赖手势或使用错误的手势往往会给演讲和演讲者本人带来不可逆的负面影响。事实上，在台上几乎不使用手势的演讲者仅仅会令听众感觉他过于紧张，而听众对紧张的演讲者往往比较包容，但如果你在台上使用的手势小气忸怩或包含了禁忌手势，听众恐怕就不会那么包容你了。

（一）听众不喜欢小家子气的演讲者

每位演讲者都应当有自己的演讲风格，但无论哪种演讲，小家子气的演讲者一定不适合登上演讲台。即便是年轻的女性，在演讲中也不应过度展示自己小家碧玉的一面。男士就更不必说了，如果一位男性演讲者在台上的手部动作令听众感觉不到男子气概，那么他的个人形象恐怕会跌入谷底。

什么样的手势会导致演讲者在听众心中留下“小家子气”的感觉呢？如果没有满足前文中讲到的高度、幅度、力度的要求，那必然会产生此种效果。还需注意的是，对于男性演讲者而言，在台上使用女性化的手势是致命的。例如，用手势做数字动作时，一定不能用食指做“1”的动作，应当用竖起大拇指来表达。

还有需要大家注意的是，当每个手势之间没有明显的停顿时，也就是手势和手势全部连接起来了，这样的情况也会令动作显得不大气。另外，还应多关注自己的手型，绝不能过多地出现五指分开的情况，大多数手势用四指并拢、拇指分开的姿势即可。同时也应注意自己的小拇指，无论男性女性，都不要让小拇指去做高于其他手指的动作。

以上的错误手势，是我们在多年教学过程中总结出来的，如果你想彻底避免，还是需要通过看录像、回放的方式自检自纠。

（二）不要用手指指向听众

无论是处于情感的推动，还是内容的需要，也不论你的职级和听者的水平，演讲者永远不能用手指指向听众。而比这更加糟糕的是，不但有手指的动作，还使用了第二人称（你、你们）。

在本书第二章中有提到，有时演讲和销售很类似，都是把自己的东西推荐给别人，如果没有听众的存在，也就没有了演讲存在的价值。所以，无论听众是谁、我们是谁，只要我们在讲、他们在听，我们就应当对听者保有最诚挚的尊重之心，正是他们的聆听，才使得我们的分享、传播有意义。所以，永远不要用手指指向听众。

第八章
表演撷要：冲击更高的目标

第一节　写在前面

一、锦上添花

如果你已经看完本书的前七章，找到了适合自己的克服紧张的方法、准备了独特的自我介绍，并按照话图纸的指引设计了吸引听众的开场部分、结构清晰并且内容丰满的展开部分，以及包含总结概括和点睛之笔的结尾，还按照本书第六章和第七章的建议进行了声音和身体语言的练习和准备，那么请允许我首先恭喜你，你的演讲已经成功了。请注意，我是说已经成功了，而不是成功了一大半，也不是接近成功。也许你会疑惑，如果这样我的演讲已经成功了，那么下面第八章的内容又有何用呢？这一章的内容就如同上学时考试最后的加分题，即便你不做也可以得满分（100分），但是如果你做了，你的成绩就可能是110分（100+10）或者120分（100+20）；但是同样的，如果你前面的题目没有答对，这里的加分也不会被计入总分的。这一章提供的表演方面的训练，目的是让你的演讲冲击更高的目标，形成自己的风格，而且能在众多成功的演讲中脱颖而出，更加耀目。简而言之，这一章提供的方法不是成功演讲的必修课、必答题，它是让你的演讲更上一层楼的挑战性训练。并且这一切挑战性的训练，一切对演讲效果的提升都是在前七章的基础上进行的，如果前面七章的内容和要求还没有做到，请不要着急开始这一章。先把精力集中在前面七章，尤其是第三章到第五章的演讲内容设计，这些内容是决定你的演讲能否成功的关键。本章中的技巧和训练都是用来锦上添花的。

二、为什么谈表演

为什么会在一本演讲的书，尤其是一本商务演讲的书的最后一章谈论表演的话题呢？我们先从“演讲”这个词说起。演讲又叫讲演或演说，是指在公众场所，以有声语言为主要手段，以体态语言为辅助手段，针对某个具体问题，鲜明、完整地发表自己的见解和主张，阐明事理或抒发情感，进行宣传鼓动的一种语言交际活动。[①]从这个定义中，我们可以看到几个关键信息：

1. 以有声语言为主要手段。

2. 以体态语言为辅助手段。

3. 进行宣传鼓动。

这些关键信息让我们知道，演讲的手段虽然以“讲”为主，但它绝不仅仅只是“讲”，身体语言（包括表情等）也是很重要的一部分。此外，演讲的最终目的就是“宣传鼓动”，从这个角度出发，如果想达到宣传鼓动的效果，就必然要先感染人、感动人或者说服人，而后才能促人行动。除了演讲的概念之外，如果我们仅仅用简单拆词的方法来解“演讲”这个词，就可以发现，演讲其实是由“演”和“讲”两个字组成的，所以演讲就应该包括两个部分：“演”和“讲”。前面第六章和第七章声音训练和身体语言，主要是针对“讲”这个要求进行训练的，本章的内容将会对“演”这个部分介绍一些实用、简单的方法和技巧。与前面两章内容一样，这些方法和技巧都是需要平时进行大量

① 演讲［DB/OL］. http://baike.baidu.com/view/117247.htm.

的练习才能够掌握，并且要不断地根据演讲的内容进行适当的调整才能发挥作用。它虽然有点儿耗时耗力，但是如果你想让你的演讲不仅仅是优秀，而是冲击更高的目标，那么请将这些方法加以练习，一定会收到意想不到的效果。

三、“演”只是训练方法

既然“演讲”可以分为“演”和“讲”，那么就有人认为“演”在“讲”之前，所以“演”应该比“讲”重要，更有一些电视节目为了收视效果过分夸大“演”的成分。可是，请不要忘记演讲的定义，它仍然是以有声语言为主要手段的一种语言交际活动，所以演讲肯定是以“讲”为主的。那么“演”是什么呢？本章中所说的表演，是指将一些训练演员表演的方法用在演讲的训练中，让我们的演讲情绪更加饱满，演讲效果更具有感染力。简单地说，就是用表演的技巧、方法来辅助我们的“讲”，让观众产生共情，以增强演讲整体效果。它绝不是在原有的演讲过程中直接生搬硬套一些表演的环节或者桥段，如唱歌、跳舞或者模仿秀等，在商务演讲的环境中也尤为不适。在商务演讲中，首要的是你所传播的思想、观点或者主张，其次是你演讲的内容和逻辑，最后才是你的演讲技巧。

四、源于生活，高于生活

表演是指在戏剧、舞蹈、杂技等演出中，把其中的各个细节或人物特性表现出来。[1]表演艺术是通过人的演唱、演奏或人体动作、表情来塑造形象、传达情绪、情感从而表现生活的艺术。[2]更为我们所熟悉的对于表演的描述是“源于生活，高于生活”。简而言之，就是无论是表演创作的灵感、表演的原

---

① 表演［DB/OL］. http://baike.baidu.com/item/%E8%A1%A8%E6%BC%94/4356872.

② 表演艺术［DB/OL］. http://baike.baidu.com/subview/428741/20011979.htm.

型还是表演的内容，甚至表演想要传达的思想都是从生活的点点滴滴中获得的；同时为了达到表演所需要的效果，我们还要对这些点滴小事、人物原型进行必要的艺术加工和刻画处理，如精练的具有代表性的语言运用、精心设计的故事情节、渲染、夸张的言谈举止等。所以说，表演既要源于生活，又要高于生活。从这个层面上讲，对演讲中的“演”的要求，更是如此。商务演讲，对于“演”的技巧应用，更强调真实性和感染力。所谓真实性，就是演讲中的“演”要源于生活，无论是在“演”自己，还是在“演”别人，都一定是基于生活的“演”，甚至就是生活场景、故事、案例、事件的一种重现；所谓“感染力”，就是对这个“演”也要进行适当的加工和修饰，或是“编排”“改编”，使重要的信息或者情节可以在有限的时间内得以凸显，甚至是适当的夸张和渲染，使演讲内容更能够通过“讲”这种方式传递给现场观众，感染他们。所以“演”的最高境界或是最高要求就是源于生活，高于生活。

本章后面三节，将分别介绍表演训练最重要的三个部分：情绪表达、角色代入和感知反应，目的都是通过“演”的训练与提升，从而提高我们演讲的感染力、冲击力和促动力。套用第四章中的概念，这三节之间是按照层进的逻辑展开的：首先，情绪表达是带动观众，使观众被感动、感染甚至有情绪激昂等反应；然后，角色代入是帮助观众进入角色，移情甚至进入对未来的想象中；最后，感知反应是给观众全方位的体验，不仅使故事生动而且调动观众五感使之如身临其境。

第二节　情绪表达

情绪表达，就是在演讲中通过演讲者的讲述表达演讲者自己的情绪，也就是演讲者想要感染观众的情绪。一般的演讲者都擅长讲述事实和道理，但是大师会更关注观众产生了怎样的情绪，比如强烈的认同、愤怒、憎恶、同情、爱等。在网络上或朋友圈里，凡能够引发病毒传播的新闻事件都因为其调动了读者的情绪，使读者自发地站队，表达自己的立场。你表达的情绪往往能感染并带动观众，因为我们都知道，只有直达内心的，才是最有力量的。

情绪表达在表演中非常重要，因为表演者都知道，只有情绪才能调动情绪。一个好的演员如何成功地塑造角色离不开准确的情绪把握和表达。表演艺术与诗歌、绘画等其他艺术的区别在于，其他艺术呈现给接收对象的是“完成式”，而表演艺术呈现给接收对象的是“进行式”。表演艺术的目的是让观众产生共情，因此要求演员尽力去理解作曲者、编舞者的意图，体会他们倾注于作品中的情绪，同时又要在此基础上融入自己的创造，倾注自己的情感。[①]这就要求演员在表演的过程中，通过一系列的动作、语言和面部表情将角色的情绪表现出来，从而最终与观众产生共情。演讲也不例外，演讲中的情绪表达，就是演讲者通过动作、语言和面部表情将所讲的故事中的人物的情绪、演讲者的情绪以及整个演讲内容想要让观众被感染的情绪表达出来，最终达到共情的目的。

一、演讲中常见的情绪类型

关于“情绪”的确切含义，心理学家还有哲学家已经辩论了100多年。情绪是指伴随着认知和意识过程产生的对外界事物态度的体验，是人脑对客观事物与主体需求之间关系的反应，是以个体需要为中介的一种心理活动。情绪有20多种定义，尽管它们各不相同，但都承认情绪是由以下三种成分组成的：

---

① 表演艺术与情绪［DB/OL］. http://wenku.baidu.com/link?url=k4HTBIpwHO2sN1m3UQx5zRyUcsiRSvku24apFT-VaCT48yrwlDDh1KOQw5rM-ZEy7w2Mtryjx9CZScW3Ww_6IIZqvTaJUiaED3kEvtJAL5O.

（1）情绪涉及身体的变化，这些变化是情绪的表达形式；（2）情绪涉及有意识的体验；（3）情绪包含了认知的成分，涉及对外界事物的评价。情绪常与心情、性格、脾气、目的等因素相互作用，也受荷尔蒙和神经机制的影响。无论是正面还是负面的情绪，都会引发人们的行动。尽管一些情绪引发的行为看上去没有经过思考，但实际上意识是产生情绪重要的一环。[①]所以如果我们想通过演讲号召听众行动，共情是必不可少的一环。

人类的情绪有几百种之多，有些形成巨大的反差，如喜、怒、哀、惧；有些则只有些许细微的差别，如开心、高兴、喜悦、快乐。情绪的微妙之处已经大大超越了语言能够形容的范围。应该说情绪本身并无好坏之分，因为情绪都是人脑对外界的一种反应，是一种心理活动，但是由于情绪会极大程度地影响人的行动，而它所引发的行动却是有好坏之分的，所以我们可以就此将情绪划分为积极情绪和消极情绪。对情绪的分类，如同对情绪的定义一样，学术上也有多种分类方法。有些理论试图找出情绪中的“三原色”，即基本情绪，他们认为其他情绪是在此基础上组合演变出来的。例如，美国加利福尼亚大学旧金山分校心理学家保罗·艾克曼认为人的基本情绪应该包括喜、怒、哀、惧四种。维度理论则将情绪按照情绪状态划分为心境、激情和应激三种。心境是指程度较轻、细微、平和但持久的一种情绪状态；激情是指程度较重、强烈但短暂的一种情绪状态；应激则是指机体在各种内外因素刺激时所出现的一种适应反应。在本章中，我们只讨论那些在演讲中比较常见的情绪，主要包括困惑、苦恼、委屈、悲伤、愤怒、喜悦、惊喜等。在后面提到的练习当中，读者可以就以上几种情绪进行练习，尤其是那些看上去非常接近的情绪，如困惑与苦恼，委屈与悲伤。

① 情绪［DB/OL］. http://baike.baidu.com/subview/54657/5039880.htm.

二、情绪通过表情体现出来

无论是哪一种情绪，如果演讲者想将其体现出来并且同时感染听众，都必须通过表情将其显现出来。这里表情不是狭义的面部表情，它还包括面部表情、语音表情和身体表情。作为一位演讲者，如果想通过表演的训练方法提升自己的情绪表达效果，提升演讲现场的感染力，就需要在平时多多观察和留意各种情绪下，情绪主体的三种表情，尤其是其中细微的差异。

（一）面部表情

面部表情就是由面部肌肉和腺体变化来表现情绪，由面部五官中的眉、眼、鼻、嘴的不同组合构成。面部表情是最容易被识别也是首先被识别的表情，是情绪表达的最主要手段。我们经常看到一些演讲者整个演讲过程中不苟言笑，面部表情僵硬（请注意是僵硬，不是凝重，这是不同的面部表情），那么这样的演讲内容就很难从情绪上感染听众。因为演讲者本身的面部表情只“告诉”了听众紧张，没有“告诉”听众他真正的演讲情绪，或者是他想让听众感受到的情绪。

（二）语音表情

语音表情即通过声调、节奏变化来表达情绪。毋庸置疑，不同的语调、不同的节奏可以表达出演讲者想要传递的情绪。我们可以看到成功的演讲者，他们在演讲过程中时而慷慨激昂、时而娓娓道来、时而振臂疾呼、时而发人深省。我们也可以看到，一些不善于运用声调和节奏的演讲者，整个演讲过程如同背书一般，毫无趣味，别说用情绪感染听众，恐怕听众早就已经失去了听下去的兴趣了。关于如何训练我们的语音、语调和节奏，本书第六章中已经介绍了很多非常实用的方法，在此就不一一赘述了。

（三）身体表情

身体表情即通过人的身体姿态动作变化来表达情绪它与我们通常听说的身体语言意思相近，但又有细微的差别。身体动作不仅能传递信息，还能够表达情绪，如抖动的双肩可能是痛哭流涕，也可能是窃窃之喜；弓起的脊背可能是无精打采，也可能是愁眉不展；紧握的双拳可能是出离的愤怒，也可能是必胜的决心。所以这里所说的身体表情，与本书第七章肢体训练中的内容还不完全类似，第七章中的内容更多的是通过肢体动作来辅助演讲内容；这里不仅是简单的辅助，更是表达情绪的一种手段、一个渠道，这里的身体动作更强调对情绪的刻画和表现。

三、情绪表达的方法

如何在演讲中成功准确地表达情绪，以达到增强演讲感染力和促动力的目的呢？我们可以将戏剧表演三大流派中的一些做法运用到演讲中。

（一）观察模仿，由外而内

这一方法是借鉴了表演流派中的表现派。表现派强调通过外貌、形体、动作、语言等外部手段，由外而内地刻画人物，表达人物情绪。如果非专业演员出身的演讲者想将这一方法运用在演讲中，平时可以对一些特定的环境、情绪、事件、人物多进行观察，然后在准备演讲的过程中，当需要表达某些情绪或表现某些情节时，通过自己的面部表情、语音表情和身体表情尽力模仿和重现当时的情景。这种方法尤其适合当演讲者所讲述的情景、事件或者故事是亲身经历的情况，这样对于演讲者来说就非常容易，只需要尽可能地忠实于当时的场景。当然表演要源于生活，高于生活，如果能够驾轻就熟地适当夸张，效果肯定会更好。但是一定要掌握好度，太过了就容易让听众觉得你的讲述不可信，违背了运用表演技巧的初衷。

（二）分析认知，由内而外

所谓分析认知，原本是指演员通过对作品、人物和环境的分析，去理解、揣摩、体验和把握所刻画的人物的心路历程以及情绪变化。对于演员来说，通过认知作用，将自身的情绪转换成角色情绪，也是决定演出的优劣成败的必要条件。[①]简单来说，就是通过分析揣摩人物的内心，而后分析其当时的心情、情绪以及表情，再通过表演的方式呈现出来的一种方法。我们也可以说这是一种由内（人物内心）而外（情绪表达）的过程和方法。

在演讲中我们借鉴这种方法，主要适于所讲述或者描述的情景、事件或故事并非我们所亲身经历的，或是引用的，或是转述的，这时候我们可以分析一下所讲述内容的背景、环境、其中人物的特点等，而后得出在这样的情况下，人物应该产生什么样的情绪，最后通过三种表情加以描绘。

这种分析和揣摩，不仅能让你充分理解所要表达的情绪，也可以进一步验证所讲述内容描绘的情景与想要表达的情绪是否吻合，是否有矛盾或者不可信的部分，如果有，需要我们在描述的细节内容上加以修饰和调整，必要的情况下，有可能大幅度地调整故事的三幕结构。所以分析认知要求演讲者对于整个演讲有全面的了解和把握，对演讲的目的、流程、结构、逻辑、内容和节奏有非常清楚的设计和准备。

（三）借助情绪记忆

情绪记忆是以体验过的情绪或情感为内容的记忆。当某种情境或事件引起个体较强的情绪、情感体验时，对情境、事件的感知，同由此引发的情绪、

---

① 表演艺术与情绪［DB/OL］. http://wenku.baidu.com/link?url=k4HTBIpwHO2sN1m3UQx5zRyUcsiRSvku24apFT-VaCT48yrwlDDh1KOQw5rM-ZEy7w2Mtryjx9CZScW3Ww_6IIZqvTaJUiaED3kEvtJAL5O.

情感结合在一起，可以储存在人的头脑中。一旦相关的表象重新浮现，相应的情绪、情感就会出现。在表演艺术中，为了真切地体验和表现角色的感情，演员也总是有意无意地运用情绪记忆。通过应用情绪记忆，演员可以唤起同角色在某种特定情境中相类似的情感和激情，从而有助于体验角色。同时，演员还可以用情绪记忆的活生生的材料加以补充，使体验具有魅力和感染力，使演员的创作更丰富而完整。[①]我们经常看到在采访一些演员的时候，他们就是通过唤醒情绪记忆的方法来酝酿情绪。例如，如果需要演悲伤的戏，就想想生活中悲伤的事情；如果要演思念的戏，就想想生活中那些望穿秋水的情景。

在演讲中，需要借助情绪记忆的情况有两种，一种与上述表演中的情况相同，另一种与之不同，所演讲的内容就是演讲者的亲身经历和体验。这是在表演中几乎很少见，但在演讲中是比较常见的现象，因为讲述自己的故事更容易打动人。此时对于演讲者来说，借助情绪记忆其实就是将故事发生时的情绪唤醒，将这种情绪直接代入你的演讲当中。

而观察模仿可以应用在这种情况，即虽然是演讲者亲身经历，但是所要表达的情绪却不是演讲者本人的，而是他所亲历的故事主人公的。例如，你的演讲中有几个故事都是关于街边乞讨的孩子的，你是亲历这些故事的人，但是在故事中你只是被乞讨者或者旁观者、路过者，你想在演讲中表现那些孩子在伸出双手时的无奈与矛盾、困惑与疑虑、期待与羞愧，你只能通过尽量回忆当时的情景，然后去模仿他们当时的表情、语言和动作。同时，你也可能要表现自己在经历这些情景时的质疑与不屑、鄙视与担忧、悔恨与焦虑，这时你就可以借助情绪记忆，将自己当时的情绪唤醒，然后直接融入你的演讲当中。

另一种是与上述表演中的情况相同，就是当所演讲的内容并非演讲者的

---

① 表演艺术与情绪［DB/OL］. http://wenku.baidu.com/link?url=k4HTBIpwHO2sN1m3UQx5zRyUcsiRSvku24apFT-VaCT48yrwlDDh1KOQw5rM-ZEy7w2Mtryjx9CZScW3Ww_6IIZqvTaJUiaED3kEvtJAL5O.

亲身体验，演讲者也可以适当地调动自身记忆中有类似记忆的情况，这样让自己带着这种情绪进行讲述，让情绪直接表达出来。但是这种方法相对来说用得比较少，而且想应用好不是特别容易。当你不得不用这种方法时，尽可能地增加演讲前的练习，一开始你可能在刻意地调动自己的情绪，或者通过唤醒自己某些特定的情绪记忆达到想要的演讲效果；经过反复练习，你会发现这些情绪已经与演讲融为一体，当你讲到这一部分的时候，这种情绪就会自然而然地被表达出来，也会非常有效地感染观众。

（四）借助环境道具

最后推荐的一种方法是借助环境的道具帮助演讲者进行情绪的表达和渲染。这在演讲中非常实用，也非常必要。演讲中最常用的道具首先就是PPT。例如，你在讲述某一个片段时，无论是充满希望、恢宏大气的还是忧心忡忡的，PPT上的大幅图片肯定能帮你渲染想要的气氛。如图8–1~图8–3所示，柴静在《穹顶之下》中就借助了很多这样的图片来帮助她表达情绪、渲染气氛。

图8–1　柴静运用图片表达喜悦的心情

资料来源：柴静《穹顶之下》演讲全文：一位母亲与雾霾的私人恩怨［OL］，http://news.163.com/15/0301/09/AJK3BOC600014SEH.html，2015–03–01

图8-2 柴静运用图片激发愿景

资料来源：柴静《穹顶之下》演讲PPT | 感动3亿人背后的21个培训与演讲硬技巧［OL］. http://mp.weixin.qq.com/s?__biz=MjM5Njk5Mzk3Mg==&mid=203870471&idx=1&sn=eb7239bfb805e33cfff66456659f8de4&scene=1&srcid=0523YdIJhg3lDCl0tZnPeUOA#wechat_redirect，2015-03-01

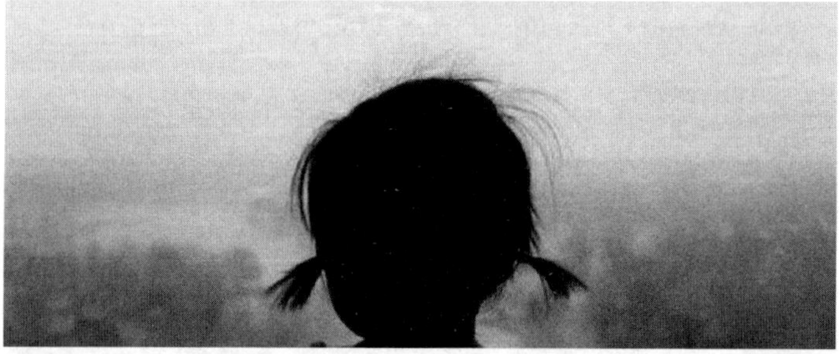

图8-3 柴静运用图片表达渴望

资料来源：柴静《穹顶之下》演讲全文：一位母亲与雾霾的私人恩怨［OL］，http://news.163.com/15/0301/09/AJK3BOC600014SEH.html，2015-03-01

第三节 角色代入

一、什么是角色代入

在了解什么是角色代入之前，我们先来看看角色的概念。“角色”一词源于戏剧，自1934年米德（G. H. Mead）首先运用角色的概念来说明个体在社会舞台上的身份及其行为以后，角色的概念被广泛应用于社会学与心理学的研究中。社会学对角色的定义是“与社会地位相一致的社会限度的特征和期望的集合体”。在企业管理中，组织对不同的员工有不同的期待和要求，即企业中员工的角色。角色是一个抽象的概念，不是具体的个人，它本质上反映一种社会关系，具体的个人是一定角色的扮演者。[①]从角色的概念中我们可以知道，角色是一个抽象的概念，表演中我们也可以把它理解为戏剧中的人物，演讲中我们可以把它理解为所陈述事件、情景、故事中的人物。基于此我们就不难理解角色代入了，角色代入就是指通过演员的表演或者演讲者的演讲，让观众感觉自己不仅仅是个旁观者，而是觉得自己走进了故事，成为故事中的人物。

二、角色代入的作用

角色代入能够带来怎样的效果呢？我们可以回想一些这样的经历。假如我们同时在微信朋友圈看到三条消息，第一条是美国洛杉矶将开一家创新口味的冰激凌店，第二条是你所在的城市要新建一个大型休闲游乐中心，第三条是你家小区附近的道路就要被重修扩建了，这三条信息你最可能转发哪一条？假如别人跟你提起的陌生人之间的争吵，你亲眼所见的街头争执，和你购物时与店家发生的几句口角，这三个情况哪一个更让你生气甚至愤怒？哪一个更让你想回家与家人唠叨两句？其实刚才设想的这两种情况是非常类似的。肯定是最后一条消息你更容易转发，因为你是道路修缮的受益人，你是这个事件的亲身经历者，你就是这个故事中众多的角色之一；肯定也是最后那件小事会让你与家人诉诉苦，唠叨唠叨，因为那是你的事，你就是故事的主角。

---

① 角色［DB/OL］. http://baike.baidu.com/subview/60371/5125913.htm.

通过比较这两种设想的情景可知，我们总是更容易关注那些与我们有切身利益的事情，总是容易被那些我们亲身经历的事情所影响和触动。例如，我们从很小的时候就听过一句话叫作“上有老，下有小”，但是如果不是人到中年，亲身经历老人生病，孩子太小需要照顾的情景，恐怕永远也体会不出这句话背后的无奈与辛苦。我们也常说“生活无常，且行且珍惜”，但是往往都是有了切肤之痛才真正深刻领悟。总而言之，如果想让观众有所触动或者有所行动，就必须让他们觉得演讲者所讲述的内容、故事就是发生在他们身边的，甚至是发生在他们身上的，他们就是故事中的人物，甚至是主人公。然而，实际情况是，大多数情况下演讲者所讲述的内容对于观众来说都只是“别人的故事”，并不是他们的亲身经历，那么如何通过演讲者的讲述将观众代入故事中成为故事主角呢？这就是角色代入练习需要解决的问题。

三、角色代入的练习方法

还记得本书第四章第三节中介绍的现代商业演讲中最普遍、最有效、最受推崇的提高论据冲击力的方法是什么吗？对的，就是讲故事。讲故事不仅对故事本身的选题以及故事情节的设计有要求，其实对如何讲好故事也有要求。对于角色代入的练习，本书推荐三种讲故事的方法，将观众逐步代入故事当中，成为故事中的角色。它们就是：他故事、你故事和我故事。

（一）他故事

演讲者讲故事的时候，如果只是以一个讲述者的身份，就是“他故事”。“他故事”就是我们前面设想情景中那个开在“美国洛杉矶的创新口味的冰激凌店”，就是那个“别人跟你提起的陌生人之间的争吵”，它们对你来说遥不可及、事不关己。这样的故事很难让观众“对号入座”进入演讲者的故事当中。“他故事”在演讲中的作用，犹如其他行业的成功案例在培训中的作用，这种案例虽然也能说明一定问题，但是对于学员来说有点儿不痛不痒。例如，我在一次培训课上谈到变革无处不在，不适应变革就将被淘汰，并为学员举摩托罗拉、诺基亚倒下的案例，学员虽然也唏嘘一下，但是从他们的神情看，他们并没有真的觉得这样的事情会发生在自己的身上。

（二）你故事

如果想与观众互动，将观众更深地代入角色中，就可以用“你故事”。什么是你故事呢，举个例子来说明。比如你的故事可以是这样讲的“你打开家门，发现灯没开，心想怎么一个人都不在家。你换上鞋，懒洋洋地走向卧室，刚推开门，突然间灯亮了，一群同事挤在卧室里，大喊：‘生日快乐！’”通过这个例子可以看出，“你故事”就是将听众当成故事的主角，用第二人称“你”来讲述这个故事。毋庸置疑，“你故事”可以充分调动观众的想象力，让观众的思路随着你的描述逐步推进，让观众进入你的故事中，成为其中的某个人。

演讲中的很多“他故事”都可以进行加工和修改，变成“你故事”。例如，原来的“他故事”是这样的：“普吉岛幻多奇剧场（Fantasea）有2 000多名观众，散场的时候2 000多人需要一起到前台取寄存的相机等物品，但是现场并没有出现拥挤与混乱，这一切得益于主办方有效地进行了寄存物品的分类管理。”为了让听众不只是像旁观者一样高高在上地漠视这一切的发生，你可以用“你故事”将它改编，将观众逐步代入角色。你可以这样改编这个故事：“想象一下，你和家人一起刚刚在普吉岛观看了一场非常精彩的表演，你随着2 000多名观众一起走出了演出大厅，一边走，心里一边担忧：‘一会儿取相机的时候可怎么办啊，这么多人还不挤死了。’走到前台你抬头一看，宽敞整洁的大厅一侧整齐地排着一排柜台，每个柜台都是不同的颜色。再看看其他游客，大家都井然有序地走到不同颜色的柜台前排队等候，你再看看自己手中的寄存牌，是粉色的，于是来到粉色柜台前，没有几分钟，你就轻松顺利地拿到了你的相机。”

前面提到变革培训的那个例子，如果在讲完诺基亚和摩托罗拉倒下的案例之后加上这样一段话：“想象一下鼎盛时期的摩托罗拉的员工和你现在一样，早晨乘坐班车来到公司，几十辆班车浩浩荡荡地停在公司外面的停车场，你一如既往地跟同事、朋友们热情地打着招呼，日复一日，忽然有一天你发现停车场的班车没有那么多了，很多老同事不再来上班了，当你正想和一位熟悉的同事打招呼的时候，你发现他满脸愁云，可能心里都在想着昨天刚刚接到的辞退通知。”通过这样的“你故事”的角色代入，学员就会将自己与摩托罗拉建立起联系，想象出摩托罗拉当时的盛况，对比现在自己的企业也可能面对同样的未来，案例所产生的效果就大不一样了。

在讲述你故事和讲述他故事不同，特别需要注意两点。第一，打开观众的想象力之窗。在“你故事”的讲述过程中，需要使用一些犹如“想象一下”“设想一下”这样的词语开启观众的想象力之窗，在一些场景和感受上给观众留白，让观众可以通过自己的想象力尽情描绘和体验。第二，当你用“你故事”讲述的时候，一般来说，描述的节奏要适当放缓，而且情节不可太过跳跃，应当有连贯性，并且应当指出故事中的一些细节引导听众去想象，如当时的温度，风吹在脸上的感受等。

通过讲述“你故事”激发听众想象力是一种非常有效的将听众代入角色的方法，可以让听众与所讲述的内容之间快速建立联系。“你故事”的应用不一定是“长篇大论”式的恢宏巨制，有时它可能只是你演讲中的一个小插曲，就可以起到非同凡响的效果。TED演讲者简·陈在她的演讲《拯救生命的温暖怀抱》开始这样说道：“请大家闭上眼睛，伸出双手，想象一下你们手上可以放些什么？一颗苹果，或是你的钱包？现在请睁开眼睛。如果放一个小生命呢？”[①]简·陈就是使用了“你故事”的方法来调动听众的想象力，虽然这个故事非常迷你，但是效果却是不可小觑的。

（三）我故事

代入感最强的是“我故事”。“我故事”就是演讲者把自己当作主人公，把故事“演”出来。请注意是“演”出来，而不是简单地“讲”出来。“演”出来就是演讲者首先运用前面提到的情绪表达的方法让自己完全融入“我”的角色，然后通过面部表情、声音表情和身体表情将整个故事表演出来，不是硬塞给观众，而是让观众自己观察、融入、投射、共鸣。

举例来说，前面提到的泰国的故事也可以这样讲：“2009年我带家人去泰国普吉岛旅游，我们一起去看了当地非常有名的幻多奇（Fantasea）表演。表演非常精彩，现场2 000多个座位座无虚席。出于对演出保密性的考虑，主办方要求观众都将相机寄存到前台。表演快要结束的时候，我就开始嘀咕，一会儿散场这么多人一起出去取相机，那得挤成什么样啊。结果，当我走出演出大厅到前台一看，大厅一侧整齐地摆着不同颜色的柜台，这时我低头一看手中的寄存牌，是粉色的，就排到了粉色柜台前，没有几分钟，就轻松顺利地拿到了我的相机。”对于“我故事”的讲述，演讲者需要在现场通过不同的表情、语调和肢体语言将这个故事情绪饱满地表演出来，让观众虽然只是听故事，但却犹如和你一起走进了演出大厅一样。

变革培训中的那个案例，可以这样讲吗？我们的一位老师讲起这个案例就特别有感染力，学员就会特别信服，因为这位老师之前就在摩托罗拉工作，摩托罗拉从兴盛走向衰落的很多关键事件她都经历过，她讲

---

① ［美］杰瑞米·多诺万．TED演讲的秘密［M］．冯颙，安超，译．北京：中国人民大学出版社，2014.

述的时候信手拈来、惟妙惟肖，学员们也都从心底感受到变革的重要性和必然性。

最后，讲述“我故事”最好的情况就是这个故事确实是演讲者的亲身经历，这样对于演讲者来说，就比较容易把握其中的情绪变化并且能够声情并茂地表演出来。同时，在讲述“我故事”时，演讲者还需要特别留意对故事细节的描述，那些独特的细节、整体的塑造不仅能够增加故事的可信度，还可以为听众描绘出一个真实的情景。

第四节　感知反应

众所周知，人有五大感觉系统，即视觉、听觉、触觉、嗅觉、味觉。如果说情绪表达让观众被演讲者的情绪所感染，角色代入让观众觉得仿佛那就是他的故事，那么五感的调动更能够让观众相信那就是他的亲身经历。

为什么五感都需要调动？这个自然不用赘述，因为人在全方位的感官体验下的经验更加真实，记忆也更清晰，由此所产生的行动力也更加坚定。例如，跨国企业中的跨文化问题一直都备受关注，如果举办一次关于不同国家文化的交流活动，就可以从五感的角度来入手：视觉，如美术作品、建筑作品等；听觉，如音乐作品；嗅觉，如国花、市花等花朵的芬芳；味觉，如民族特色美食；触觉，如服装制品、手工艺品等。

然而可能很多读者困惑的是如何在演讲中调动五感。我们都知道通过现代技术手段，4D电影也只能调动人的四感：视觉、听觉、触觉和嗅觉。演讲中我们的技术手段有限，如何能调动观众的五感呢？一般说来，演讲者有两种方法可以调动观众的五大感官，一种是借助一些工具、道具、方法直接调动观众的感官，带来真实的感官体验；另一种是通过语言的描述、语音语调的变化、演讲者表情的变化以及肢体语言的配合，引导观众去体会和想象，最终给观众带来虚拟的感官体验。

一、真实的感官体验

（一）视觉

演讲中的视觉调动非常重要，应用也比较普遍。用于调动观众视觉感官的方法主要有：

1. 运用PPT

PPT是现代商务演讲中使用最普遍的辅助手段之一，而且也是演讲视觉信息传播的最主要途径。

除了PPT，运用类似白板、夹纸板、视频、图片等都是调动观众视觉感官的常用方法。

2. 使用道具

例如，第三章中介绍的道具式激发，其实也是调动观众视觉体验的方法。

3. 演讲者的身体语言

第七章中已经详细介绍过，此处不再赘述。

4. 演讲者的示范或表演

例如，第四章中提到的TED演讲嘉宾汉斯·罗斯林使用盒子演示人口数量及分布发生的变化的过程，就是对观众视觉感官的一种调动。无独有偶，另外一位TED演讲嘉宾，维密天使卡梅伦·罗素在她演讲的开始，也通过30秒快速换装（从露肩紧身黑衣搭高跟鞋到套头毛衣、长裙搭平底鞋），调动了观众的视觉感官。卡梅伦·罗素为什么要这么做呢？因为她的演讲主题是“外表不是全部”，所以她通过演讲开始的快速换装，非常直观地告诉观众，外表是肤浅的。卡梅伦·罗素的这一换装动作，无疑充分调动了观众的视觉感官，而且非常切合主题，运用得恰到好处。

（二）听觉

由于演讲是以“讲”为主要手段的，毋庸置疑，调动观众的听觉感官的首要方法就是演讲者自己的语音语调的变化。其次在演讲中运用音乐、视频，甚至乐器、道具等方式调动听觉感官的方式也非常普遍。例如，第四章中提到的“远离战争”中的塑料子弹和铁桶撞击的效果。

（三）触觉、嗅觉和味觉

相对视觉和听觉来说，调动观众的触觉、嗅觉和味觉的真实感官体验在演讲中的体验就比较少了，但是也不是完全没有。比如让观众摸一摸你带来的道具，在演讲的会场做香薰等。我曾经参加过一个关于品牌的演讲，演讲者讲述了不同的品牌通过不同的方式将本品牌与其他竞品加以区分，之后他请几位观众代表上台参与他的互动环节，互动中每位观众都被蒙着双眼，通过品尝，也就是味觉，区分出不同品牌的产品。

二、虚拟的感官体验

与真实的感官体验相对应的是虚拟感官体验，所谓虚拟感官体验就是演讲者通过生动的讲述、描绘和表演等方式让观众通过想象和感官记忆调动，从而产生虚拟的感官体验。比如我们观看一部电影时，如果看到剧中烈日炎炎，主人公骑着自行车艰难地爬一个陡坡，汗流浃背，口干舌燥的场景，恐怕也会有燥热口渴的感觉。同样我们在看一些影视剧作品时，如果看到男主角或者女主角被严刑拷打，我们都不忍直视，因为好像觉得自己也会疼一样。表演中的感官体验，更多的都是通过演员出色地演出调动起观众的虚拟感官体验。演讲中，调动观众的虚拟感官体验是演讲者表演技能应用的最高境界。非专业人士如果想达到这样的效果，就需要平时多加留意、勤加练习。下面是一些对于调动感官的表演训练的方法和题目，想进一步提升你的表演技巧，从而做出精彩绝伦的、大师级的演讲吗？那么从现在开始练习吧。

1. 视觉类：

（1）走进已开演的电影院，一片漆黑，找不到座位。

（2）走出黑暗的牢房，被阳光照得睁不开眼睛。

（3）风沙中，努力辨别方向，寻找远处的村庄。

（4）站在窗前，注视面前走过的各种人：仇人、叛徒、朋友、爱人、毫无关系的人……

2. 听觉类：

（1）复习功课，听见老鼠咬东西。

（2）黑暗中，远处有喊救命的声音。

（3）邻居在放音乐，爱听还是不爱听。

（4）听见一个熟悉的声音。

3. 味觉类：

（1）酸甜苦辣咸都来尝一尝。

（2）饿急了回来，吃了变味的饭。

（3）吃错了药……

（4）尝一尝这菜好吃不？哟，烫了舌头。

4. 嗅觉类：

（1）闻花香：桂花、梅花、丁香、玫瑰……

（2）屋内有怪味……什么味？

（3）闻到毒气，使人窒息……

（4）高山缺氧，大口大口呼吸着……

5. 触觉类：

（1）雨、雪、风、水、冷、热、寒、凉……

（2）痒、痛、伤、烫、脚扭了……

（3）初恋，第一次握手，第一个吻。

（4）摸到一个可疑的东西但看不清。

（5）盲人辨认久别的亲人。

资料来源：百度文库（www.wenku.baidu.com）

银瓶乍裂

激发兴趣

断言 ☐

共情 ☑ 我知道，今天是你们很多人开学的日子。对于进入小学预备班、初中或高中的学生，今天是你们来到新学校的第一天，心里可能有点紧张，这是可以理解的。我能想象有些毕业班学生现在感觉很不错——(掌声)——还有一年就毕业了。不论在哪个年级，你们有些人可能希望暑假更长一点，今天早上还能多睡一小会儿。

顺承 ☐

道具 ☐

提炼主题

主张类 ☑ 对于自己的教育，是你们中每一个人的责任。

情怀类 ☐

掷地有声

时间　故事　层进　数据　列举　修辞　变焦　细节　折中

分论点 1	分论点 2	分论点 3
教育给你们提供了发现自己才能的机会。	读好书并不总是件容易的事。	你的未来，并不取决于你现在的生活有多好或多坏。

内容展开	内容展开	内容展开
层进 这世上不存在不把书念完就能拿到好工作的美梦。 不仅仅对于你们个人的未来有重要意义，你们的教育如何也会对这个国家，乃至世界的未来产生重要影响。	故事 奥巴马自己的故事 米歇尔·奥巴马的故事	故事 得克萨斯州罗马市的Jazmin Perez 加利福尼亚州洛斯拉图斯市的Andoni Schultz 伊利诺伊州芝加哥市，身为孤儿的Shantell Steve

小结	小结	小结
我们需要你们中的每一个人都培养和发展自己的天赋、技能和才智，来解决我们所面对的最困难的问题。	但归根结底，你的生活状况——你的长相、出身、经济条件、家庭氛围——都不是疏忽学业和态度恶劣的借口。	和你们一样，他们也在生活中遭遇各种各样的困难与问题，但他们拒绝放弃，他们选择为自己的教育担起责任、给自己定下奋斗的目标。

一锤定音

总结回顾

在今天，我号召你们每一个人都为自己的教育定下一个目标——并在之后，尽自己的一切努力去实现它。

点睛升华

行动 ☑ 不管你决定做什么，我都希望你能坚持到底，希望你能真的下定决心。

箴言 ☐

故事 ☐

展望 ☐

资料来源：美国总统奥巴马在国立中小学开学典礼上的讲话，2011-08-19

银瓶乍裂

激发兴趣

断言 □
共情 □
顺承 □
道具 □

提炼主题

主张类 □
情怀类 □

掷地有声

时间　故事
层进　数据
列举　修辞
变焦　细节
折中

分论点	分论点	分论点
内容展开	内容展开	内容展开
小结	小结	小结

一锤定音

总结回顾

点睛升华

行动 □
箴言 □
故事 □
展望 □

银瓶作裂

激发兴趣

断言 ☐
共情 ☐
顺承 ☐
道具 ☐

提炼主题

主张类 ☐
情怀类 ☐

掷地有声

时间
故事
层进
数据
列举
修辞
变焦
细节
折中

分论点	分论点	分论点
内容展开	内容展开	内容展开
小结	小结	小结

一锤定音

总结回顾

点睛升华

行动 ☐
箴言 ☐
故事 ☐
展望 ☐